# "一带一路"背景下区域经济发展创新研究

郭基伟◎著

北京燕山出版社
BEIJING YANSHAN PRESS

## 图书在版编目（CIP）数据

"一带一路"背景下区域经济发展创新研究 / 郭基伟著. -- 北京：北京燕山出版社，2021.11
ISBN 978-7-5402-6223-5

Ⅰ．①一… Ⅱ．①郭… Ⅲ．①区域经济发展－研究－中国 Ⅳ．①F127

中国版本图书馆 CIP 数据核字（2021）第 211160 号

---

## "一带一路"背景下区域经济发展创新研究

| | |
|---|---|
| 作　　者 | 郭基伟 |
| 责任编辑 | 金贝伦　贾　玮 |
| 封面设计 | 白白古拉其 |
| 出版发行 | 北京燕山出版社有限公司 |
| 社　　址 | 北京市丰台区东铁匠营苇子坑 138 号 C 座 |
| 电　　话 | 010-65240430 |
| 邮　　编 | 100079 |
| 印　　刷 | 北京四海锦诚印刷技术有限公司 |
| 开　　本 | 787mm×1092mm　1/16 |
| 字　　数 | 260 千字 |
| 印　　张 | 13.75 |
| 版　　次 | 2022 年 8 月第 1 版 |
| 印　　次 | 2022 年 8 月第 1 次印刷 |
| 定　　价 | 72.00 元 |

版权所有　盗版必究

# 前　言

2013年9月与10月，习近平先后提出了建设"丝绸之路经济带"和"21世纪海上丝绸之路"的重要倡议构想，后称之为"一带一路"倡议。此构想的提出引起了全国乃至全世界的高度关注，尤其是在经济学界与国际大企业之间引起了广泛讨论。人们一致认为"一带一路"倡议给中国，给倡议沿线，给全世界都带来了难得的机遇，有很强的时代意义与现实意义。

"一带一路"倡议力图通过中国与沿途国家的多边外交关系，与各方共同构建起一个优质的区域合作平台。"一带一路"与古代的丝绸之路具有非常紧密的联系，中国希望通过这一商贸途径能够积极发展与沿线国家的经济合作伙伴关系，互利共赢，平等互惠，共同打造政治互信、经济融合、文化包容的利益共同体、命运共同体和责任共同体。

《"一带一路"背景下区域经济发展创新研究》立足区域经济发展基本理论，结合"一带一路"倡议和当前中国经济发展现状，主要阐述了"一带一路"倡议的相关知识、区域经济学的基本原理，"一带一路"背景下中国区域经济发展现状，"一带一路"背景下区域间经济合作与转型，"一带一路"背景下区域基础设施建设，"一带一路"背景下中国自贸区建设和对外贸易发展等问题，希望本书的出版能为我国"一带一路"背景下中国区域经济的发展做出贡献。

最后，在本书的编写中对未列出的引用文献和论著，我们深表歉意，并同样表示感谢。由于时间仓促，编者水平有限，难免存在不足之处，在本书出版之际，我们真诚地希望读者对本书提出宝贵的意见和建议。

# 目 录

## 第一章 "一带一路"倡议概述 …………………………………… 1

第一节 "一带一路"倡议的提出 ………………………………… 1
第二节 "一带一路"倡议的整体布局 …………………………… 5
第三节 "一带一路"历史的超越 ………………………………… 6
第四节 "一带一路"倡议与世界经济发展 ……………………… 12

## 第二章 区域经济发展 ……………………………………………… 16

第一节 经济发展的概念与理论 ………………………………… 16
第二节 区域经济发展的相关理论 ……………………………… 21
第三节 区域经济发展能力的内涵与构成 ……………………… 27
第四节 区域经济增长理论研究综述 …………………………… 34

## 第三章 "一带一路"背景下的中国区域经济发展 ……………… 39

第一节 "一带一路"背景下中国经济发展的整体现状 ………… 39
第二节 "一带一路"倡议对中国区域经济发展起到的作用 …… 42
第三节 "一带一路"倡议对中国区域经济发展的深远意义 …… 54
第四节 当前"一带一路"背景下中国区域经济发展的政策 …… 57

## 第四章 "一带一路"倡议推进中国区域合作发展新模式 ……… 64

第一节 "一带一路"建设推进中国区域经济合作新载体 ……… 64
第二节 "一带一路"建设提升中国参与国际治理的主动权 …… 70
第三节 "一带一路"建设重视中国对外经济援助 ……………… 71

## 第五章 加快构建"一带一路"经济合作促进政策体系 ... 74

第一节 "一带一路"倡议的深刻内涵 ... 74
第二节 "一带一路"经济合作的背景和形势 ... 76
第三节 "一带一路"倡导的合作理念 ... 77
第四节 "一带一路"经济合作的机遇和挑战 ... 82
第五节 推进"一带一路"经济合作的政策思路 ... 85

## 第六章 "一带一路"区域合作机制建设 ... 90

第一节 推进"一带一路"建设具有重要的现实意义 ... 90
第二节 "一带一路"合作机制构建面临的现实困难 ... 93
第三节 推进"一带一路"合作机制建设的基本思路 ... 95
第四节 "一带一路"区域合作机制构建的建议 ... 98

## 第七章 区域创新与区域经济发展 ... 103

第一节 区域创新概述 ... 103
第二节 现代系统科学的相关理论 ... 106
第三节 区域创新与区域经济发展关系概述 ... 108
第四节 创新投入—产出的有效性机理分析 ... 110
第五节 创新与经济发展的互动作用分析 ... 111
第六节 创新对经济发展的时滞作用分析 ... 114
第七节 技术创新促进区域经济的发展 ... 115

## 第八章 区域绿色创新体系与现代产业体系 ... 118

第一节 绿色和低碳经济下的产业创新与区域创新 ... 118
第二节 区域绿色创新体系与现代产业体系的互动发展机理 ... 123
第三节 基于区域绿色创新的现代产业体系的机制与模式 ... 125

## 第九章 区域经济协调发展 ... 136

第一节 劳动地域分工理论概述 ... 136
第二节 经济地域运动理论阐释 ... 144

  第三节 区域经济地理的空间组织决策 …………………………………… 154

## ✤ 第十章 区域经济发展的空间过程与产业布局 ……………………… 164

  第一节 经济活动的基本特征及类型概述 …………………………… 164

  第二节 经济活动之间的联系 ……………………………………… 170

  第三节 经济活动的区位条件浅析 ………………………………… 176

  第四节 空间扩散与空间相互作用 ………………………………… 183

  第五节 产业集群与跨国公司 ……………………………………… 188

  第六节 产业布局的区位指向与合理评价 ………………………… 192

## ✤ 第十一章 区域经济协调发展的机制探索 …………………………… 196

  第一节 建设协调发展机制的必要性 ……………………………… 196

  第二节 创新思路以促进新机制的形成 …………………………… 202

  第三节 世界区域经济协调发展的趋势分析 ……………………… 206

## ✤ 参考文献 ……………………………………………………………………… 210

# 第一章 "一带一路"倡议概述

## 第一节 "一带一路"倡议的提出

丝绸之路以中国古代生产的丝绸而命名，表明中国在历史上对这条丝绸之路的形成所起到的重要作用。

海上丝绸之路的雏形在汉代早已存在，目前已知有关中外海路交流的最早史载来自《汉书·地理志》，当时的中国就与南海诸国有接触，而有些遗迹实物出土表明中外海上交流或更早于汉代。到了隋唐时，海上通道运送的主要大宗货物仍是丝绸，这标志着海上丝绸之路已经形成。宋元时期，瓷器出口逐渐成为主要货物，因此又称作"海上陶瓷之路"。

### 一、"丝绸之路"的概念和含义

#### （一）"丝绸之路"的概念

丝绸之路通常是指从中国出发，途经中亚、西亚、欧洲的商路。西汉时张骞以长安为起点和东汉时班超以洛阳为起点，经中原地区、关中平原、河西走廊、塔里木盆地，到锡尔河与乌浒河之间的中亚河中地区、大伊朗，并连接地中海各国陆上通道。这条陆上通道通常被称为陆路丝绸之路。因为由这条路西运的货物以丝绸制品的影响最大而得名，其基本走向定于两汉时期，包括南道、中道和北道三条路线。

与南方的茶马古道形成对比，广义的丝绸之路是指从上古开始形成的，遍及欧亚大陆甚至包括北非和东非在内的大通道，在这条大通道上，商业贸易和文化交流比较频繁。

张骞的两次出使西域，开辟了中外交流的新纪元。这条东西通路，经过几个世纪向西伸展到了地中海，甚至法国、荷兰。通过泉州、广州等地途经海路还可达意大利、埃及以及非洲东海岸，这是海上丝绸之路。丝绸之路是中国与亚洲、欧洲、非洲等国经济文化交流的友谊之路。

## (二)"丝绸之路"的含义

丝绸之路是持续两千多年的东西贸易互通和文化交流的国际大通道,既是一个经贸、政治和文化并行的多元交流系统,也是一个海陆互补的多线路系统。其功能从"求异珍"逐渐转向"榷货税",不仅奠定了沿线城镇的聚居模式,也推动了沿海港口城市和内陆手工业城市的兴起,成为一个内外联动的多维发展系统,具有多边合作、自由贸易、共荣共生等多层含义。其对亚欧各国,特别是对中国古代的社会经济发展和文化繁荣起到非常重要的作用。

## 二、"带"的概念和含义

### (一)"一带"的概念

2013年9月7日,习近平在哈萨克斯坦纳扎尔巴耶夫大学发表演讲时说:"为了使各国经济联系更加紧密、相互合作更加深入、发展空间更加广阔,我们可以用创新的合作模式,共同建设'丝绸之路经济带',以点带面,从线到片,逐步形成区域大合作。""丝绸之路经济带"的概念首次被提出,简称"一带"。这是在古丝绸之路概念基础上形成的一个新的经济发展区域,是自"新亚欧大陆桥"后,由中国国家领导人提出的战略构想,东连亚太经济圈,西连发达的欧洲经济圈,被认为是"世界上最长、最具有发展潜力的经济大走廊"。

### (二)"一带"的含义

吉林大学东北亚研究院院长朱显平和讲师邹向阳最早基于"交通经济带""成长三角"及"增长极"等概念和视角,将"丝绸之路经济带"界定为跨国交通经济发展带,即以跨国交通通道为展开空间,以区域经济一体化为手段,以中心城市和交通基础设施为依托,以生产要素自由流动和区域内贸易为动力,以带动沿线经济快速增长和发展为目的的中国—中亚跨国经济带。有相关研究人员分别从广义和狭义两方面界定了"丝绸之路经济带"空间范围,并且后者认为其实以产业与人口的"点—轴"集聚为根本动力,以交通基础设施和自由流动的要素为基本框架,以中国和中亚地区共同利益为根基,以地缘政治和能源合作为现实基础,以建立区域经济一体化组织为战略目标的特定区域空间结构。

还有研究人员认为,"丝绸之路经济带"是以古丝绸之路为文化象征,以上海合作组织和欧亚经济共同体为主要合作平台,以立体综合交通城市群和中心城市为支点,以跨国贸易投资自由化和生产要素优化配置为动力,以区域发展规划和发展战略为基础,以货币自由兑换和人民友好往来为保障，以实现各国互利共赢和亚欧经济一体化为目标的带状经济合作区，并且指出这一概念具有历史性、国际性、综合性三大特征。他们认为，"丝绸之路经济带"既是历史性概念，又是现实性概念；既是区域性概念，又是全球性概念；既是经济性概念，又是综合性概念。在空间范围上，将"丝绸之路经济带"的空间范围划分为核心区、扩展区、辐射区三个层次。其中，核心区包括中国、俄罗斯和中亚五国，扩展区包括上海合作组织和欧亚经济共同体的其他成员及观察员国，辐射区包括西亚、欧盟等国家和地区，核心区与扩展区构成狭义的"丝绸之路经济带"，核心区、扩展区和辐射区构成广义的"丝绸之路经济带"。胡鞍钢等则认为，以哈萨克斯坦等中亚五国为主的中亚经济带、以中亚周边的俄罗斯和南亚等为核心的环中亚经济带以及环中亚地区和欧洲北非等为核心的亚欧经济带分别是"丝绸之路经济带"的核心区、重要区、扩展区。冯宗宪认为，"丝绸之路经济带"分为国内路段和国外路段两大部分，国外路段包括中亚地段、南亚地段、中东欧地段及相关的俄罗斯和西欧、北欧地段等在内的三个主要地段。

## 三、"路"的概念和含义

### （一）"一路"的概念

2013年10月3日，习近平在印度尼西亚国会发表演讲时指出："中国愿同东盟国家加强海上合作，使用好中国政府—东盟海上合作基金，发展好海洋合作伙伴关系，共同建设21世纪'海上丝绸之路'。"这是中央站在中国与东盟建立战略伙伴十周年这一新的历史起点上，为进一步深化中国与东盟的合作，构建更加紧密的命运共同体，为双方乃至本地区人民福祉提出的战略构想。

海上丝绸之路起自我国东南沿海港口，往南穿过中国南海，进入印度洋、波斯湾地区，远及东非、欧洲等地，主要由东、南、北三条航线构成。东洋航线是指从中国山东半岛至日本、韩国、朝鲜等地的航线；南洋航线为中国泉州、广州、宁波等地到东南亚诸国的航线；西洋航线是指从中国沿海港口至南亚、中亚、西亚、非洲东海岸乃至红海沿岸一带的航线。

### （二）"一路"的含义

古老的海上丝绸之路自秦汉时期开通以来，一直是沟通东西方经济文化交流的重要桥梁，而东南亚地区自古就是海上丝绸之路的重要枢纽和组成部分。在陆上丝绸之路形成之前，海上丝绸之路就已经开始了它的历史使命，海上丝绸之路是世界上目前已知的最为古老的海上航线。我国的海上丝绸之路除了出口丝绸，还出口茶叶、瓷器、金银、五金、书籍等商品，同时，中国通过海上丝绸之路进口琉璃、猫眼石、明珠、象牙、香料、水晶、玛瑙、琥珀、骆驼皮、乳香、安息香、沉香、檀香、芦荟、胡椒等商品。

海洋是我国与东南亚、中西亚、欧洲、非洲等地经济贸易与文化交流的重要渠道，海上丝绸之路是连通东盟、南亚、西亚、北非、欧洲等各大经济板块的大通道。自2003年中国与东盟建立战略伙伴关系以来，携手开创了"黄金十年"。2010年，中国—东盟自贸区建成，中国成为东盟第一大贸易伙伴，东盟成为中国第三大贸易伙伴，这也间接印证了海上丝绸之路建设的重要性。

## 四、"一带一路"的概念和含义

### （一）"一带一路"的概念

"一带一路"是指"丝绸之路经济带"和"21世纪海上丝绸之路"，是一条互尊互信之路，是一条促进共同发展和共同繁荣的合作共赢之路，是一条增进理解信任、加强全方位交流的和平友谊之路。其以加强政策沟通作为建设的重要保障，将基础设施互联互通作为建设的优先领域，将投资贸易合作作为建设的重点内容，将资金融通作为建设的重要支撑，将民心相通作为建设的社会根基。

"一带一路"贯穿亚欧非大陆，一端是活跃的东亚经济圈，另一端是发达的欧洲经济圈，中间广大腹地国家经济发展潜力巨大。"丝绸之路经济带"重点连通中国经中亚、俄罗斯至欧洲（波罗的海），中国经中亚、西亚至波斯湾、地中海；中国至东南亚、南亚、印度洋；"21世纪海上丝绸之路"的重点方向是从中国沿海港口过南海到印度洋，延伸至欧洲，从中国沿海港口过南海到南太平洋。

根据"一带一路"走向，陆上依托国际大通道，以沿线中心城市为支撑，以重点经贸产业园区为合作平台，共同打造新亚欧大陆桥、中蒙俄、中国—中亚—西亚、中国—中南半岛等国际经济合作走廊；海上以重点港口为节点，共同建设通畅安全高效的运输大通道。中巴、孟中印缅两个经济走廊与推进"一带一路"建设关联紧密，要进一步推动双边合作，取得更大进展。

"一带一路"并非一个实体和机制，而是区域合作发展的理念和倡议。充分依靠中国与有关国家既有的双多边机制，借助既有的、行之有效的区域合作平台，构建贯通亚欧大陆的经济交通动脉架设东西方文化交会的桥梁。

### （二）"一带一路"的含义

2014年11月4日，习近平在主持召开中央财经委员会第八次会议时曾强调："'一带一路'倡议顺应了时代要求和各国加快发展的愿望，提供了一个包容性巨大的发展平台，具有深厚历史渊源和人文基础，能够把快速发展的中国经济同沿线国家的利益结合起来。要集中力量办好这件大事，秉持亲、诚、惠、容的周边外交理念，近睦远交，使沿线国家对我们更认同、更亲近、更支持。"

"一带一路"是开放包容、合作共赢的战略设计。"一带一路"既是基于中国本身的发展，也是基于地区和世界发展的需求，旨在激发秉持开放包容精神，继承古丝绸之路开放传统，高举和平发展的旗帜，积极推进沿线国家发展战略的相互对接，以新的形式使亚欧非各国联系更加紧密，互利合作迈向新的历史高度，共同打造政治互信、经济融合、文化包容的利益共同体、命运共同体和责任共同体，进而促进世界和平发展。

## 第二节 "一带一路"倡议的整体布局

共建"一带一路"，将秉持以"和平合作、开放包容、互学互鉴、互利共赢"为基本理念，以"政策沟通、设施联通、贸易畅通、资金融通、民心相通"为主要内容，以打造"政治互信、经济融合、文化包容"的利益共同体、责任共同体和命运共同体为根本目标，全方位推进务实合作与各方共赢。具体来说，"一带一路"建设要做好三方面的工作。

一是把握好合作方向。"一带一路"贯穿亚欧非大陆，一端是活跃的东亚经济圈，另一端是发达的欧洲经济圈，中间是发展潜力巨大的腹地国家。这种东亚活跃、欧洲发达、中间地带潜力大的特点充分体现了"一带一路"建设的梯度发展模式与强大的优势互补性。从国际视角来看，"一带一路"是世界上跨度最长的经济大走廊，人口约44亿，经济总量约22万亿美元，分别占全球的63%和30%左右，产业结构互补性强，在交通、金融、能源、通信、农业、旅游等各大领域开展互利共赢的合作潜力巨大。丝绸之路经济带沿途各国基本上都是发展中国家，资金、技术普遍匮乏，而中国在这方面恰恰拥有独特优势，而且秉承互利共赢原则，不干涉合作伙伴国内部事务，因而有条件与有关国家结成开发投资战略伙伴。中国制造业发达，多数工业制成品适合地区国家的消费水平和市场需求，大力扩展商品贸易完全符合"互利共赢"要求。在能源领域，中国与地区多数资源国更是具有资源与市场、投资需求与资金技术之间的互补优势，充分发挥这种优势对于实现共同能源安全具有重大战略价值。从战略走向上来看，丝绸之路经济带重点合作方向有三个，分别是中国经中亚、俄罗斯至欧洲（波罗的海），中国经中亚、西亚至波斯湾、地中海，中国至东南亚、南亚、印度洋。21世纪海上丝绸之路重点合作方向有两个，分别是从中国沿海港口过南海到印度洋并延伸至欧洲，从中国沿海港口经南海到南太平洋。

二是共建国际经济合作走廊。陆上依托国际大通道，以沿线中心城市为支撑，以重点经贸产业园区为合作平台，共同打造新亚欧大陆桥、中蒙俄、中国—中亚—西亚、中国—中南半岛等国际经济合作走廊。海上以重点港口为节点，共同建设通畅安全高效的运输大通道。例如，中巴、孟中印缅两个经济走廊与"一带一路"建设关联紧密，须进一步推动合作，取得更大进展。中巴经济走廊的走向，南起瓜达尔港，北至中国新疆喀什，是一条包括公路、铁路、油气管道、通信光缆等在内的贸易走廊，它北接丝绸之路经济带，南连海上丝绸之路，是贯通南北丝路的关键枢纽。2015年4月20日至21日，习近平对巴基斯坦进行国事访问。两国签署了相关协议，中方拟向巴方贷款460亿美元，加强巴方的基础设施与港口建设。双方同意，以中巴经济走廊为引领，以瓜达尔港、能源、交通基础设施和产业合作为重点，形成"1+4"经济合作布局。在本次访问中，双方签署合作文件50多项，涉及交通基础设施、能源和金融等多个领域；中巴双边贸易额目前已突破150亿美元，双方力争在3年内将双边贸易额提升至200亿美元；在未来5年内为巴方提供2000个培训名额，并培训1000名汉语教师。建设中的中巴经济走廊涵盖了能源、交通基础设施、产业园区、农业、金融、旅游、减贫、人文交流等众多领域，有望成为中国"一带一路"的旗舰项目和样板工程。它不仅会让中巴两国受益，还惠及区域相关国家，将推动中国同南亚乃至亚洲各国发展的有效对接，更能提振"一带一路"沿线国家和地区的信心。孟中印缅经济走廊也是"一带一路"建设的重点项目。它将通过缅甸曼德勒和孟加拉的吉大港和达卡，把中国西南省份云南的首府昆明与印度重要城市加尔各答联系起来，其辐射作用将带动南亚、东南亚、东亚三大经济板块联合发展。

三是推动形成区域经济一体化新格局。"一带一路"建设是沿线各国开放合作的宏大经济愿景，需要各国携手努力，朝着互利互惠、共同安全的目标相向而行，尽早建成安全高效的陆海空通道网络，实现区域互联互通，促进投资贸易便利化达到一个新水平，彼此之间经济联系更加紧密，政治互信更加深入，形成更大范围、更宽领域、更深层次的区域经济一体化新格局。同时，要推动"一带一路"沿线各国人文交流更加广泛深入，使不同文明互鉴共荣，各国人民友好相处。

# 第三节 "一带一路"：历史的超越

## 一、"一带一路"的深远历史传承

古代丝绸之路在经贸合作、文化交流、民族稳定三方面发挥了积极作用，而当今"一带一路"的建设同样会发挥古丝绸之路这三大独特作用，以负责任的风范与真诚包容的大国态度同世界分享自身发展红利。正如习近平所提到的，这将使欧亚各国经济联系更加紧密，相互合作更加深入，发展模式更加广阔，这是一项造福沿途各国人民的大事业。放眼古今丝绸之路，两者同为"亲善之路""繁荣之路""交流之路"。

"亲善之路"指的是当今"一带一路"建设立足于古丝绸之路对民族稳定、和谐共处的贡献，在和平发展成为日益重要主题的当下，将"一带一路"打造成一条福泽各国民众的发展之路，促进沿线各不同国家、不同民族之间的友好往来与和睦共处。目前，伴随着中国的崛起，西方世界影响下产生的"中国威胁论"使得世界各国对中国崛起心存疑虑，将中国的强大看作对世界现存政治秩序的威胁。而这条"亲善之路"充分表明：我国坚持走和平崛起的道路，不谋求世界霸权，在国力强大的今天，将"引进来"与"走出去"更好地结合，同世界分享自身发展红利，在互联互通的基础之上，同各国平等发展，互利共赢。

"繁荣之路"是指当今"一带一路"建设同古代丝绸之路联系东西方贸易，创造大量社会财富一样，贯穿亚欧非大陆，一头是活跃的东亚经济圈，一头是发达的欧洲经济圈，能够在经贸交流的过程中推动东西方两大市场的繁荣，为沿线国家提供巨大的发展机遇和潜力。从"一带一路"的议程设置来看，伴随着一系列自贸区（如中日韩自贸区、中国—东盟自贸区）及各类经济走廊（如孟中印缅经济走廊、中蒙俄经济走廊）的建设升级，能够有效促进产业合理分工，减小各国相互间的贸易壁垒，便利各国进出口运营及经贸投资，从而建立起高效运行的"财富流通网""物资运输网"与"货币交换网"。

"交流之路"是指当今的"一带一路"同古代丝绸之路一样，不仅是一条经贸之路，也是一条文化交流、民众交往之路。伴随着各国基础设施的不断完善及经贸合作的不断深化，建立在其基础之上的文化交流同样会大放异彩。"一带一路"涵盖30亿人口，在建设的过程中，如能发扬传统"和平合作、开放包容、互学互鉴、互利共赢"的"丝路精神"，以开放包容的态度推动沿线各国民众之间的交流，不仅能够推动"民心相通"的早日实现，增强各国民众对政策的支持和拥戴，而且能够极大地推动文化多样性的发展，在文化沟通交流的基础上实现物质同精神的双重结合，从经济和人文两个层面真正实现"共商""共建""共享"的合作理念。

"一带一路"的建设要在继承古丝绸之路的基础上，立足发展大局，在继承传统"亲善""繁荣""交流"之路的基础上打造互尊互信之路、合作共赢之路、文明互鉴之路。需要注意的是，"一带一路"建设是一个持续性的过程，难以一蹴而就，作为一项宏观政策，应该立足长远，从长期收益看待政策有效性。目前，应不断完善相关的配套政策安排、加强基础设施建设，审慎地处理各类问题，而非冒进地追求短期效益，舍重就轻。

## 二、"一带一路"政策的时代发展

中共十八届三中全会通过的《中共中央关于全面深化改革若干重大问题的决定》明确提出要推动"丝绸之路经济带"和"21世纪海上丝绸之路"的建设,开创我国对外开放新局面。

"一带一路"政策正式成为我国的重要国家战略。"一带一路"政策在传承传统丝路精神的基础上,结合当代的内外国际局势,形成了其不同于古代丝绸之路的新内涵,实现了两大超越。一方面,在空间上超越了传统的丝绸之路的限制,所辖区域空间进一步扩大,合作空间也得以深化;另一方面,既在性质上赋予了古丝路新的内涵,又超越了传统丝路的思维模式,以其"时代性""先进性""开拓性"稳健地推动着"一带一路"建设的开展。

### (一) 空间上的超越

古代丝绸之路正式开通了从中国通往欧、非大陆的陆路通道。这条道路,由西汉都城长安出发,经过河西走廊,然后分为两条路线:一条出阳关,经鄯善,沿昆仑山北麓西行,过莎车,西逾葱岭,出大月氏,至安息,西通犁靬,或由大月氏南入身毒;另一条出玉门关,经车师前国,沿天山南麓而行,出疏勒,西逾葱岭,过大宛,至康居、奄蔡(西汉时游牧于康居西北即咸海、里海北部草原,东汉时属康居)。可见,古代陆上丝绸之路链接东亚、中亚、西亚和欧洲。在此过程中,东南亚、南亚等地区虽然一定程度上受到丝绸之路的影响,但和西亚、中亚等地相比,其影响力还是有限。

当今"一带一路"的建设,其主体范围大体仍遵循古丝绸之路的路径,依托现存的亚欧大陆桥,通过中亚、西亚等重要区域,连接欧洲,实现沿线各区域之间的互联互通。但是,我国在"一带一路"的建设过程中开展了与其相配套的"经济走廊"建设,通过经济走廊,将历史上并非陆上丝绸之路主体的区域也纳入"一带一路"建设的过程中。例如,"中巴经济走廊"开创了由我国新疆地区经由巴基斯坦从而到达南亚的新途径,加之同"孟中印缅经济走廊"相互配合,南亚地区及东南亚地区被成功纳入我国"一带一路"的建设之中。同时,历史上并非丝路主要途经区域的我国西南地区也承担起了"一带一路"建设的重任。除此之外,"中蒙俄经济走廊"的建立,还会将东北亚地区纳入"一带一路"的区域范畴,大大扩展了古丝绸之路的空间范围。"一带一路"建设在空间上的扩展,不仅激发了我国各省份的积极性,也将南亚、东南亚、东北亚、东亚、西亚、中亚乃至欧洲紧密地联系在一起,大大扩展了古代丝绸之路的地理空间概念,赋予了其新的时代生命。

习近平在讲话中曾经提出要以点带面、从线到片，从而逐步形成区域的大合作，同时应实现"五通"，即政策沟通、设施联通、贸易畅通、资金融通、民心相通。从习近平的讲话中不难看出，当前"一带一路"的建设，在"合作空间"上极大地超越了传统丝绸之路以经贸为主的合作方式。新时代"一带一路"的建设，"贸易通"仅仅是一方面，重要的是在"贸易通"的基础上实现政策、基础设施建设、科技文化乃至民心的全方位互联互通，真正为新形势下各区域之间的合作奠定坚实的基础。

除以上两点之外，我国还将海陆丝路建设并举。我国历史上，海上丝绸之路的兴盛同陆上丝绸之路的衰弱密切相关，因此并没能出现"海陆同盛"的局面，而当今将"一带一路"结合起来，就是致力于创造海陆并举、协同开展的盛况，海陆空间的结合，其空间覆盖范围是古代丝绸之路难以比拟的。

## （二）性质上的超越

"一带一路"政策丰富了传统丝绸之路的内涵，在"时代性""先进性""开拓性"三方面对古丝路做出了创新性发展。

第一，时代性。中国人从未背弃过海洋，但也从未真正关注过海洋。海洋作为"化外之域"的观念一直扎根于中国人的灵魂深处。当今时代，"海洋"已经成为重要的战略资源，从"大河"走向"大海"、从"内陆"走向"海洋"已经是我国发展的必然要求。改变传统丝绸之路重陆地、轻海洋的态度，创新性地将"陆上丝绸之路经济带"和"21世纪海上丝绸之路"结合起来，海陆统筹兼顾、协调并举，体现了"海洋强国"要求下典型的新时代特点。除此之外，"一带一路"的开展，也将西北、西南地区纳入开放的前沿，有利于缩小其同东部沿海省份的差距，推动实现国内各省份的全体人民共同富裕，这同样符合深化改革开放，打造对外开放新局面这一典型的时代要求。

第二，先进性。中国古代以农耕经济为主，商业活动受到打击，士农工商影响下的中国古代社会，导致陆上丝绸之路将农产品或农业加工品作为出口的重要组成部分，可见当时出口结构并不完善，没能充分发挥自身的资源优势。当今的"一带一路"政策，在操作路径和操作理念两方面具有高度的先进性。首先，从路径来讲，"五通"将政治、经贸、交通、货币、民心创新性地结合在一起，能够充分发挥我国的战略优势，同世界各国分享自身发展红利，这本就是平等协作的典型创举；其次，从理念来看，我国坚持古丝绸之路开放包容的精神，并在此基础上将世界看作统一的命运共同体，谋求"全体人民共同富裕"，这一点也超越了历史上各国的"谋利"心理。

第三，开拓性。通过上文的论述不难发现，我国在开展"一带一路"建设的过程中，不谋求称霸，也不会称霸，而是将世界看作一个统一的整体，吸引沿线国家共同参与，通过相互之间的平等协作，沟通了解，共建繁荣世界，分享发展成果，从而共同应对目前多变的国际局势。中国这一创新性举措，以互利共赢的形式，超越了传统的区域合作方式，为世界各国的发展提供了新的发展思路。同古代丝绸之路相比，"一带一路"以其开拓性给予了框架中沿线各国远超古时的发展生机和活力。

### 三、"一带一路"对马歇尔计划的超越

除了超越古代丝绸之路外，"一带一路"还超越了其他国家的类似战略。早在2009年1月5日，《纽约时报》就称中国的"走出去"战略为"北京的马歇尔计划"，"一带一路"倡议提出后，这种说法更流行了。其实，"一带一路"不仅不是中国版的马歇尔计划，更超越了马歇尔计划。

二战结束后不久，美国启动对被战争破坏的西欧国家给予经济援助和参与重建的计划，以当时美国国务卿的名字命名，史称"马歇尔计划"，也称欧洲经济复兴计划。马歇尔计划说是使欧洲和美国得到双赢，但也造成了欧洲的分裂，巩固了美国主导的布雷顿森林体系，推动了北约组织的建立，美国成为马歇尔计划的最大受益方。

都是向海外投资来消化充足的资金、优质富余产能和闲置的生产力，促进本国货币的国际化，"一带一路"倡议与马歇尔计划确有诸多类似之处，后者也给前者以历史借鉴，但是，两者时代背景、实施主体和内涵、方式等毕竟不同。

概括起来，"一带一路"倡议与马歇尔计划在以下方面存在较大差异：

#### （一）时代背景不同

美国推动马歇尔计划是为了尽快使欧洲资本主义国家实现战后复兴，防止希腊、意大利等欧洲国家的共产党趁战后经济百废待兴、政治混乱之机夺取政权，以对抗向西扩展的苏联和共产主义国家，是经济上的"杜鲁门主义"，也是冷战的重要部分，是为美国最终实现称霸全球服务的。马歇尔计划也为后来形成的区域军事集团——北大西洋公约组织，奠定了经济上的基础。马歇尔计划开启了冷战的先声，具有较强的意识形态色彩。

"一带一路"则无冷战背景和意识形态色彩，它既古老又年轻。作为古"一带一路"，继承和弘扬了"和平合作、开放包容"的丝绸之路精神；作为国际合作倡议，"一带一路"作为世界经济增长火车头的中国，将自身的产能经验与模式优势转化为市场与合作优势的结果，是中国全方位开放的结果。

#### （二）实施意图不同

马歇尔计划本意是美国通过援助使欧洲经济恢复，并使后者成为抗衡苏联的重要力量

和工具，同时使美国更方便地控制和占领欧洲市场。美国当年提出马歇尔复兴计划时，附加了苛刻的政治条件，欧洲的所有亲苏联国家都被排斥在外。即使是盟国，美国也为进入该计划的国家制定了标准和规则，受援的西欧国家只能无条件接受，不仅有时间期限，且还款利息高。该计划最终导致了欧洲的分裂。马歇尔计划充分展示了美国控制欧洲的战略意图和肩负稳固欧洲以对抗苏联扩张的战略使命，催促了北约的诞生。

"一带一路"的本质是一个共同合作的平台，强调"共商、共建、共享"原则，倡导新型国际关系和21世纪地区合作模式。"一带一路"倡议建立在合作共赢的基础上，提倡同沿线国家进行平等友好的经济往来、文化交流，以促进沿路国家的经济发展，同时加强中国同相应国家的经济合作，所有的经济文化交流都建立在平等自愿的基础上。

（三）参与国构成不同

马歇尔计划的参与国家是以美国、英国、法国等欧洲发达国家为主的20世纪资本主义强国，将社会主义国家及广大第三世界国家排除在外，是第一世界对第二世界的援助。

"一带一路"以古代"陆上丝绸之路"和"海上丝绸之路"沿线国家为主，并拓展、延伸到其他国家，多为发展中国家，也有新兴国家、发达国家，有利于发展中国家相互间促进经济合作和文化交流，推动各类国家的优势互补、错位竞争和经济整合，开创南南合作、区域合作与洲际合作的新模式。

（四）内容不同

马歇尔计划主要内容是美国对西欧提供物质资源、货币、劳务和政治支持，其中美国的资金援助要求西欧国家用于购买美国货物，尽快撤除关税壁垒，取消或放松外汇限制；受援国要接受美国监督，把本国和殖民地出产的战略物资供给美国；设立由美国控制的本币对应基金；保障美国私人投资和开发的权利。其结果是美国获得了大量对欧出口，使美元成为西欧贸易中主要的结算货币，帮助建立了美国战后的金融霸权，巩固和扩大了美国在欧洲的政治经济影响。此外，马歇尔计划还包含削减同社会主义国家的贸易、放弃"国有化"计划等较强烈的冷战色彩的内容。

"一带一路"倡导中国与丝路沿途国家分享优质产能、共商项目投资、共建基础设施、共享合作成果，内容包括政策沟通、设施联通、贸易畅通、资金融通、民心相通等"五通"，比马歇尔计划内涵丰富得多。

# 第四节 "一带一路"倡议与世界经济发展

## 一、中国及"一带一路"倡议引领和推动全球经贸格局变革的能力

国际社会中,大国往往是促成国际合作集体行动的倡导者,也势必承担更多的责任和义务,推动世界经济格局的发展和演变。作为"一带一路"所涉区域内当之无愧的大国,中国提出的"一带一路"不仅是中国主动参与国际合作的重大倡议,更是符合沿线国家利益的国际区域合作倡议,标志着中国逐步迈入主动引领全球经济合作和推动全球经贸格局变革的新时期。

目前中国在世界生产体系和贸易体系中发挥着重要的作用,中国的国内市场和经济发展模式已经成为众多发达经济体发展的动力源和发展中经济体发展的模板。中国几乎参与了所有与国家经济利益相关的国际和区域经贸合作,并发挥着积极的引导作用。近年来,中国逐步加强了与东亚、中亚、非洲、俄罗斯等发展中国家和地区以及新兴市场经济体的经贸联系,并且已经先后成为周边各国的重要的贸易伙伴和投资来源国。通过共建"一带一路",中国与沿线国家的区域合作将为世界经济发展注入新的驱动力。另外,目前的全球经济活动不再仅靠贸易带动,外国直接投资发挥了越来越大的作用,已经成为发达国家和发展中国家进出口贸易的重要驱动力。中国经济规模全球第二,外汇储备全球第一,既可以为"一带一路"的新兴国家提供资金来源,也能够满足沿线国家对外部市场的需求。中国已经筹建亚洲基础设施投资银行和金砖国家开发银行,向本地区和其他发展中国家的经济建设提供资金支持。

## 二、"一带一路"倡议与全球贸易投资格局

从当今全球的贸易格局看,全球市场存在两个有着强烈区域特征的贸易轴心,其一是大西洋贸易轴心,主要由欧美发达国家构成,这些国家因工业革命而强盛,靠海权立国并走向强大;其二是太平洋贸易轴心,主要由美洲、东亚、澳大利亚等国构成,这条轴心因美国主导的跨国贸易及产业转移而兴起,因"亚洲四小龙"的出现而闻名世界。显然,当前的全球贸易格局是以美国为核心进行布局和组织的。

"一带一路"倡议涉及65个国家,覆盖总人口数超过世界人口的60%,GDP总量约为全球的1/3。根据UNCTAD统计数据计算,1990年—2013年期间,全球贸易和跨境投资年均增长速度为7.8%和9.7%,而"一带一路"国家同期的年均增速达到13.1%和

16.5%,特别是在两大贸易轴心的核心区域深受经济危机影响的2010年—2013年间,"一带一路"对外贸易和跨境投资年均增速达到13.9%和6.2%,高出全球平均水平4.6个百分点和3.4个百分点。"一带一路"沿线国家巨大的合作潜力和经济实力将成为亚欧地区乃至世界的贸易增长源,而且"一带一路"这种以线带面的合作模式将进一步提升沿线整体的合作水平,并逐步建立国际经济新秩序和推动全球贸易格局重构。第一,"一带一路"沿线国家经济互补性强,但目前的贸易状况远未反映出这些国家的真正实力。"一带一路"将促进区域内基础设施的完善、贸易投资的自由化和便利化、供应链和价值链的深度融合,特别是"一带一路"框架下的自贸区战略将从根本上改变区域贸易状况,使沿线区域经贸合作迈上新台阶。第二,"一带一路"沿线的经济凹陷区发展潜力无限。"一带一路"东侧是繁荣的亚太经济圈,西侧是经济发达的欧洲经济圈,中间的中国和泛中亚经济圈形成了一个经济凹陷区域。中亚是扼守亚欧大陆心脏地区,是影响世界格局枢纽地区。借助"一带一路"倡议,中亚国家不仅将打通出海通道,还将深度融入世界经贸合作体系,从整体上激发亚欧区域的经贸合作水平。"一带一路"一方面可以促进中国中西部地区及泛中亚经济圈的发展,拉平丝绸之路经济带的凹陷区域;另一方面可以形成区域的新兴增长极。第三,"一带一路"将进一步促进中国与欧盟的经贸往来。目前,中欧之间的经贸合作主要依靠海陆通道。"一带一路"建设将拓展中欧合作的陆路通道,进一步扩大双方的经济贸易往来。

区域合作并不是相关国家经济力量的简单加总,而是通过合作产生协作力使经贸合作以加速度的方式发展。随着"一带一路"倡议的推进,世界将形成以亚欧为核心的全球第三大贸易轴心,推动全球贸易重构。而且,中国将位于太平洋和亚欧两大贸易轴心的中间位置,在未来全球贸易格局中将发挥引领性作用。

### 三、"一带一路"倡议与亚洲产业分工体系

20世纪50年代至80年代,世界经历了三次产业结构转移,从美国到日本,从日本到亚洲"四小",再从亚洲"四小"到东盟和中国,这就是著名的雁形模式产业转移。东亚地区通过产业的梯度转移,大力发展外向型经济,实现了整个地区的经济发展奇迹。雁形模式下,美国、日本和东亚之间互相影响、互相制约,形成了一个密切合作的有机整体。美国吸纳东亚国家输出的大量商品,从需求上带动东亚地区的工业发展;日本一方面从供给方面支持东亚的工业化,为东亚地区提供工业化发展所需的生产资料和技术设备,另一方面以购买美国国债的方式将从美国和东亚获取的贸易盈余回流给美国;东亚以对美国出口获取贸易盈余,弥补对日本的贸易赤字。美国和日本以出口中间产品和资本品的方式塑造了东亚地区的垂直型分工模式。在东亚地区内部,日本、亚洲"四小"、东盟和中国也

形成了一个有机整体，互相联系、互相依赖。整体来说，东亚处于美国领导的雁形模式下，美国向紧随其后的国家提供经济增长动力。

20世纪90年代以来，尽管日本仍然扮演着东亚"领头雁"的角色，但其国内经济增长停滞，且产业空心化导致产业升级以及向东亚区域产业转移的步伐明显放慢，带动东亚产业结构调整的能力也大大减弱。进入21世纪，随着亚洲"四小"、中国和东盟经济的快速发展，特别是中国经济的快速崛起，东亚内部的垂直型分工模式被东亚乃至亚洲的复杂型国际生产网络所取代。

目前，中国已经取代日本世界第二大经济体的位置，东亚和亚洲地区的雁形模式逐渐被打破。"一带一路"背景下的沿线国家比较优势差异明显，国家间在产业结构、商品结构和贸易结构上的互补性较强。依据劳动分工理论，沿线国家具备当初东亚地区形成雁形分工模式的区位条件和产业基础，还具备当初东亚地区没有的政策利好，因此"一带一路"将改写东亚和亚洲的产业分工模式和格局。随着"一带一路"倡议的推进，中国的劳动密集型行业和优势性资本密集型行业将按照雁形分工模式，依次转移到沿线国家，带动沿线国家的产业结构调整和升级，推动沿线国家工业化水平的提升。这将改变沿线国家长期以来仅是作为世界贸易发展的过道而沦为经济凹陷地区的局面；将超越以美日为主导的雁形模式所造成的亚洲地区发展不平衡的困境；也将构筑以我国为"领头雁"的新型雁形模式，推动亚洲地区的产业分工格局重构。

## 四、"一带一路"倡议与全球治理模式

二战后，以美欧为首的发达国家凭借其在世界经济中的影响力和主导地位，主要以WTO为平台推行和制定了各种有利于自身利益的全球治理规则和全球经贸规则。随着WTO多哈贸易谈判陷入困境，全球经贸的发展另辟蹊径即以区域贸易规则创建为基础，辅以规范某一领域的诸边贸易规则，然后通过与货物、服务及跨境投资等规则的融合，逐渐形成新的多边贸易投资规则。世界经济缓慢复苏以来，区域合作和多边合作中的"规则之争"已经超越了传统的"市场之争"，成为新一轮全球化博弈的角力点。

在新的全球经贸规则形成过程中，发达国家仍然力图主导新规则的制定。随着发展中国家特别是新兴经济体的崛起，全球经贸格局和力量对比正在发生演变，发达国家主导的全球经贸规则受到冲击。为了培育和建立新的竞争优势，应对来自新兴经济体的挑战，发达国家开始发力构建高标准排他性自贸区，意在重构全球经贸新规则，如近年来美国政府紧锣密鼓推行的TPP和TTIP便是谋求全球经贸规则的主导权，迫使发展中国家做出更大让步，进而主导全球经济治理的行为。

无论是当前WTO框架下的全球经贸规则，还是以美欧为主导的新一代全球经贸规则，

均没有反映出国际经济格局的深化发展,新兴经济体和发展中国家始终没有恰当的、合乎身份的话语权和国际规则的制定权。而且,美欧主导的新一代全球经贸规则,特别是TTIP达成的高标准协议,还将给发展中国家参与国际竞争设置重重障碍和壁垒,削弱发展中国家的国际竞争力,限制发展中国家参与国际经济活动。因此,全球经贸规则的各方层次、体系结构和制度规则都亟须调整和变革。

目前,广大发展中国家要求建立公平合理的全球经贸规则的呼声日益高涨。作为对世界经济增长贡献最大的国家,中国应该充分发挥不断提升的影响力,积极主动地推动全球经贸规则朝着合理化的方向发展。"一带一路"倡议的重点之一就是加快实施自贸区战略,这将推动中国与沿线的发展中国家和新兴经济体构建一套更加适用于广大发展中国家和新兴经济体的经贸规则。随着自贸区的扩大,这些内容将逐渐扩展为多边经贸规则,这不仅有利于扭转沿线国家被现有规则体系排斥在外的局面,增加发展中国家在全球经贸规则的话语权,而且能够促进广大发展中国家深度参与和融入全球化。"一带一路"建设将为发展中国家的和平发展创造有利的制度环境。

另外,经济危机在世界范围内的广泛传导凸显出以美元作为主要储备货币的国际货币体系存在着严重的系统性缺陷。广大发展中国家迫切希望改革全球治理体系,特别是全球货币体系,使国际储备货币以币值稳定、供应有序、总量可调为原则进行调整和完善,从根本上维护全球经济稳定、保护各国经济利益。

# 第二章 区域经济发展

## 第一节 经济发展的概念与理论

经济发展的概念是在研究科技进步和经济发展的关系时,技术经济学中首要探讨的问题。经理发展的概念至今为止都没有一个能够被大众普遍接受的定义。经过一系列代表的提议,赵国杰提出了由"经济增长"过渡到"经济发展"的定义。

### 一、经济增长

#### (一)经济增长的含义和衡量指标

"经济增长"和"经济发展"的概念最初起源于英文"growth",这一英文单词有两种含义:一是生长、发育、成长;二是增大、发展、增长。早期的西方经济学家没有发现"growth"和"development"的区别。在很多经济文献中,都使用"growth"。往后慢慢发现了它们的区别。"经济发展"适用于不发达国家的经济,而"经济增长"主要用于发达国家的经济。应该说,把各有所指的"经济增长"和"经济发展"区别开来是一种进步,但是如果仅局限于从不发达和发达国家这两种经济形态的研究上来区别二者,也就添上了唯心主义与形而上学的色彩。实际上,工业革命后富国和穷国的差距才逐渐拉大,并且经济的增长和发展是永无止境的,从经济的进步来看的话,只不过会存在经济发展和增长所产生快慢的差异性和先后性以及发展阶段的相似性,不会出现上述情况,也就是经济发展归为不发达国家,却把经济增长归为发达国家。

通常认为,一个国家或一个地区在一定时期内出现的收入的增长或实际产值的增长就是经济增长,它一般表示为国民的生产总值或收入的增长。通常所指的是,在产量上有一定的增加。其中不仅包含着由投资带来的增加成分,也包括了提高生产效率而增加的产量。

国内生产总值的增长率是经济增长的衡量标准。国内生产总值,英文 Gross Domestic

Product，简称 GDP，指的是一个地区或者一个国家在一定时期内生产和提供的最终所使用的货物和服务的总价值。全社会在一定时期内所使用的各种消费品、投资品和服务的总和，就是从实物形态上来考察的国内生产总值；新创造的价值和固定资产折旧与各产业部门的增加值的和就是从价值形态上来考察的国内生产总值。经济增长的额度在报告期用相对量和绝对量均可。一个国家经济增长的幅度或增长率就等于用经济增长的绝对额除以基期总量后减去1，用报告期的总量减去基期的总量是经济增长的绝对额。

看其产生与发展的历史，发现经济增长的理论和技术进步的理论从最初出现就紧密地联合在一起了。经济增长理论研究的对象是经济的一个长期增长过程，在这个过程中各种增长因素都发挥了自己的作用，技术进步促进了经济增长。技术进步随着经济理论的不断发展，将会成为重要的研究对象。

（二）古典经济增长理论

18世纪中叶，英国古典经济学派提出了关于技术进步与经济增长理论思想。这些古典经济增长学家以帕西内蒂、亚当·斯密、卡尔多等为代表，并将研究兴趣主要集中在了积累及其与劳动分工、收入分配与人口增长等问题上，他们认为个人的正当动机在启动和维持经济增长过程中发挥着重要的作用，人们可以去追求自身的利益，这样也可以促进经济增长。

报酬递减规律是由大卫·李嘉图提出的，这是认识经济增长概念的重大发展，他运用实证研究强调了资本的积累，但是他依照报酬递减的规律，认证出一个悲观的结果：在边际报酬递减规律这一作用下，人口的增长、资本的积累和资源的消耗及市场扩大四者彼此的竞争，将会导致资本积累暂停，经济趋于稳定态势，人口稳定，最终将会停止经济增长的过程。

（三）技术进步外生化的新古典经济增长理论

古典经济增长理论和新古典经济增长理论二者有着很大的不同，新古典经济增长理论通过引入外生物技术进步因素来修正总量生产函数，以解释经济持续增长的动力问题。这样一来，经济持续增长的动力问题得到了解释。从这以后关于技术进步理论的研究引起了西方的经济增长理论的日益关注，并发展到新古典主义方向。其中索洛、库兹涅茨和丹尼森等人关于经济增长因素所做的分析就是有着代表性的研究。

库兹涅茨提出结构方面的变化是经济增长因素。并且他觉得，世界上技术知识和社会知识的存量是由于现代经济增长受到时代革新的推动而迅速增加，当充分利用这种存量时，就会出现高比率的增长变化，而且它也是现代经济迅速发展的结构源泉。他在对劳动、资本投入以及经济增长所带来的贡献进行分析之后,总结出:生产率的提高(也就是单位投入的产出增长率)是现代经济增长一个主要的贡献因素。结构变化是现代经济增长的第三因素,如生产率低的部门中的劳动力会转移到生产率高的部门,因此,部门的劳动力在总的劳动力中占的比重也发生变化,这就导致生产率与人均产值的进一步增长。

丹尼森提出了经济增长的多种构成元素,这是由国民收入增长分解得到的,经济增长又被他重新划分为了两个因素:全要素生产率和总投入量。其中,全要素生产率则分为三个:资源再配置、规模经济因素及知识进步;总投入量因素主要是增加劳动及资本数量和改善其质量。知识进步的两方面是技术和管理;而资源配置是劳动力从农业部门到非农业部门的转移、在自己企业中不领报酬的人和非农业的独立经营者转移到了其他行业,就改善了劳动力的配置问题;因为大多的衡量标准不能用,所以丹尼森就运用先进的推理判断,推断出规模经济对国民收入增长率大约贡献了8%~10%。而知识进步做的贡献就是余下的差额了。因此,很多产出中得不到解释的"余值"又被他拆分成了各种各样不同的组成元素,如此一来,结果和索洛的"余值"相比就小了很多。

(四) 技术进步内生化的新经济增长理论

1975年后,西方经济理论出现了新经济增长理论。这个新的理论是研究成果的总的名称,是指用内生技术的进步和规模收益的递增来解释一国和各国之间的一个长期经济增长差异。它的一个显著特征是让增长率内生化,其又被称为内生增长理论。这实现了内生技术进步,也论证了内生技术进步是由知识和人力资本两种积累所引起的,这项进步是经济增长的决定因素。新经济增长理论认为,经济活动生产要素是特殊的,这一生产要素是知识,它能够使经济可持续发展,也可以使边际收益得到递增。

内生技术进步理论是新经济的核心理论。它认为内生技术进步的源头是人力资本的积累。人的技能和知识的存量也体现出这一点。对内生技术进步理论来说,物质资本如生产资源是劳动者本身所有,可以通过培训教育等投资实现增长。健康状况、职业能力和文化水平等个体的知识和技能是经济学范围内的人力资本,这些可以创造一定价值。人力资本的提高,不仅可以让劳动者的收入增加,还可以让社会创造价值增加。理论认为,人力资本是对特殊形态资本的投资,因为它是人类对自身的投资。"现代世界的进步依赖技术的进步和知识的力量,它依赖人的知识水平和高度专业化的人才。所以人力资本对现代经济增长尤为重要。"这是在1994年,诺贝尔经济学奖获得者、美国芝加哥大学教授贝克尔提出来的。

新古典增长理论提出的技术进步理论是受同一时期大多数经济学家认可的模型,具有一致性。内生技术进步理论在实证中的应用却由于松散的模型而严重受到影响。

### (五) 马克思主义技术进步与经济增长理论

马克思是发展和创建经济增长理论的开拓者之一。

马克思主义经济理论是通过生产关系、社会生产力和经济利益的矛盾来说明社会经济发展状态的。实际上，这个理论还有两方面的内容体系：一是指在经济发展理论上，揭示了经济发展的规律和本质，他的政治经济学理论体系是其理论成果之一；二是指在经济增长理论的运行层次上，概括了经济增长的方法和前提，这是传统经济向现代经济转变的实用理论指导。还研究了扩大再生产的理论和资本的积累理论，分析了马克思的社会产品在各部门之间流转的规律性等。

马克思还对劳动、工艺等经济生产过程分析提出了技术进步理论：(1) 技术的本质。其定义即人们在劳动过程中所掌握的物质手段以及使用的机器。(2) 科学技术发展的程度也决定了生产力的发展水平，(3) 生产力的范围内，技术要充当科学的一个桥梁，从而转化为生产力。

## 二、经济发展

### (一) 经济发展的含义

经济发展的含义是广义的，它不仅是一个单纯的经济现象，还包括经济结构上的变动、不利于经济进步的社会政治制度和实际收入一个长期持续性的提高的变革。也就是说，它体现了国家的社会制度内部和经济结构的变革，而且成为社会政治制度协调和社会经济结构进步的体现。

### (二) 经济发展的测度

经济发展所表现出的多面性并不适合定义为单一的含义。"除非能用某种方法衡量某一事物，否则就不可能更多地了解它"，这一论断的提出，使得经济学家开始研究一种能够衡量经济发展的标准。

人们习惯以人均国民收入、人均国内生产总值和人均国民生产总值作为衡量经济发展的指标，并用来区分发达和不发达的国家。

## 三、经济发展与经济增长的关系

### (一) 经济发展与经济增长的区别

综上所述，我们能够看到，经济增长通常是指在生产中的净增加，总结国家或地区进行的一段时间内（通常为一年期）的实际（按固定价格计算）收入的输出值，经济增长通常表示为国内生产总值或国民收入的增加。与经济发展相关的内容和因素比经济增长更为宽广。它不仅包括国内生产总值，或国民收入的增长，还包括伴随产出的效益或收入增加的产品种类的结构变化。这些结构的变化，它会影响产出结构的变化是由投入结构的变化导致的。投入结构的变化一方面与增加或排除投入数据的生产或处理有关。这表明许多新兴经济部门的出现，如新制造业、金融、交通、通信和管理以及旧经济部门的弱化或消减，与其相对应的投资结构、就业结构、收入结构、价格和生产结构的相关变化；另一方面也意味着社会、企业生产过程中的管理体系发生变化。换句话说，经济发展主要是指国家的经济结构和社会制度结构的变化。这些结构的改变所产生的力量促进了经济快速发展。因此，把经济发展概括为"增长"或"变化"——经济结构的变化和社会制度结构的变化并不是不合理的。

基于以上所概述的，我们能够了解到，经济的发展涵盖经济的增长，这两者并不是相等的。在经济发展初期，经济的发展可以导致经济增长，经济增长不一定带来经济的发展。特别需要注意的是，比如说20世纪60年代和70年代大多数发展中国家，对于这些国家的经济增长并没有带来经济的向前发展。其中的一些国家经济增长速度非常快，但并没有带来很大的经济效益，从而导致经济发展缓慢，那时出现了"经济有增长但经济不发展的状况"或"经济未发展但经济增长的状况"。

### （二）经济发展与经济增长的联系

经济的发展和增长这两者是既有不同又相互关联、相互影响的。经济的增长是经济发展的基本物质条件，经济的发展也会带来经济增长这样的结果。但是经济的增长不一定会促进经济的发展，但经济的发展必然会带来经济增长这样一个结果。或者说，存在"经济没有发展但有增长"这种说法，却不存在"经济没有增长但有发展"这种说法。然而，应该明确强调，经济发展所带来的经济增长应该是多元化生产增长的结果，这是国家结构多变化的结果或国家经济发展方案是定量的结果。因此，经济发展带来经济增长，或者说经济的增长就是经济发展的一个分支。

从本质上说经济发展和经济增长是相互关联的。然而，这样的关系并不是与生俱来的，是后天形成的一个过程，受到许多因素的影响。像西方那样的发达国家，自身经历了长期发展，经受了多种磨难，社会分工和社会化程度非常明确，因此该部门或地区的经济增长将有序地向该国其他部门或地区转移，从而带动该国各个地区的全面发展。但在发展中国家这种情况截然不同，发展中国家的经济、社会化程度相对来说比较落后，没有形成完整的体系，导致各个部门和地区间的相互联系不紧密；再有外在因素的影响，对经济的增长带来危害，限制了其经济结构的变化从而阻碍经济的发展。

# 第二节 区域经济发展的相关理论

## 一、区域经济增长理论

### （一）古典经济学派的经济增长理论

经济学家亚当·斯密有一本介绍技术进步和经济增长相互影响关系的著作，即《国富论》。另外在他的早期著作《论警察》一文中也表达了同样的思想。亚当·斯密思想的核心：一个国家的整体分工情况能够反映其富裕程度，根本原因在于分工合作能够更有利于创造发明，这些发明创造的机械能够投入生产中，减少体力劳动，提高生产力从而有助于经济的增长。仅仅有两种方式去提高各个时期土地和劳动的产出物，一是对社会上聘用的有用劳动的生产力进行行之有效的改进；二是加大聘用的数量。有用劳动生产力的改进，主要包括：其一，看劳动者的劳动能力，是否能吃苦耐劳；其二，对机械进行改进，从而可以提高效率。这里工人技术能力的提高和机械进一步的改进是与技术进步密不可分的。从上面的论述中我们意识到，亚当·斯密已感觉到技术的进步，使它成为除了资本和劳动之外能够带动经济增长的一个重要条件。根据李嘉图的说法，国民财富的增长能够通过两种方式去实现。其中之一是增加收入来支持生产性工作；另一种是在不增加劳动量的情况下，能够提高生产等量劳动力的效率。在后一种情况下，需要改进各种因素的组合，从而达到一定量的投入能够实现更高的生产率。这只能通过技术改进带来的进步和机器的使用来实现。

### （二）新古典经济学派的经济增长理论

新古典经济学家将经济的增长看作一个独立专业的研究领域，20世纪40年代，英国经济学家R·Harrod：R·哈罗德和E·Domar：E·多马开始意识到技术的快速发展对经济的增长将产生重要影响，但他们认为技术的快速发展是经济体系中的外生变量。没有人对技术快速发展的因素进行更深层次的研究。

### （三）新经济增长学派的经济增长理论

美国的经济学家P. Romer：罗默：罗默在《中国政治的经济学》上刊登他的文章

《收入的增长对经济增长的模式》,并开始研究可能的方式来解决经济增长的新古典模型的局限性。导致学术界再次对经济增长理论提出自己的想法。在 20 世纪 80 年代中期和后期迅速发展起来的理论,主要是基于两种想法,即技术的快速发展和经济增长之间的关系去讨论:其一,用生产劳动中积累的资本去表示知识水平对于技术快速发展是内生的,这种类型的模型称为知识积累模型,即 AK(知识积累)模型;其二,技术的快速发展取决于对人力资本建设的投入,主要体现在研究和开发上,这种模式被称为研究和发展的模型。尽管 Romer:罗默模型从理论上来说是一个很好的产品,但我们相信这个模型,就像 R. Solow:索洛模型一样,具有一定的理论游戏风格。当然,我们可以从这类游戏中获得灵感并受益,但技术创新与经济增长之间的关系正在等待人们从现实中理解这一点。

## 二、区域经济发展阶段理论

区域经济增长并不是以同样的速度运行在一条直线上,而是以不同的时间和速度进行。开发过程是一个循序渐进的曲线。在每个发展阶段,区域经济的产业结构、空间规划、经济实力和增长速度表现出不同的特点。研究地方经济发展的过程中,地方经济由低到高,从贫穷走向富裕,并在每一个阶段,找出区域经济的特点,是非常困难的。积极参与世界各地的科学家。

### (一)传统社会阶段

这个阶段是经济增长的初始阶段。一般是早期社会,还未出现牛顿力学及相应的科学技术,其主要的经济来源是农业,该社会地理区域包括古代中国、中东以及全世界,在牛顿力学诞生之后,传统社会也应该包括那些没有现代技术作为标志的文明。现阶段经济增长的特点:主要依靠人类劳动,没有相应的科学技术,绝大部分人以农耕为主,人民的收入仅能维持生存,整个社会结构僵化,生产力低下。

### (二)经济起飞准备阶段

这一阶段是经济的一个过渡阶段,逐步形成经济增长所需要的各种条件。一般是说从传统向"起飞"过渡的阶段,与 17 世纪末 18 世纪初的西欧相类似。其最主要的特征:在农业和工业中逐渐应用新兴的科学技术,金融机构渐渐出现在这个历史舞台上,交通条件明显得到改善,业务规模不断向外延伸,经济增长阻力越来越小,但人民的收入还是少得可怜。

## (三) 经济起飞阶段

这个阶段是经济飞速发展最重要的阶段,决定其以后该地区经济的状况怎样。在此阶段最重要的是:农业和工业依据先进的科学技术去引导生产;净经济投资增加到国民收入的10%;工业部门的出现反过来又带动了其他相关的辅助部门的发展。总的来说,在这个阶段,地区(国家)的储蓄增加了,这导致了一个不断扩大的企业家战略,人均产生的效益大幅度增加。这个阶段持续约20~30年。W. W. Rostow 认为,如果区域经济要实现"起飞",它必须具备三个条件:首先,必须增加生产性投资,这相当于国民收入的10%;其次,建立制造业是代表龙头企业去带动其他产业的发展;最后是创造一个确保经济"起飞"的政治、经济和体制环境。

## (四) 向成熟推进阶段

这个阶段是经济起飞阶段发展后的一个必然阶段,经济表现为持续性的进步。科学技术影响了广泛的经济活动,企业家投资的增长超过了人口的增长。此阶段的主要特点:一些现代技术在经济领域被广泛使用;行业向多元化方向发展,产业结构的产业化和服务趋势正在逐步发展。主要行业从煤炭、纺织和其他行业转化为重工业,如机械、钢铁;较高的投资增长率,约占国民收入的10%~20%;不管是生产还是人口都出现了增长,生产的增长速度要比人口的增长速度快,农业劳动力数量比重显著下降。在起飞结束时由40%下降到20%,而教育产业也得到快速发展,职工教育水平和专业技能水平提高,创业阶层出现在社会结构中。成熟阶段持续约60年的时间。尽管发展的过程有波动,但这是一个不断保持增长的时期。

## (五) 高额消费阶段

这主要是经济特别发达的工业社会。此阶段的特点:人均收入显著增加,消费水平已显著上升,而实际的人均收入已经让很多人去除了衣、食、住、行等消费品、耐用品的需求。服务业发达,地区间的产业结构已从重化工转向消费品;商业竞争越来越激烈,垄断资本主义逐渐萌芽;生产能力超过偿付能力,政府开始通过财政、税收、金融等政策去强制性地干预经济的发展。

## (六) 追求生活质量阶段

这主要适用于后工业社会。这个阶段的特点:再一次提高人均国民收入,从满足基本生活需求转变到实现精神生活需要,如文化娱乐以及环境质量。服务业在产业结构中排名第一，包括公共教育、医疗机构和市政。住房、社保、文娱设施、旅游等产业部门不仅形式多样，并且这种产业规模非常大，已然成为新的主导产业。这样一个行业为人们提供了别样的服务，不像工业社会、农业社会那样生产产品、粮食。

## 三、区域生命周期理论

这个理论指出，一旦创建工业区，它就会随着规则发生一系列变化，从青年到成熟到老年，成为活的有机体。该地区的不同阶段面临许多不同的问题，并且所处的地位也在不断竞争着。

区域工业处于青年期间时，市场显著扩大。该地区的区域比较优势得到意外认可，并投入大量的资金。青年工业区域的竞争优势非常显著，生产成本非常低，而且市场还特别广阔。

在发展到成熟阶段，工业区在其他地区占主导地位。其管理人员因其专业知识而被调到其他地区。该地区的竞争开始变得越来越激烈。成熟的工业园区仍然可以保持自己区域的优势。

在老年时代，最初的成本优势逐渐消失，市场变化显著。其他地区可能会接收到新的更便宜的原材料，同时他们可以以相对便宜的价格购买足够的熟练劳动力。该地区的旧工厂和机械设备可能已经过时，税收增加，土地之间的竞争使厂房无法扩展。拥挤已经司空见惯，其吸引投资资源的能力越来越不如从前，进入老年的地区可能被逐渐代替直至消亡。当然，老年区可以通过新的创新重新焕发活力，进入一个新的生命周期。

## 四、区域经济发展竞争优势理论

### （一）区域发展的比较优势理论

区分优势理论是国际贸易分工的基础理论，是指具有绝对优势理论。绝对优势理论是由英国经济学家亚当·斯密最先提出的。他提出，分工是经济发展的活力源泉。经济的向前发展不需要多余的控制，而只是市场这只看不见的手去操纵经济的发展。一个国家或地区要想快速发展，就必须按照绝对成本理论的原理去大规模地生产和出口产品，以便在交易过程中才能获得绝对优势。

比较优势理论来自古典学派大卫·李嘉图。提出的比较成本理论。之后这个理论被区域经济学家用来对比不同地区之间的发展效益。Kicardo 运用生产力的差异即劳动生产率水平来说明比较优势是怎样形成的。他还认为，国家或地区应根据具有比较优势的因素开展专门的生产和出口产品。不过，他没有解释为什么会出现区域，为什么某个国家（地区）生产出的产品可以更便宜，在生产率差异之间哪些因素起着决定性的作用。

后来其他两位比较优势理论的代表 Hecksher：赫克斯赫和 Olin：欧林提出了"资源禀赋论"。他们相信所有产品都需要在不同的生产要素之间进行组合。根据生产过程中生产要素密度的不同，国家（地区）贸易品一般可以分为劳动密集、资源密集、资本密集、技术密集四大类。如果生产要素不容易在国家（地区）之间相互交流，那么作为因素流动的替代品的国家（地区）贸易具有优化因素分配的功能。富含某些元素但没有其他元素的国家（地区）可以生产需要大量丰富元素的产品，并且只需要少量的缺陷元素，各国（地区）应根据生产要素（地区）的丰富和不足，开展国际分工，使生产要素得到最有效的利用，资源得到有效分配，从而增加国家（地区）的总体生产。

第二次世界大战后，技术在经济发展中的作用越来越重要。Vernon R 作为比较优势的新兴代表提出了产品生命周期理论，并将其产品分为三个阶段：新生、成熟和标准化阶段。在新生阶段，技术能力较强的地区有非常大的优势，可以进行垄断性的贸易。在成熟阶段，比较优势主要来自科学技术的广泛应用及销售和规章制度等因素。先进的科学技术向落后的地区进行技术渗透，贸易也开始发生在这两个不同类型的地区之间；在标准化阶段期间，由于技术扩散，技术的可用性逐步增强，并且生产越来越受劳动生产率成本的影响，生产逐渐向技术落后的区域发展，贸易结构也发生变化，逐渐从落后地区向经济繁荣地区供应商品。事实上，产品周期理论也表明，一个国家或地区的单一因素不是一个有利的因素，而是不同因素的组合。

## （二）区域发展的竞争优势理论

美国哈佛商学院的 Michael E. Porter：迈克尔·波特教授及其哈佛商学院其他同事用 5 年时间去调查 10 个国家（丹麦、意大利、日本、韩国等）以及一些地区，完成《国家竞争优势》这本书，书中对提出的提高竞争优势理论进行了进一步完善。Michael E. Porter：迈克尔·波特认为，该国繁荣富强的主要原因是该国在国际市场上被其他国家所认可，具有其竞争优势，是因为这个国家的主导产业在国际市场上具有竞争优势，而主导产业的竞争优势与企业密切相关，因此它们的创新创造机制提高了对产品的生产效率。

Michael E. Porter：迈克尔·波特认为，该国的竞争优势主要体现在公司和行业在国际市场上的竞争优势。它包括六个因素：生产要素，内需，相关产业，各企业间的战略性结构和竞争，以及政府的作用和能力。从而组成了该国竞争优势的"钻石模型"。

需要我们认真考虑的地方是，Porter：波特在他自己的竞争优势理论中提出，要想获得国家竞争优势的关键是行业竞争，而行业的发展往往是在若干内部地区形成竞争性产业集群。由于国内工业的良好健康发展，在促进了创新集群发展的条件下，提高自己公司的创新能力，以及"产业集群的发展不是一个自然的无规律的分散性发展，而是趋向于地理上的集中发展"。能够得出，Porter：波特的国家竞争力理论蕴含着地区竞争优势的内涵，这相比于创造区域竞争优势理论具有更为重要的影响。因此，一些国内科学家直接把国家竞争优势理论跟区域竞争优势理论比作一样的理论。盖启文相信，对该地区来说，获得区域竞争、国家竞争的优势是普遍和独特的。

首先，这个国家及其内部地区的发展目标是基本相同的。但是，在国内或某个地区获得竞争优势并不能说明这个国家的整体竞争优势在国际上占有重要地位。获得国家的竞争优势将不可避免地取决于国家不同层面上的区域优势。

其次，在这个区域层面的居民比起全国水平很可能有相同或相似的社会文化背景。在同一个区域，因为它们的相似性在发展领域的思维，居民更有可能加快信息在该地区的流动和传播，在知识和技术因素方面，更有可能促进知识和创新的理论，这将有助于资本和该地区的其他要素的积累，将有助于集群和产业集群在该地区的发展。在这个过程中，该地区的其他非经济部门，如当地政府、高校和科研院所，更有可能一起工作，以提高整个地区的区域优势，带动其发展。

最后，地方区域的发展是一个不断变化的动态过程。根据这种说法，地方的区域竞争优势可以划分为两个竞争优势，即静态的和动态的。

静态的区域竞争优势基本上意味着该地区是刚刚步入发展，该地区的发展取决于该地区一些现有的要素与条件长期积累（如该地区的人力、物力、社会资本、科学知识的累积、企业的核心能力等），这使得该地区处于工业发展的优势，但这样的优势是静止的和短暂的。如果这些地区在发展过程中没有把早期的优势加以利用，如有效地重组并引入创新，那么该地区的最初竞争优势将逐渐被淘汰且将变为其自身发展的劣势。由于该区域的发展面临着各种内部和区域外环境的改变，包括在该地域的企业繁荣与衰弱，人口流动与技术交流等一些情况，该区域的外部技术和内部市场环境的变化及其他区域的竞争压力。

动态区域竞争优势主要是指在某些领域（如在新兴产业园）不仅是该地区的不同参与者在区域内外的资源，而且可以实现自己的创新。此外，不同的参与者在区域内有效协作和合作创新，进而推动创新，在整个区域系统，也推动了整个区域的竞争力的保存。在这样的区域，虽然收益可能在发展的早期阶段有一些缺陷，但这样的缺陷可能成为动力，刺激创新和有利于竞争的改造，使区域不利的位置变为获得利益的主要位置。显然，去增加动态比改善静态效率是更靠谱的。当然，并不是所有的缺点都可以变成好处，如果该地区正在积极寻求自己主动的战略方法，并鼓励区域等因素公司之间的协同创新。此外，一旦公司将拥有该地区得益于创新的竞争优势，他们需要不断进行创新，以保持在该地区的竞争力。

# 第三节 区域经济发展能力的内涵与构成

## 一、经济发展与经济发展能力

### （一）内涵

1. 经济转型

高新提出经济增长方式转变实质在于选择工业化道路，是一项系统工程。直观表现是资源使用的显著增加。与此同时，经济改革的产业优化升级，不断改进，发展创新，促使循环经济的定义和开发，以及促进和加速内需的中心环节，发展模式和经济增长方式转变的内在动力。盛世豪把制度变迁与结构转型相互影响的结果看作经济转型。它们之间的相互作用将有助于从一个阶段到另一个阶段的经济发展过程。经济体制的转型是经济体制转变为市场经济体制。经济结构的变化是发展中国家的工业化。在这个过程中转变经济发展阶段。蒋福新认为，改变经济增长机制不是经济技术水平和质量的变化，而是经济增长动力和机制的变化。改变的关键是从"利润导向"转向"效率导向"的经济增长。

2. 经济发展能力

经济发展和经济发展的能力有明显的不一样。经济发展是实现区域实体的目标或结果。这种状态和经济发展的能力导致地区主体影响经济发展的能力。大多数地区都有经济发展的机会，但许多地区没有区域经济发展的事实或成果。

经济发展能力是评判区域和国家区域经济发展的指标。许多国内外的科学家进行了进一步研究。林毅夫说，企业的产能不能盈利，产品质量和管理服务在行业中不具有竞争优势，因为它们自己的产业能力弱，缺乏自强产业，由于中国的经济周期有规划失衡的错误发展，故不符合中国的经济发展。罗小梅说，中国西部地区的经济发展应侧重于经济行为者的培养和自己的主观能源趋势的有效发展。在对经济主体的能力进行培养的过程中，经济主体自身的主动性的培养和加强发挥了重要作用。曹子健坚信，区域发展潜力是经济实体提供区域职能的举措培训和实施过程相关的一系列效应的共同术语。与此同时，区域发展的潜力可以从主观和客观两方面进行分析。韩庆样提出了"人类潜能"的假说，指出了区域经济在未来的发展是与人才的培养分不开的，这种能力是在教育、文化、技能、适应性等方面进行一系列的评价。

## （二）经济发展与经济发展能力的比较

像技术创新的能力一样，经济发展的能力也代表了一系列影响经济发展的不同力量。这些力量的共同后果使我们意识到经济发展的结果。由于经济发展能力是指汇集各种促进区域经济发展的力量，这是区域主体能力的表现，也是经济发展的动力。本文探讨了区域技术创新潜力与经济发展潜力之间的关系。通过这两种力量的相互作用，分析技术创新与经济发展二者之间的关系。

## 二、经济发展能力的构成

在20世纪50年代后期，美国经济学家Goldberg：戈德伯格在《经济发展》一书中系统地界定了经济发展的具体含义。他说，经济发展的本质是改变人们的物质和精神的生活条件，从根本上消除贫困和饥饿，输入和输出的相关结构的优化和改进，以及不同利益群体的社会政策发展的参与。与此同时，新古典主义的学派还十分注重市场机制自由竞争和农业现代化，对促进国家经济发展具有重要意义。由于人力资本和国家对外贸易政策的推动，经济发展将主要依靠国家内在环境实现快速增长。上述观点在指导发展中国家的相关研究的科学家的过程中发挥作用。吴殿延把经济发展水平的影响因素归纳为直接因素和间接因素：前者主要归因于资本、土地、劳动力、科技等方面，这直接导致社会生产过程。后者覆盖宽的区域。许多外部因素的影响，包括自然环境、企业文化、居民的受教育程度以及经济模式和政府政策对国家的经济发展产生间接影响，由于直接因素间接影响该国的经济水平。这些因素每一个都可以被包含在间接影响的因素中。基于对本文的现实的经济发展和分析各种研究，将影响经济发展机遇的因素划分为以下几类：

### （一）人口规模和结构

人口规模是指该地区空间不变的情况下能够容纳的人口数量，人口对区域经济发展有积极和消极的影响。第一，区域人口的线性增长会导致区域经济发展发挥显著的积累作用，从而带来一定的收入利润，为区域经济的发展做出贡献。人口众多的地区可以为经济发展提供源源不断的、足够的劳动力。例如，我国第一次快速发展与当时我国人口数量是密切联系的。与此同时，人口的集中地区能够为区域经济发展带来必要的活力，带动市场供应，从而推动了企业的发展和经济增长的愿望。第二，一定数量的人能够促进经济的发展，但区域人口数量超过该地的最大容量，也将给该区域的发展造成一定的障碍，比如区域能力：北京、上海、广州等地。目前，由于人口数量过于庞大，造成了很多社会问题。人口规模不合理的积累，导致超载，造成该区域的城市拥堵，这增加了该地区的外部成本，并给该区域经济的发展造成了一定的障碍，与此同时，人口不受控制地扩张也会给该地区的环境、生态和安全带来隐患。这就要求社会和政府投入大量的财力、物力，为经济发展投入资源。

人口结构是该地区人口存在和流动的一种表现形式，这可以是该地区人口结构特征的规范性表征。包括年龄、性别、分布情况和教育水平等因素，人口众多因素对某一地区经济发展具有重要作用。人口的年龄结构是指该地区在不同年龄段的人数和比例。不同年龄组的群体具有非常不同的生理和心理特征、思维模式和生活习惯。因此，这些人对经济发展也有不同的影响。大多数18岁以下的青少年正处于学习的过程，这会对区域经济以后发展的潜力和继续发展的能力有重要的影响。18~64岁的年龄范围反映了该地区当前的劳动情况，同时也是该地区的最主要的劳动成员；65岁以上的老年人群体反映了该地区的老龄化，并且是该地区人口集聚的重要组成部分。人口年龄结构对该地区整个社会的生产情况、需求比例、就业问题、教育问题和退休产生重大影响，从而影响区域经济快速发展。可以使用老年人和儿童等指标去衡量人口结构。人口文化程度是说受教育程度不同的人口占总人口的比例，是评判该地区人口素质和结构的一个指标。人们所受的高等教育能够为该地区提供高质量的人力资源。这有助于行业实现最优化的现代化，有效提高目标区域的产业生产力和技术能力，对经济发展的机遇产生重要影响。同时，人们所受教育水平也可以反映区域发展的潜力和可持续发展的潜力，并可以作为该地区健康和可持续发展的一种动力。城乡人口结构反映了城市人口与农村人口的关系。这是区域城市化和现代化的体现，是评判区域经济发展水平的重要举措。从人类社会发展的角度来看，经济结构必须适应经济发展的要求，否则前面的经历要从源头发生变化。现代化的最重要的特征是人口从农业向非农业的转移，人们向城镇的转移。这种变化将不可避免地导致农村的人口数量和城市人口数量的规模发生非常大的变化。区域人口的产业结构是指各部门劳动力的分配与组合。该地区人口的产业结构应始终满足区域产业结构的发展要求。由于各行业劳动力的分布状况不相同，而人口的产业结构能够评判各地区各行业的贡献度和生产需求，从而反映各行业今后的发展情况。人口部门结构的改善对优化经济结构和区域布局继续优化促进快速经济发展产生重要的影响。

（二）经济结构

经济发展不单意味着总产量的增加，而且意味着经济质量的变化。研究影响经济发展的众多因素中，要注意对经济总量有贡献的因素，还要注意对经济质量产生深远影响的因素。在经济质量中最有利的因素就是经济结构。经济结构和经济增长从始至终都是相互影响、相互促进的。经济发展导致供应结构和需求结构产生变化，以带动经济结构随之变化。相反，经济结构调整的效应也对经济发展起到催化带动的作用。区域经济结构的改善是指在工业、投资和消费、区域经济结构等因素在经济结构之间关系的不断发生变化和改进，促使经济来源的可行性，并进一步促进经济增长的变化。

第一，该地区经济结构的变化有助于该地区更合理地分配资源。经济增长和发展与该地区各种因素的贡献是紧密关联的。但是，在资源匮乏的情况下，仅仅依靠增加对经济发展做出贡献的因素就会导致资源浪费和影响经济可持续发展。在这个情况下，调整经济结构就会产生极其重要的作用。结构的调整确保资源可以流入更需要的产业部门，并且在有限的情况下让每个因素对经济增长的影响最大。

第二，调整经济结构可以开创新兴产业、新能源和新需求，为经济可持续发展提供源源不断的动力。经济结构的调整致使新的经济关系和新的产业结构能够取代原始的、旧的生产关系。这种新旧更替可以为该地区的快速发展提供新的活力、新的力量。如果要取代主导产业的分支机构，行业的原有主导分支机构将在经济发展的前一级发展。随着经济和社会的快速发展，主导产业将发生转变，这种转变应该伴随着更高的生产率。能够满足社会需求的更先进的技术和产业占上风。替代这些行业为经济发展提供了持续的动力，并成为不同阶段经济的动力。

第三，区域经济结构的变化有助于改善社会分工和生产方式，使其更加现代化。任何经济的向前发展都与社会分工和生产方式的变化密切相关。改变经济结构也是社会分工和生产方式变化的一种形式。在经济结构中相应的工业结构的改变，其中的一方面就是区域经济因素在工业之间的相互转变，使区域内更符合经济需要的生产要素，也有助于引进技术创新和这些行业生产方式的变化。用更加现代的生产方法取代现有的生产方法，并有助于提高整个地区的生产效率。目前，"互联网+"模式的发展取代了原有的生产方式。利用互联网重组经济结构将使经济发生转变。

### （三）生产要素的投入

生产要素和经济发展这两者之间存在着相互影响的关系。经济发展包括两方面，即经济增长和结构转型。在这一过程中，有必要引入新产品和结构出现的基本要素。同时，要素的贡献也对改善经济结构起到了非常重要的作用。由于种种因素，可以定位区域经济发展方向，能够加快促进新兴的主流产业的快速发展。区域经济发展所需要的元素有很多种。除了土地、资本和劳动力，先进的科学和技术的这一新要素也是现代区域经济发展的必要条件。

投入资本的重要性能够得到足够重视，如亚当·斯密经济模型、Harold Thomas 模型、Ross 的经济理论和 Porter：波特生长阶段理论等。增大资金投入可以促进经济的快速发展，为经济发展提供更为广泛的技术支持，因此可为经济发展提供更加便利的资源，投资额度可能反映了投资对区域经济管理的作用。对资本的投资可以鼓励企业更为便利地生产。这种投资可以刺激社会就业，伴随着企业战略和生产力的变化等。这可以进一步改善社会需求，进而形成经济发展的双重推动力。在前面章节人口的规模和结构中详细讨论了扩大劳动力对经济的影响。劳动力作为促进经济发展的因素，在数量和质量方面也是双重作用。资源要素的贡献对经济向前发展也具有基本的支撑作用。这些资源为区域经济的向前发展提供了更为坚实的基础。经济发展所需的各种原材料几乎都来自资源和环境的基础。资源环境与经济发展之间的相互作用是一个周期性的相互作用过程。资源要素为发展区域经济提供了各种重要信息。然后这些原材料通过加工、产出转化为消费者的产品。因此，该地区的资源成为区域经济活动强大的支持体系。同时，由于经济和消费的各方面的资源，资源要素不断传播和最后通过自然净化后返回到自然，从而变成人类经济活动再利用的资源。无论经济发展与任何时期的资源要素之间是否有密切关系，这样的循环过程都要经历所有的经济活动。科学知识这个元素对当地经济发展的促进主要体现在生产方式和提高生产力上。第一，知识因素能够增强该地区的人力资源。知识的累积过程取决于人们的劳动力付出的样式。知识在劳动力中的累积过程主要体现在能够提高人们的劳动力素质。在经济活动中，这种累积过程比一般劳动力更有用。在同等条件下，这些工人更有利于经济的快速发展。第二，知识元素也在改变地区的生产体制中发挥重要的作用。知识的积累和应用可以产生更为现代化的生产设备和规章制度。这种变化对于该地域生产方式的变化是非常重要的。

最后，在要素投入和经济发展的关系中，报酬递减通常在投入要素达到一定数值之后。但是区域中的知识促进区域发展递增报酬，为其创造了极高的可能性，也使原有要素创造出更优质、更多的产出，从而让报酬递减现象能够改变。

（四）科学技术水平

科学技术水平是一个国家经济发展的强大支撑。不管社会处在哪一个发展阶段，社会的跨越式发展需要有关键性进步技术的支撑。不管是改善人民生活，促进经济社会的进步，还是提高产出水平，每个领域都离不开进步技术的支持。技术进步对促进经济发展有巨大作用，从具体的影响途径来看，包括下列几方面：

技术进步使生产函数得以改变，同时，也调节生产要素的投入比例，并有效提升生产效率。这个特性，能够让经济发展方式得以转变，由以资源为主要推动力转变为以资本和劳动等为主要推动力。这种转变可以促进经济持续健康发展，并对不同经济时期拥有的资源优势进行充分改变，使资源发挥最大的作用。

在保证一部分其他投入要素不变的条件下，技术进步能够增长产出，优化升级原有的生产函数。同时也可以改变生产函数，使同样的资源产出更多更优质的产品。比如，福特流水生产线的发明，在劳动力生产状况不变的情况下，创新管理技术，迅速提升生产率，为福特公司带来了巨大的经济效应。

技术方面如交通技术、信息技术和医学技术的进步，不仅会提高社会生活质量，还可以提升原有的生活质量与生活水平，是经济发展的重要表现。

（五）对外开放程度

开放是促进区域经济发展的主要动力，也是重要途径，区域开放可以通过吸引区域外的投资和经济体来开展贸易活动，优化区域资源配置，为区域经济的发展增强活力。从大部分国家与地区的发展来看，都能够得出结论：区域的经济发展程度一般与区域的开放程度呈正相关关系。

第一，区域开放使产业结构得到进一步优化升级，突破区域发展在技术上的缺陷。区域开放加速技术得以扩散和吸收，促进区域技术进步，实现发达区域经济的快速增长，促进技术的进步，还能够使落后区域的产业结构得到优化升级。

区域开放带来许多要素，如技术、资本与人力资源等，有助于让区域间的要素进行流动，促进区域产业结构的多样化，有利于让区域的产业体系更加优化完善。此外，在市场机制条件下，区域开放也促进区域内的产业能够提升生产力和改进管理技术，并降低成本，使产品的质量得到提升，使区域内外产业实现有效竞争，促进产业结构向着高度化的目标优化升级。

第二，区域的开放有助于突破区域资源要素的限制。一个区域不可能拥有经济发展需要的所有生产要素，如果经济环境不开放，经济发展就很可能会受到短缺要素的制约。经济发展需要各种资源要素的集聚和共同作用，区域开放能够被供给更加广泛的资源要素。区域开放的程度愈高，区域所要获得的资源要素就愈丰富。

第三，区域开放能够有效使经济发展的市场需求得以拓展，有利于区域市场限制的打破。从一个层面来说，单个区域的生产不会满足消费者的全部需求，区域开放可以引入许许多多的商品，可以让消费者的需求得到有效满足。同时加快配套产业的发展，使区域内的整个行业都按照顺序进行发展。区域开放可以对市场层次进行提升，并将区域外的供需引进，使区域经济能够将比较优势充分发挥出来，同时也使效益水平得以提升，促进区域经济的健康发展；从另一个层面来说，区域是一个在范围上有限制的经济体，单个区域内的人口有限进而也使消费能力受到限制。所以，在区域社会分工的情况下，区域生产的产品需要满足区域内的需求，也需要使区域范围之外的市场得到充分拓展。

(六) 文化状况

经济发展不仅是产品数量、质量和结构上的变化，也是区域中文化、意识等因素的变化。文化具有确定的经济发展功能，它是文化的本质特征在经济方面的具体化。从一般性来说，文化对经济发展的科技含量存在支撑的功能，对社会环境存在规范的功能，对依靠力量存在凝聚的功能，以及对基本方向具有导向的功能。

第一，在经济发展过程中，文化对科技含量进行支撑，指的是文化对经济发展的科技含量存在十分重要的影响，文化也影响思想观念、科技自身和社会环境，促进经济发展与科技进步。

第二，对经济社会所处的发展环境，文化具有影响和规范的作用，主要是指文化作为一种精神力量，内在地包含对现有经济环境的批判、过滤以及优化，调整和修正经济发展所处的社会环境，如社会关系、社会制度和思想观念等，创造良好的外部条件，促进经济发展。

第三，文化可以凝聚经济发展的力量，经济发展的最主要力量便是劳动力，文化黏合劳动力的思想行为，以目标、规范等方式，让企业、劳动力与社会之间互相认同和吸引，使内部向心力和聚合力有所增强，促进共同价值意识的形成，推进社会的进步和经济的发展。

第四，文化对经济发展具有导向作用。文化可以被认为是一面旗帜，它需要对社会经济的整体目标进行正确的导向，积极对经济个体的思想行为进行引导。在经济发展过程中，文化对经济的导向既是对经济的选择与探索过程，又是一种经济性价值取向，同时也是对经济的融合与调节；既趋向于抽象目标，又要面对现实与未来。

(七) 资源环境

资源环境和经济发展的关系主要体现在：第一，经济发展是资源环境的根基，经济系统是环境系统的结果。客观环境一直存在着，即使在人类都还未出现的时候。之后，出现的人类为了生存，充分利用和改造环境，对环境的利用和改造达到相当程度之后的结果是经济系统的产生。因此可以说，经济系统是人类利用与改造环境之后的结果。第二，资源环境制约经济发展。自然界中的基本规律要求经济社会发展要在资源环境的承载能力和承受范围之内。资源环境和生态系统提供人类生产生活所需要的物质资源，同时，伴随科技进步，量和质存在动态性的变化，也会出现一些变化，但需要注意的是，它是有一定限度的，它承受发展的能力存在有限性。第三，经济发展主导资源环境的变化。工农业生产活动方面的经济发展，主导着资源环境的改变。经济社会发展一定会对资源环境产生影响，当人类对资源的消耗快于资源更新的速度,不能够遵守自然规律的要求,使污染物的排放不在环境的自净能力之内时,会使环境质量大大降低,并加剧环境污染。第四,资源环境与经济发展相互促进。良好的资源环境为经济活动的良好发展提供条件,允许经济系统中产生许多废弃物,从而提供更多的可以利用的资源,使经济持续健康发展,从而增加人们可利用的资金,人们就可以拿出更多的剩余产品来为建设环境和治理环境而不断努力。

## 第四节 区域经济增长理论研究综述

经济自身存在资源分配的特定方式,在经济发展过程中,形成了资源分配的马太效应:经济增长快速的地区,资源分配相对比较多;经济增长慢的地区,资源利用率较低,吸引资源的能力较差,资源分配相对较少。这种不平衡的发展模式,优点是提升总体经济,缺点是会拉大发达地区与落后地区的差距。站在发展中国家立场上,不一样的经济发展战略会对国家的长期经济增长发挥不一样的作用。所以,需要梳理和总结区域经济增长的各流派理论。

### 一、区域经济均衡增长理论及评述

区域经济均衡增长理论的代表人物有罗森斯坦-罗丹和纳克斯等,该理论是指在一个经济体中,保持各产业、区域之间和区域内部经济的同步发展。

(一) 低水平均衡陷阱理论

纳尔逊对发展中国家的数据进行研究,随后发现:大部分不发达国家在经济增长中陷入了"死循环"。他采用的方法是计量经济,选择的自变量为人口增长、产出增长和人均资本,对影响人均收入的增长因素进行测算,结果显示:人口数量的快速增长导致人均收入的提高较慢。因此,部分发展中国家经济反复出现"低收入死循环"的恶劣现象是由于国内的高生育率。

低水平均衡陷阱由于缺乏投资,进而没有实现其他互补性的投资,被看成"协作失灵"的结果,进而导致无法进行正常的投资。纳克斯提出了贫穷恶性循环理论,努力消除协作失灵的问题。

(二) 大推进理论

因为理论和现实世界不会完全符合,所以需要一些过于理想化的前提假设进行重新审视,需要有足够多的资源支撑经济中所有部门同时同向均衡发展,但难以持续无节制地大规模地投资刺激。因此,在资源不仅稀少还缺乏的条件下,需要找到投资于某些部门的资源临界值,可以继续投资实现统一的增长,并依照罗森斯坦·罗丹的大推进理论,努力取得投资的外溢效应。在此过程中,政府扮演的角色,比市场重要。

大推进理论得到认可,提供新理论视角,有利于发展中国家更好地解决问题,不仅学界肯定该理论,在发展实践中,各国各地区也有相应的印证。然而,大推进理论仍存在许多不足:一是未认定市场决定经济的作用,过分重视"计划经济",局限性很大;二是太过说明生产函数和供需不可分,没有注意到专业化分工的存在;三是难以获取对相互补充的产业部门同时投资的巨额资本。

### (三) 贫穷恶化循环理论

纳克斯主张资本的形成有两方面的循环,经济落后的国家很可能会陷入"贫穷的恶性循环"。人民的实际收入水平不高,储蓄能力较小,导致资本的缺乏及生产率的降低,从而又会降低实际收入水平;人民购买力水平不高,投资引诱就会减小,进而生产中使用的资本数量也会相应地减少,并降低生产率和收入水平,从而又会降低购买力水平。解除该恶性循环的关键是通过对各个部门的全面投资刺激进行增加和对市场容量进行扩大,有利于经济持续发展。他主张各部门要调整各自的速度,主要是依靠自身寻求价格弹性和收入弹性。

该理论也存在局限性:对于分析发展中国家储蓄率较低的原因,只认为是收入水平导致的,没有注意到一些像社会政治和其他制度因素对储蓄的刺激等原因。然而,穷国缺乏储蓄能力的观点也不符合现实。

### (四) 区域经济均衡增长理论简要评述

在现实经济的实践过程中,由于一些国家忽视了市场机制决定资源配置的作用,低水平均衡理论中的大推进理论和贫穷恶化循环理论没有产生太大积极的影响,甚至严重的还产生了一些负面影响。在发展过程中应用该理论,使投资全部依靠"计划经济",一味重视表面工业化使资源配置的效率降低,一味地看重形式上的改变而没有涉及区域经济增长中问题的根本,取得了并不理想的实际效果。

## 二、区域经济非均衡增长理论及评述

在实际的经济中,区际之间的差异并不会因为发展就自然缩小,从直观上很容易会观察到区域经济增长是不均衡的。所以,一些学者如赫希曼、缪尔达尔和佩鲁等,提出了区域经济不平衡发展的相关理论。

(一) 非均衡增长理论

赫希曼认为:区域经济发展的决定因素不是资本,而是现有资源需要发挥出它的效率。他将地区划分为"北方"和"南方"两个部分。"北方"是经济发达的地区,"南方"是经济欠发达的地区。由此,北方的成长将会对南方产生双面的经济影响。一方面,北方的成长有利于让南方增加投资,减少潜在的失业人口,产生"淋下效应";另一方面,北方的成长会让南方人才移民到北方,也会使南方在进出口贸易上处在不利地位,进而产生"极化效应"。赫希曼主张,如果北方的发展需要存在南方的产品,那么北方的发展将会促进南方经济的增长,推动南方的发展。由于市场力量,出现了极化的暂时优势,那么这一状态需要得到改变时,跟随时势,会出现周全严密的经济决策。在全过程中,政府的干预力量极其重要。

赫希曼的非均衡增长理论推动发展中国家选择经济发展路线,直接为其提供了理论支持。在经济发展初期,普遍可以接受"结果的不平衡"的存在,他们的必然选择一定是非均衡发展路线。在欠发达地区,因为它们之间缺乏密切的产业关联,需要在生产潜力最大的部门首先使用稀缺资源,进而带动其他部门的发展。当经济发展到一定水平时,政府应做出相应的协调,实现各产业部门的迅速发展。这为从整体上制定产业发展次序提供了理论基础与政策工具。

(二) 二元经济结构理论

缪尔达尔认为区域经济发展不平衡是因为市场力。地理位置不同,具有的资源条件也不同。部分存在先天优势的地区的经济发展会优先于其他不具有先天优势的地区,其效果并不是受短期影响,会渐渐拉大区域间经济发展水平的差距。回流和扩散效应影响一个地区经济的持续增长,付出的代价很可能是牺牲了其他地区,这一点与"增长极"理论恰恰相反。二元经济结构是指:时间不断推移,区域间经济发展的不平衡程度不会因此而缩小,反而会存在相当长的时间。缪尔达尔认为这种不平衡的存在不应该排斥在发展初期的发展中国家,应该优先发展地理位置优越、资源禀赋也存在优势的地区,并利用扩散效应来促进不发达地区的发展。在发达地区的经济取得一定进展后,政府应采取相应措施刺激欠发达的地区,从而可以缩小区域间经济发展的差异,防止由于累积循环因果效应而导致贫富差距的无限扩大。

## （三）增长极理论

这个理论以讨论区域增长的途径为重点，也讨论部分产业集聚的相关理论。在该理论中，佩鲁主张，在核心城市中由于部分产业的集聚，会相应地增加一些创新企业的数量，还可以利用企业之间相互配合所形成的协同效应来促进经济的增长。作为资源倾斜的"增长极"，由创新集聚，可以发挥经济增长的带头作用。由于扩散生产资源，可以带动周边区域，加速增长自身的经济。因为增长极存在特有的带动作用和产业之间的连锁效应，所以能够采用的经济发展方式是有计划地发展与建设增长极。虽然不同的增长极会带给不同地区不同的经济增长，但最终会使整体经济得到相应的发展。

增长极理论虽然具有非常广泛的应用范围，但它也存在一定的局限性，最大的缺点就是大部分国家都还没有实践成功。欠发达地区不能满足使用增长极理论需要的区位条件，即使存在于从发达地区迁移过来的现代化企业，也无法使增长极发挥作用，因为它不能与当地形成产业链。

## （四）倒 U 字形理论

威廉姆森以库兹涅茨的收入分配为基础，提出了倒 U 字形理论。威廉姆森在实证分析后得出结论：经济发展初期，总体经济会逐渐发展，区域经济的差异也会保持稳定扩大；经济发展到一定程度时，随着总体经济不断发展，区域差异也会渐渐缩小直到最后消失。重置资源分配会使政府为增强信息不对称程度而将区域内的信息进行重置，并转移资本和劳动力，改变目标，同时这也是倒 U 字形变动的三个主要影响因素。其中，国家发展目标与政策也会影响区域经济的发展，具体表现为：政府重视促进经济的快速增长，因为政府优先发展条件优异的地区，会不断扩大区域差距。在政府政策偏向于发展经济而不做出改变时，就不容易减少这种扩大。然而在现实中，经济学家会对检验倒 U 字形的存在性，所要利用的国家数据不同，得出的结论也会不同，所以经济学家一直质疑该理论的普遍性。

## （五）区域经济发展梯度推移理论

以弗农提出的产品生命周期理论和汤普森提出的区域生命周期理论为基础，梯度推移理论被提出。生命周期理论主要观点是，尽管各个工业部门和各种工业产品处在不同的生命循环阶段，但都会经历四个阶段：创新、发展、成熟、衰老。哪怕它们的推动因素不同，兴衰更替的速度也不同。在区域经济学上，产品生命周期理论的延伸是区域生命周期理论，主要观点是处在不同阶段的区域，面临的问题不同，所处竞争地位也会不同。以这个理论为基础，梯度推移理论主张将创新阶段具有发展潜力的专业部门作为主导产业的区域划入高梯度区域，对经济进行均衡分布，逐渐使生产活动从高梯度地区转移到低梯度地区。

　　该理论也存在一定的缺点，它忽略了落后地区内部也存在相对发达的地区，经济发达的地区内部也有落后地区。因此，只能按照梯度推进进行人为限定，拉大区域间发展距离的可能性就比较大。同时，按照科学的标准划分梯度并不是很简单的事情。

# 第三章 "一带一路"背景下的中国区域经济发展

## 第一节 "一带一路"背景下中国经济发展的整体现状

### 一、中国综合国力不断增强,国际地位显著提升

改革开放以来,中国经济取得举世瞩目的成就,中国在世界经济格局中的地位发生了历史性变化,已具备实现发展优势转换的基础和条件,具体表现如下:

2014年,我国国内生产总值(GDP)为636463亿元,首次突破了10万亿美元大关,稳居仅次于美国的世界第二大经济体;早在2010年,我国GDP已居世界第二位,占全球GDP比重持续上升,2014年达到13.8%;我国已经成为世界最大的出口国和外汇储备国,以及世界第二大制造业大国;国家财政收入高达14万亿元,比上年增长8.6%;外汇储备已达4万亿美元,雄踞世界第一位。作为目前全球最大的货物贸易国,我国已成为全球2/3以上国家和地区的最大贸易伙伴,2014年对外贸易总额达到297万亿美元。

伴随着综合国力的增强,中国的国际地位显著提升,并以国家实力为依托,广泛而积极地参与到国际和地区事务中,在解决各种全球性问题和地区热点问题中发挥重要作用。在朝鲜、叙利亚、伊朗、阿富汗、伊拉克等热点问题的政治解决或政治过渡中,中国都是重要的参与方与推动方。同时,中国开始更加主动地在国际关系中提出倡议,从2012年新一届政府成立至今,已陆续提出一系列重大外交倡议,包括"一带一路"倡议、中巴经济走廊、孟中缅印经济走廊、中国—东盟自由贸易区升级版、亚洲基础设施投资银行等,总体来讲,都得到了相关国家的响应和支持。

今天的中国,进入了前所未有的发展新阶段,综合国力的显著增强为复兴丝绸之路提供了基本的经济保障,初步积累了部分引领发展"丝绸之路经济带"的对外关系资源和塑造外部环境的能力。

## 二、现代工业体系已经形成，基础设施等领域具备对外合作优势

当前，中国已建立起独立的、比较完整的、有相当规模和较高技术水平的现代工业体系。据统计，目前中国已拥有39个工业大类、191个中类、525个小类，包含联合国产业分类中所列的全部工业门类。据世界银行统计，2012年，中国制造业增加值为2.34万亿美元，超过美国的1.85万亿美元，位居世界第一位，在全球制造业占比达20%，如今份额已近1/4。在制造业行业分类的30多个大类中，已有半数以上行业生产规模居世界第一位，220余种工业品产量居世界第一位。钢铁、有色金属、电力、煤炭、石油加工、化工、机械、建材、轻纺、食品、医药等工业部门逐步发展壮大，一些新兴的工业部门如航空航天工业、汽车工业、电子工业等也从无到有，迅速发展起来。

在新一轮科技革命和产业变革正在兴起的背景下，科技发展已进入实现密集创新的先导期，大型企业国际化程度不断提高。"中国制造2025"明确了制造业创新和升级的阶段性目标和各项指标，这将不断促进工业化和信息化深度融合，开发利用网络化、数字化、智能化等技术，提出"工业互联网"概念，推动移动互联网、云计算、大数据、物联网等与现代制造业结合，着力突破工业机器人、轨道交通装备、高端船舶和海洋工程装备、新能源汽车、现代农业机械、高端医疗器械和药品等重点领域核心技术，力争2025年迈入制造强国行列。

现在的"一带一路"沿线国家，人口数量庞大，经济总量相对较低，大多数国家有着丰富的资源，但工业化不发达，基础设施的互联互通是目前制约沿线国家深化合作的薄弱环节。当前，中国高速铁路已经在轨道技术、车辆装备、移动通信等各方面具备过硬的实力，可以在公路、铁路、航运等为代表的基础设施建设方面开展合作。

## 三、城镇化发展快速稳步上升

近年来，经济高速增长促进了我国的大规模城镇化进程，其中外向型经济对沿海地区城镇化的推动作用巨大，特别是对大城市、特大城市、超级大都市的发展作用突出。

我国已经进入城镇化发展的中期阶段。"一带一路"沿线国家既有处于城镇化成熟阶段的经济发达地区，也有处于城镇化快速发展阶段的经济欠发达地区。"一带一路"与新型城镇化的有机结合将从要素、劳动力、产业和资本等方面全面推进新型城镇化进程。随着"一带一路"倡议的逐步推进，以铁路、公路、机场为代表的基础设施在"一带一路"沿线国家的建设速度和力度将会进一步加强，将有助于相关国家基础设施建设，有利于交通壁垒的打通，各地区相关产业的发展和对外开放的局面势必加快"一带一路"沿线国家城镇化进程。

## 四、外贸竞争优势依然存在,具备参与全球合作分工的基础

国际金融危机以来,中国经济发展的内外条件和环境面临一系列深刻变化。从国际看,世界经济低速增长,国际市场需求增幅有限,目前中国的主要出口地区为美国、欧盟和日本等。除美国之外,欧洲市场出现了新的困难,出现了通缩的风险。

内外环境的变化使长期支撑中国对外贸易高速增长的比较优势正逐步弱化,随着人口红利开始消失,劳动力工资随经济的发展不断上涨,劳动密集型产业逐渐向周边低成本国家转移,传统的贸易方式不可持续、难以为继。无论是进出口产业结构、产品技术含量,还是经营主体竞争力、创新能力,中国对外贸易仍然存在着速度与质量不协调、规模与效益不协调等一系列发展困境,但中国外贸竞争优势依然存在。

从宏观角度看,十八届三中全会后基本确定了四个区域发展战略,即京津冀一体化、长江经济带、丝绸之路经济带和21世纪海上丝绸之路,并将通过推广和复制上海自贸区的成功经验来多方位打造中国对外贸易新优势。广阔的区域空间和庞大的生产链条积累是中国出口竞争力仍旧存在的根本保障。

从比较优势看,当前,外贸发展正处于加快培育竞争新优势的关键时期。在市场倒逼作用下,在国家一系列促进外贸发展的政策措施引导、支持下,产品进出口的财税和金融政策不断完善,外贸潜力将得到充分发挥。不少进出口企业加快转型升级步伐,积极优化商品结构、市场结构,探索新型贸易方式,开展对外投资拓展国际营销网络,提升在全球价值链中的地位,一批具有自主创新能力的龙头企业和新的优势产品正在涌现,成为带动外贸发展的新生力量,推动2015年中国对外贸易保持平稳增长态势。

再与其他新兴和欠发达经济体相比,中国基础设施完善、产业配套完整、人才素质较高,创新能力不断增强,具备比较成熟的优势技术和产能输出能力,而沿途国家正需要大量的轻工品、家电、机电、高铁等高端装备行业。

中国装备"走出去"持续发力,不仅出口设备,还升级中国标准,实现产品技术资本全方位"出海",推动更多高附加值的中国制造、中国标准参与国际市场竞争,实现出口升级、产业升级,通过异地投资、兼并重组、构建企业战略联盟、国际产业技术联盟、参与全球创新等手段,实现由产品输出到技术、资本、服务的输出。从陆上丝绸之路沿线国家来看,周边国家经济发展大多不及中国,铁路基建技术也相对落后,若"一带一路"倡议顺利实施,亚太各经济体加强互联互通,由于沿线发展中国家和新兴经济体存在巨大的基础设施建设投资缺口,中国的铁路基建也有望扩大"走出去"的规模。

新一轮的贸易规则正在形成,中国外贸须在主动参与新格局的机会中创造新的增长点。随着外贸发展从"出口创汇"转向"价值链升级"、从制造业为主向服务业领域拓

展、从"引进来"为主转向贸易与双向投资良性互动,中国外贸的"升级版"正在形成,成为区域贸易自由化的重要推动力量。

"一带一路"倡议通过降低贸易门槛、提升贸易便利化水平促进沿线各国贸易往来,同时更大程度上提升金融、投资、人员往来等方面合作水平,加快域内经济一体化。外贸综合竞争优势将是中国在"一带一路"倡议中发挥特殊的作用,扮演推动区域贸易自由化进程的重要角色的主要支持因素。

# 第二节 "一带一路"倡议对中国区域经济发展起到的作用

## 一、"一带一路"带来的机遇

### (一) 加快中国新一轮改革开放

目前,中国经济总量已跃居世界第二,货物贸易量居世界第一,但是中国的发展还面临诸多困难。发达国家经济实力虽日渐衰落,但其在短期内主导和影响世界经济的能力仍未发生根本变化,仍是控制国际贸易规则制定及全球治理的主要力量。与此同时,欧美和日本正在不断强化在新一轮贸易规则中的话语权,以高端开放为契机,企图掌控和影响下一轮国际贸易规则主导权,这些对我国都将构成新的挑战和威胁。

十八届三中全会对我国新一轮改革开放做出了全面部署。随着改革举措的陆续推出,改革将进一步解放生产力,中国经济的内生增长动能及各种经营主体的积极性将得到有效释放,中国对世界经济的影响力将进一步提升。上海自贸区的试验将进一步提供我国实行高标准开放的有效经验,并将被不断复制,中国整体对外开放的进程会比我们想象的更快。但中国区域经济发展不平衡的问题比较突出。中西部地区占中国国土面积的80%,人口占比近60%,但只占全国GDP的约33%、进出口总量的14%、吸引外资量的17%,对外投资量的22%。中国经济的全面振兴及中国梦的实现离不开中西部整体发展水平和竞争力的提升,而通过共建丝绸之路经济带和21世纪海上丝绸之路向西开放,可以有力促进内陆和沿边的对外开放,加快推进中西部的经济发展进程,改变改革开放以来我国经济发展"东快西慢,东强西弱"的现象。以往,中国经济增长更多得益于东部沿海的率先开放,更多强调"引进来",相对而言更重视发达国家市场;而今是全方位开放,"引进来"和"走出去"并重,与发达国家和发展中国家都加强经济合作。中国不仅要打造中国经济的升级版,也希望通过"一带一路"的途径打造中国对外开放的升级版,助力新一轮对外开放，实现对外开放和改革发展的良性互动。

## （二）推进亚欧非区域合作与经济发展

丝绸之路经济带线路途经俄罗斯、哈萨克斯坦等上海合作组织主要成员国，延伸至地中海中岸和东岸，直通欧洲波罗的海沿岸，连接东亚、中亚、欧洲与非洲；而21世纪海上丝绸之路则由中国渤海、东海、南海各港口群出发，经中国南海过马六甲海峡并苏伊士运河，连接印度洋、波斯湾、红海、地中海沿岸的东南亚、南亚、中亚、西亚、欧洲与非洲各国。通过陆、海沿线各国的合作和规划，打通从太平洋到波罗的海，沟通太平洋与印度洋、地中海和非洲东海岸的陆海运输大通道，并形成连接亚洲、欧洲、非洲的交通运输网络，促进贸易畅通和投资便利化。

历史上由于种种原因，在全球经济发展的进程中，上述线路中除东西两端的东亚和西欧以外的地区，成为连接亚欧经济带发展的一块中部"凹陷"地带。在这条凹陷带里，虽然有丰富的矿产资源、能源资源、土地资源和人力资源，以及古丝绸之路陆、海路众多的历史文物、古迹、壮丽自然风光和多民族文化构成的宝贵的旅游资源，但经济发展水平与两端的东亚和欧洲经济圈落差巨大，不仅人均GDP相差悬殊，而且贫困人口比例远高于欧亚大陆的平均水平，区域间发展亦不平衡，联系不紧密，交通基础设施或者不联不通，或者联而不通，或者通而不畅，对深化区域合作造成了不少的障碍。要适应经济变化并保持经济强劲和可持续增长，避免踏入"中等收入陷阱"的压力前所未有。

近年来，经中国和沿线各国及亚洲开发银行、联合国开发计划署等国际组织的努力，"一带一路"陆、海线路中部这一地区的交通基础设施不断改善，运输和贸易便利化取得重要进展，已经初步形成连接线路中部各国与世界其他国家的交通走廊。但是，交通基础设施和运输服务只是为经济发展提供了潜在动力，简单的交通走廊对于经济的推动作用，尤其是对沿线地区发展的带动作用极其有限，如果过度依赖它发展外向型经济，可能在区域和产业上形成外部依赖型的"发展飞地"，导致区域和产业的畸形发展。因此，这一地区要获得持久的发展动力，就必须连接两大经济圈，在交通发展的基础上依据资源优势，开展能源动力、矿产、电讯、机器、电子、纺织等优势产业的全方位合作，优势互补，共同发展。

"一带一路"包含基础设施建设和体制机制创新，这有利于改善区域内有关国家的营商环境，将可能成为亚洲整体振兴的两大翅膀，有助于推动亚洲、欧洲和非洲相关国家的经贸合作、经济发展和区域一体化。

### (三) 促进世界和平与发展

古代欧亚大陆曾历经血与火的洗礼，而与深重的战争灾难形成鲜明对比的是通篇写满和平、合作、友好的陆上和海上丝绸之路。古代沿线各国通过丝绸之路实现了商品、人员、技术和思想的交流，推动了经济、文化和社会的进步，促进了不同文明的对话与交融，在人类历史上写下了灿烂的篇章。古代丝绸之路所展现的和平友好、开放包容、互利共赢的精神，不仅是中国人民的精神财富，也是全世界的非物质文化遗产，值得全人类继承与发扬。

进入21世纪，面对纷繁复杂的国际和地区形势，继承和弘扬古代丝绸之路精神，为其注入新的时代内涵，必将为促进世界和平与发展做出独特的贡献。目前，尽管"一带一路"的主要内容还处于探讨和研究阶段，但是一个具有广泛基础的共识是，"一带一路"应优先发展互联互通，具体来说可以根据不同情况逐步实现"五通"，即政策沟通、道路连通、贸易畅通、货币流通和民心相通。这将为推动沿线各国经济合作与繁荣，实现区域经济一体化奠定坚实基础，并在物质财富与精神思想两个层面树立起有关国家互利共赢、友好合作、和平发展的真实范式，为促进世界和平与发展，推进人类文明进步，做出有益的探索与贡献。

### (四) 中国互联网经济的历史机遇

"一带一路"不仅为传统行业走向国际提供巨大历史机遇，也是互联网经济走向国际的巨大历史机遇。从中国互联网经济发展的特点和"一带一路"倡议的具体情况看，"一带一路"倡议下互联网经济历史机遇主要体现在三方面。

1. "一带一路"倡议提供良好外部政策环境

互联网经济总体上属于服务行业，服务业对外开放相较于货物贸易，受政策的影响更大，更依赖稳定的外部政策环境。中国改革开放30多年来，主要对外经济合作还是基于加工制造业的货物贸易，这种参与国际经济合作的方式受外部政策的影响相对较小。但随着中国参与国际经济合作的逐步深入，尤其是从货物贸易向服务贸易的转化，促使中国要在世界经济合作政策和机制方面发挥更大的作用，以更好地维护中国企业的正当权益。"一带一路"倡议的提出是中国首次就国际经济社会合作提出具体的综合性政策倡议，适应了中国参与国际经济社会合作的新趋势，为中国服务业走出去提供良好的政策指引和国际合作机制，也为中国互联网经济走向世界提供了良好的外部政策环境。

根据国家信息中心《一带一路大数据报告（2016）》统计，"一带一路"倡议提出至2017年5月"一带一路"峰会的召开，我国利用高层互访和公共外交广泛宣传"一带一路"理念，当前已经有100多个国家和国际组织表态欢迎"一带一路"建设，我国与多个国家在多领域、多层次就双边合作进行沟通和协商，目前已经与沿线30多个国家签订共建"一带一路"的合作协议。2017年5月召开的"一带一路"峰会期间，我国再与近20个国家和20多个国际组织商签合作文件，有关部门预计将与沿线国家对口部门共同制订近20项行动计划，涉及基础设施、能源资源、产能合作、贸易投资等多个领域。"一带一路"倡议以来密集的国际经济合作协议的签署，有助于我国互联网经济在海外得到更为友好的政策待遇。

我国不仅签署协议，还主导建立亚洲基础设施投资银行（以下简称"亚投行"）。截至2016年10月，亚投行共有成员国57个，涵盖范围远远超过亚洲，已然成为世界性开发投资银行。亚投行尽管主要集中在基础设施投资，其投资范围也包括与互联网经济密切相关的网络硬件基础设施投资，这有利于互联网经济走出国门。此外，在金砖国家开发银行中，中国也占有较大投资份额，这也有利于中国企业在金砖国家开展经营活动，有助于互联网经济走向金砖国家。

2. "信息丝绸之路"建设带来的正面溢出效应

互联网经济的发展离不开互联网硬件基础设施的建设，离开了通信基站、光纤电缆，互联网经济无从发展。不仅如此，互联网经济经营模式与互联网硬件也有千丝万缕的联系。中国互联网经济的迅速发展，就是建立在我国互联网硬件基础设施建设迅速发展的基础之上，因此，可以说，互联网经济的发展是享受了互联网硬件基础设施建设的正面溢出效应。当前，大力推进互联网硬件基础设施建设也是"一带一路"倡议的重要内容，这就给互联网经济在相关国家的发展提供了巨大机遇。

《愿景与行动》明确提出："共同推进跨境光缆等通信干线网络建设，提高国际通信互联互通水平，畅通信息丝绸之路。加快推进双边跨境光缆等建设，规划建设洲际海底光缆项目，完善空中（卫星）信息通道，扩大信息交流与合作。"根据中国移动集团发布的《中国移动参与"一带一路"共建情况》介绍，中国移动将建设陆路和海上信息高速通道，在东北亚、中亚、南亚、东南亚四大周边区域建成开通8条陆地光缆，在北京、上海、广州、深圳、福州建成5个国际通信业务出入口局，在"一带一路"沿线国家和地区建成29个"信息驿站"（POP点，网络服务提供点），并大力推行推动4GTD-LTE全球发展，共享中国创新成果。2017年5月14日北京"一带一路"峰会期间，习近平提出要向丝路基金增资1000亿元人民币，这也有助于中国互联网硬件基础设施走向"一带一路"。这些互联网硬件基础设施的投入，为互联网经济发展奠定了坚实基础。在移动互联网设施非常落后的情况下，像滴滴网约车等互联网经济无从发展，一旦移动互联网硬件基础达到一定程度，有关互联网经济就有迅速发展的前提，从某种程度上看就是享受了硬件基础设施建设的正面效果外溢。

此外，中国互联网经济在"一带一路"倡议下走出去的一个优势在于，"一带一路"沿线国家互联网硬件基础设施有越来越多的"中国制造"，在这种情况下，中国互联网经济在这些国家的发展会与硬件设施更紧密适配。以中亚地区为例，传统上中亚地区是俄罗斯企业的天下，但"中国制造"在互联网通信设备领域更受欢迎。

3. "一带一路"沿线国家更需要适合发展中国家的网络服务

中国是世界上最大的发展中国家，"一带一路"沿线国家大多是发展中国家，无论是根据世界银行的人均 GDP 标准，还是联合国开发计划署的人类发展指数（HDI）标准，中国与一带一路沿线多数国家处于同一发展阶段。不仅如此，中国国土辽阔，既有人口高度集中的东部地区，也有地广人稀的西部地带；既有媲美西方发达国家的东部沿海城市，也有尚未摆脱贫困命运的中西部山区。因此，扎根于中国的互联网经济模式，在走出国门之后，要比源于西方的互联网经济模式更能适应"一带一路"沿线国家的经济发展水平和社会发展阶段，具有更为广阔的适应性。"国情相同、民心相通"带来的共鸣效应是中国互联网企业走出去的重要优势。

以网络支付模式为例，中国和其他发展中国家一样，长期面临商业信用环境不佳、纠纷解决机制不完善、合同契约履行成本高、商业欺诈泛滥等情形。因此，直接到款的支付模式在中国电子商务发展过程中面临严重水土不服。为了解决这个问题，中国 C2C 电子商务大多采取托管支付模式，即买家汇出的相关款项在互联网电子商务平台指定账户中"暂存"，待卖家发货且买家确认并认可货物的情况下，再由买家发送指令由电子商务平台将相关款项支付给卖家。这种模式下，买家不担心交钱收不到合格货物，卖家也不用担心发货之后收不到货款。从源头上预防交易纠纷的产生，特别适合市场信用环境和法治环境有待提高的发展中国家。《"一带一路"国际合作高峰论坛圆桌峰会联合公报》提出的"通过培育新的贸易增长点、促进贸易平衡、推动电子商务和数字经济等方式扩大贸易，欢迎有兴趣的国家开展自贸区建设并商签自贸协定"，其实就是我国国内扩大商贸活动成功经验的国际推广。

再以共享出行为例，众所周知，中国作为一个发展中国家，呈现人口密度大、道路资源稀缺、出行方式相对单一等特点。在这种情况下，共享出行就不能仅仅以小汽车共享为内容，而要将公交车、巴士等纳入互联网共享出行网络。我国共享出行品牌滴滴将公交车和巴士纳入共享出行网络，要比仅仅将小汽车纳入共享出行网约的西方巨头更能满足民众的出行需求。这种源于中国这一发展中国家的运营经验，也是众多"一带一路"沿线发展中国家所急需的。交通与民生问题息息相关，与西方同行相比，中国共享出行企业滴滴正着力开发普惠的大众综合出行方案，滴滴顺风车、滴滴小巴等产品已经得到东南亚、南美洲等市场的欢迎。此外，政企合作是发展中国家新经济发展的有效途径，滴滴目前与近20个地方城市达成了共建智慧交通合作框架，以大数据技术协助提升城市整体交通管理效率。这些经验对于"一带一路"沿线新兴市场国家迎接飞速城镇化的挑战有很大借鉴意义。

（五）增强中国文化软实力的影响力

美国哈佛大学教授约瑟夫·奈在20世纪90年代提出，相对基础资源和军事、经济等"硬实力"而言，国家凝聚力、文化认可度和融入国际社会的程度等统一称为"软实力"。这一概念提出后，得到广泛响应，各国纷纷研究并认真谋划提升自身的软实力。

1. 文化软实力与"一带一路"倡议的关系

提升软实力也是我国的一项重大任务，党的十七大报告首次提出，"文化软实力是综合国力的重要组成部分"，习近平也多次就国家文化软实力做了一系列重要论述，他指出"提高国家文化软实力，关系'两个一百年'奋斗目标和中华民族伟大复兴中国梦的实现"，"要努力提高国际话语权，加强国际传播能力建设，讲好中国故事，传播好中国声音"。在习近平治国理政思想体系中，提高国家软实力建设是一项重要内容。

（1）文化的交流与融合是建设"一带一路"的精神之基

两千多年前，汉代的张骞出使中亚，开辟出横贯东西、连接欧亚的古丝绸之路，沟通东西方文明，传播中华文化，见证了古代中国与世界各国人民的友好往来。今天，"一带一路"倡议布局穿越两千年历史，将古老的"丝绸之路"赋予新的时代内涵，再次受到国际社会的广泛关注与响应。

贸易阻隔更多是因为文化交流不畅。"一带一路"倡议是中国与世界整个格局进入"新常态"之后，对内对外的根本需求和长远的发展方向。当前国际体系发生了一些变化，出现了一些新的国际投资规则，而我们提出的"一带一路"也正是在这种"新常态"下对传统规矩的一种创新。但是从近些年国内企业"走出去"情况来看，尽管对外投资合作不断增多，但由于文化的差异及沟通交流的不足，我们在海外的并购、投资与开拓新市场，都或多或少地面临着来自所在国和相关国家的阻力，有时还得不到认可，误解、误读、误判也日趋增多。

文化的交流融合更能促进经济的合作。各国间的关系发展既需要经贸合作的"硬"支撑，也离不开文化交流的"软"助力，文化的影响力超越时空、跨越国界。推广"一带一路"经济倡议要做到文化先行，需要积极宣传我们的文化理念、价值观，还需要深入了解各对象国的文化和价值观，加强与国外文化的交流，以文化的沟通促进经济的交融。要发挥好文化软实力潜移默化、润物无声的助推作用，展现吸引力，解决文化冲突，促进文化融合,才能得到更多国家和地区的认同,真正让"一带一路"的倡议意义得到长远体现。

(2)文化的传播认同是建设"一带一路"的畅通之桥

"一带一路"倡议布局涉及区域广阔,业务广泛,不是中国一国的独奏,而是沿线各国的共鸣,它不仅是一条经济交通之路,更是一条民心交融之路;不仅是一条经济带,更是一条文化带。

推进"一带一路"要讲好中国故事。精彩的故事是一个国家形象的生动表述。美国兰德公司的一份报告曾讲到,一个国家讲故事的能力、故事的说服力和取信于民的能力,将是软实力水平的关键,在相当程度上关系着国家的影响力。中国五千年历史,风云人物层出不穷,传奇故事精彩绝伦,儒道禅宗博大精深,推进"一带一路",就要把中国优秀的文化元素转化成一个个精彩生动的中国故事,让每个故事能听懂、易理解、可接受。同时,还要主动去倾听各个国家的故事,深入领会各个国家的文化和价值观,让投资、合作得到广泛的认可和欢迎,确保"一带一路"倡议真正实现互惠、互利、共赢。

推进"一带一路"要扩大民间交往。"国之交在于民相亲,民相亲在于心相交。"要培育和扶持一批面向国际的民间智库和非政府组织,鼓励他们广泛开展对外交流与合作,深入研究各国的政治、经济和文化生态,为"走出去"企业架桥铺路,做好智力支持和保障工作。还要重视发挥好海外中资企业协会的作用,督促引导"走出去"企业承担社会责任,树立良好口碑。

推进"一带一路"要拓宽交流渠道。广泛利用好新兴传媒载体,把握技术创新带来的新机遇,推动传统媒体和新兴媒体融合发展,有效利用互联网技术和移动新媒体终端,把传统媒体的内容优势和新兴媒体的传播优势有机结合起来,充分运用新技术、新应用,创新媒体传播方式,赢得新媒体环境下舆论传播的话语权和主导权。要善用国际经贸活动平台,重大国际性会议、论坛和展览会,以及国内跨国企业参与的海外投融资和路演,都是传播中国声音的有效渠道,也是展示中国形象、让世界快速了解中国的重要窗口。

2. 文化外交在"一带一路"倡议中的重要性

"一带一路"倡议是为了使欧亚各国经济联系更加紧密、相互合作更加深入、发展空间更加广阔,从提出伊始,就把"经济合作"放在最首要的位置上。诚然,经济有着不可替代的力量,但文化的作用同样不可忽视。国家领导人在各种场合关于"一带一路"的论述中也反复提及要"积极推动中外文明交流互鉴",要"在深化人文交流、繁荣民族文化的事业中相互借鉴"。从古至今,文化外交都是一种柔性外交的表现,在国与国的交往中发挥着潜移默化、润物无声的作用,文化交融的结晶甚至能在人类历史长河中留下更为永恒的记忆。

(1)"一带一路"建设亟须文化助力

中华人民共和国成立后,面临着复杂的国内、国际形势,外交关系必须重整旗帜、从头再来。在特殊的时代,政治意识形态成为外交政策的主导,文化交流成为一种卓越的柔性力量,推动新中国走向国际舞台。

比如,新中国奉行的"一边倒"外交战略让我国与社会主义阵营的国家迅速结成友谊,当时译介的《钢铁是怎样炼成的》《母亲》等苏联、东欧文学名著至今仍是年轻人的阅读经典。为了增强与亚非拉人民的友谊,20世纪60年代成立的东方歌舞团学习了很多第三世界国家的歌舞,在不到四个月的时间内,走访非洲五国33个城市,演出50余场,观众达12万人,这是用艺术的交流来完成政治的外交、用文化的交流来传达革命友情的一种文化外交方式。更有名的民间文化外交事件当数20世纪70年代的"乒乓外交",在中国邀请美国乒乓球队访华的同时,美国宣布五个对华政策新步骤,从实质上结束了长达20年之久的对华贸易禁令,被誉为"小球转动大球"的体育外交模式也成为以跨越国界和意识形态障碍的人民友谊促动国家之间和解和交流的经典案例。

当前中国开展"一带一路"建设,也面临着很多可预见的障碍和不确定的困难,如中国的经济体量之庞大、发展速度之迅猛、能源消耗之巨大,让一些国家在亲近中掺杂着畏惧和担忧;西方舆论不遗余力地炒作"中国威胁论",一定程度上也掣肘了中国的外向发展;不少沿线国家和地区是世界重要的能源产区,既是大国虎视眈眈的战略要冲,也是复杂的宗教和民族问题的敏感区,动荡不安的地方局势进一步加剧了中国与之合作的困难。种种问题的叠加,有可能造成不同程度的误解、质疑,甚至责难和抗议,单纯靠资源置换、利益置换也许无法达到一些国家的期待。因此,在这样的情况下,文化柔性外交能起到积极的促进作用,充分尊重沿线各国历史文化宗教的不同,充分发掘沿线国家深厚的文化底蕴,继承和弘扬"丝绸之路"这一具有广泛亲和力和感召力的文化符号,积极发挥文化交流与合作的作用,吸收融会,互学互鉴,才能使各国人民产生共同语言,增强相互信任,增进彼此感情。

(2)"一带一路"背景下文化软实力的建设目标

秉承和而不同、兼收并蓄的理念,顺应文化多样化的世界潮流,"一带一路"承古惠今,既是对古代丝绸之路东西方文明交融的继承和发展,又在新时代开创了东西方文化交流合作的巨大空间,更将唤醒"一带一路"沿线遗存的中华文化基因,形成具有强大影响力和辐射力的中华文化生态圈,提升中国文化软实力,助推中华文化伟大复兴。

一是联结民心,实现"一带一路"和谐共荣的发展图景。"一带一路"沿线65国,需要通过文化交流来增进了解、认同和信赖,夯实彼此的情感基础、民众意愿和社会基础,实现"民心相通",进而真正成为政治互信、经济融合、文化包容的利益共同体、责任共同体和命运共同体。"一带一路"将再次恢复古"丝绸之路"文明多元共荣共生的世界景观,也必将深刻影响世界政治、经济格局,成为全球和平与发展的重要基石。

二是复兴中华,提升我国对国际新格局的文化影响力。当前我国正处于从经济全球化向文化全球化转变的重大转折期,"一带一路"应运而生,成为我国倡导国际关系新格局的重要战略。这是中华民族文化复兴的新机遇,也是中国哲学与中国思想重新彰显魅力的新机遇。"一带一路"的构建必将唤醒古丝绸之路遗存的中华文化基因,以"己所不欲,勿施于人""言必行、行必果"为代表的中国优秀传统文化将更大范围地走向世界,成为世界文化主导权和话语权的有力倡导者。通过文化交流塑造国家良好形象,增强我国对国际新格局的文化影响力,提升国家文化软实力,将成为"一带一路"建设的核心使命。

三是深化合作,促进各国各地区文化经贸互利共赢。"一带一路"促进沿线国家互联互通,通过双边、多边文化交流与合作机制,在形成文化共识的基础上建构共同参与、共同建设、共享利益、共识推动的文化平台,实现文化资源跨境整合,不仅有益于建立文化遗产的保护发展长效机制,使各国的"丝路"文化遗产焕发生机,更有益于各国各地区文化交流融合,取长补短,促进各国各地区文化的繁荣发展,实现各国之间的互利共赢。

## 二、"一带一路"带来的挑战

### (一)政治挑战

#### 1. 大国博弈的影响

大国战略介入和博弈加大,对共建"一带一路"形成一定的牵制或掣肘。沿线国家地缘政治复杂敏感,是大国长期博弈和较量的重点区域。从"一带"战略走向看,美国2011年7月提出的新丝绸之路战略,旨在将阿富汗打造为地区的交通贸易枢纽,通过推动南亚、中亚的经济一体化和跨区域贸易,以实现"能源南下""商品北上"的战略计划,也意在排斥中国,并为遏制中国、俄罗斯和伊朗提供战略支点。目前,其重点推动的建设项目主要有土库曼斯坦—阿富汗—巴基斯坦—印度天然气管道(TAPI)和中亚—阿富汗—南亚电力网(CASA-1000)。俄罗斯主导的欧亚经济联盟战略旨在强化其在中亚地区的主导势力范围,这意味着推进"一带"建设必须考虑俄罗斯的因素及其影响力。长期以来,欧盟和日本也都视中亚地区为其战略利益的重点区域,对该地区有着自己的想法和战略利益诉求。

#### 2. 政治局势的动荡

部分国家政治局势不稳,对推动深化相互投资及产业合作带来较大的不确定性。一方面,一些沿线国家政局不稳、社会持续动荡,局部地区武装冲突此起彼伏。如缅甸、泰国民主转型带来的政治风险,巴基斯坦、吉尔吉斯斯坦等国存在的政治不稳定,突尼斯、利比亚、伊朗、伊拉克、阿富汗、叙利亚和也门等西亚和北非国家出现的社会震荡和政治冲突,以及一些国家和地区由于民族和宗教问题所引发的极端主义、恐怖主义和分裂主义盛行,都会对共建"一带一路"构成现实的威胁。另一方面,国际金融危机爆发后,为开拓全球市场、并购国外资产、获取国际优质资源和先进技术,我国企业积极开展对外投资,不仅走向发达经济体,也走向新兴经济体和发展中国家,但更多的还是面向那些政治社会环境相对稳定、投资收益较为丰厚的国家。从现实情况看,沿线国家经济发展相对落后,基础设施建设比较薄弱,相关法律法规不健全不完善,加上大多投资以道路、港口等基础设施建设为主,其投资回报率较低且回本缓慢,有时甚至连能否盈利也存在较大的不确定性。这些都将会制约和影响国外投资者前往投资的意愿和决策,对我国企业来说也不例外。

3. 政治互信的缺失

部分国家与我国缺乏政治互信,对共建"一带一路"存有疑虑和抵触心理。一方面,部分国家在搭乘我国经济发展快车和便车的同时,对我国实施和平发展战略心存疑虑。目前看,中俄关系处于历史最好时期,但需要指出的是,俄国也对中国崛起存有戒心和疑虑,担心中国倡导的"一带一路"倡议对其主导的欧亚经济联盟和现存的跨西伯利亚铁路形成替代,或对欧亚一体化进程形成一种制衡和竞争。随着美欧对俄实行多轮经济制裁,俄国内经济雪上加霜、不堪重负,俄国对我国的战略倚重也明显增大,这为中俄双方进一步深化全面战略协作伙伴关系提供了难得的历史机遇。而地处西北方向的哈萨克斯坦、乌兹别克斯坦、土耳其等国,历史上都曾是抱有大国梦想的区域性强国,由于历史、文化、宗教和制度等方面存在的差异,对泛突厥主义与泛伊斯兰主义的中亚走廊也有着与我国不同的利益诉求,易与我产生不信任和误解。另一方面,东南亚的越南、菲律宾等国家,与我存在领域主权和海洋权益纠纷,在承认我大国崛起影响力的同时,不断穿梭主要大国之间搞平衡,以谋求自身利益最大化。应该说,这些都可能对我国与沿线国家开展重点项目合作特别是重大基础设施联通项目建设产生不利影响。

(二) 经济挑战

1. 贸易壁垒和摩擦

沿线国家存在不同程度的贸易壁垒。"一带一路"沿线国多为发展中国家,面对全球经济普遍低迷的大环境,部分国家为保护本国产业发展,采取了一些保护措施,如中亚国家存在的通关环节、技术性等贸易壁垒。

中国与沿线国家贸易摩擦时有发生。个别国家特别是东南亚、南亚国家与中国贸易结构和出口产品相似,对中国发起了多次反倾销、反补贴和保障措施等调查,如马来西亚、印度、土耳其等针对中国钢铁产品发起多次反倾销调查,印度针对中国化工品发起反倾销调查。

2. 贸易合作风险较大

由于沿线国家大部分未完成或未开始现代化的转型,其劳动力素质、基础设施还不及中国,更别提法治水平、契约精神、商业环境,有的国家连政局都不稳。对这些地方的基础设施投资能否顺利完成是首先要面对的问题,前任领导人承诺,后任领导撕毁合约的情况在中国对外的投资中并不少见。南亚、中亚等国的投资环境还远不及中国,如何保证中国的权益,是一个很大的问题。比如,委内瑞拉对中国的贷款违约。作为委内瑞拉的最亲密盟国之一,中国自2006年起向其提供了500亿美元的石油支持贷款,委内瑞拉每日向中国出口石油偿还贷款,由于油价下跌,委内瑞拉对中国停止供油,也不还钱,未偿还余额高达百亿美元。

目前的"一带一路"建设具有比较明显的G2G的特点,即"政府对政府"。G2G的合作方案重点关注了政府(或者说执政党),但对各国的市场、对各国老百姓的好处有时并没有体现在明处,容易遭遇各国反对党的阻击及社会层面的抵制。我国过去在缅甸、越南、斯里兰卡、泰国等都遭遇到类似的事件,一些重大投资项目因受到抵制而被迫停止。

3. 金融支撑贸易的能力较弱

中国与沿线国家双边本币结算规模较小,截至2016年6月,中国与19个沿线国家签署了本币互换协议,中资银行在沿线18个国家建立了分支机构,仅在卡塔尔、马来西亚、泰国、新加坡、匈牙利5个国家建立人民币清算行,仅在哈萨克斯坦、沙特阿拉伯、斯里兰卡等9个国家建立了本币互换清算网络,难以满足贸易快速发展的需要。

(三) 行业挑战

目前,"一带一路"项目以交通能源和资源项目为主,包括铁路、公路、港口、各种电厂及其他能源矿业项目。一些项目虽然名为工业园项目,实际上仍然是依托于单一的交通或者能源项目,或者是交通项目和能源资源项目结合,如当地资源和港口铁路项目的结合。虽然有地方政府提出的"一带一路"项目构想涵盖了其他领域,如泉州市政府于2016年1月发布的《建设21世纪海上丝绸之路先行区行动方案》中覆盖的领域包括精细化工、循环经济、石化产品交易、石材贸易等,很明显政府也希望"一带一路"倡议能够带动当地特色经济的发展,但是从我们了解的有限资料来看,其他行业的投资仍然停留在初期阶段。也不排除一些地区虽然提出了多行业的产业规划,但其侧重点还是借"一带一路"的概念在本地上马基础建设项目。这些与"一带一路"的真正构想还是存在差距的。

在不少"一带一路"沿线国家，有些项目并非当地的传统或者优势产业，由于预期不明确，开发难度较大，持续推动这些项目的原因，很大程度上是基于中方对能源矿业项目的偏好，以及东道国对中方意向的揣摩。在第三世界国家地质资料不全面、基础设施不完善的情况下，贸然上马大型矿业项目，风险通常是巨大的。

从交通基础设施项目角度看，除构架性的大工程外，某些基建项目需要审慎考虑其经济性。国内基础设施建设实际上是伴随着中国经济的腾飞而快速推进，很多项目往往缺乏前瞻性。但是在某些发展中国家，不可能简单复制中国的经济增长曲线，交通基础设施的建设是否会发挥效益，是每个项目都需要考虑的问题。以笔者个人经验，很多国内的项目方对项目的经济性考虑略少，这与后面要谈到的工程公司主导有或多或少的关系。

过于集中投资矿业和基础设施项目，并不能真正搞活当地的经济，中国经济也无法从"一带一路"项目中获得收益，而且过分依赖矿业也导致这些投资受限于行业的波动，缺乏持续性。有人认为"一带一路"沿线国家经济最大的短板是基础设施，其他方面较为缺乏投资机会。但是，一个国家经济欠发达通常是全方位的，其经济的机会正是存在于各个欠发达的行业。根据不同国家的经济特点，深入研究往往能够发掘一些特殊的投资机会。

某些"一带一路"沿线国家有一些优势的产业，如特色经济作物、旅游甚至文化产业，但是这些行业并未得到足够的关注。有意思的是，有些行业，如建筑业、零售业这些大量使用中国产品的而中国企业天然具备优势的行业，并没有任何中国企业涉足其中，反倒是被一些区域性的商人控制（如中东黎巴嫩人和印度人对非洲零售行业的控制）。

"一带一路"沿线国家存在不同的需求，有些国家在长期混乱以后，百废待兴，在基础设施和轻工业产品上都有很大的需求。有些沿线国家包括一些中亚国家，由于受苏联经济体制的影响，国民经济中产业不齐全，在近些年的发展过程中严重依赖矿业。还有一些国家（如印度、印度尼西亚等），国内状况较好，出现了类似中国在十余年前的情况，如内需增长，中产阶级消费需求增长。这些都有可能是中国产业和资本进入的机会。在一些政局较为稳定、经济逐渐发展的国家，文化产业、信息技术、私募投资等领域都逐渐发展起来。

少数中国企业在"一带一路"或类似第三世界国家其他行业投资确已积累了良好经验。如笔者了解一家建筑企业因为向中国矿业企业提供工地简易房建设的机会，发现西非某国当地的商业地产严重缺乏，导致租金回报率极高，借助中国的便宜建筑材料和熟练工人的优势，该企业在当地建设商业广场并向当地商人出租，有较之国内更大的利润。根据媒体报道，中国企业四达时代已经在非洲23个国家注册成立公司，在12个国家开展数字电视运营，形成一定的用户群，已经成为一个在非洲立足的具有中国背景的数字电视运营商。

"一带一路"倡议实施过程中带来当地基础设施的提升,也会带来当地投资基础条件的提升。国际上有很多机构和经济体关注中国的"一带一路"项目,并认识到这些项目对于所在区域的经济影响。一些消费品行业的跨国企业很认真地跟进中国的"一带一路"倡议,提高在相关国家的战略比重,筹划根据中国"一带一路"政策的落实,在当地加大投入和商品输入以受益,如果中国企业不能认识到这一点将是相当可惜的。

## 第三节 "一带一路"倡议对中国区域经济发展的深远意义

习近平提出的构建"丝绸之路经济带"的倡议,以及建设"21世纪海上丝绸之路"的建议,受到国内外的高度重视,不仅"一带一路"沿途的国家纷纷表态支持,国内各省市更是积极行动起来,可见其战略意义之深远,既为中国新一轮对外开放注入了新的内容,也为内陆和沿海经济发展和对外开放指明了方向。

习近平提出"一带一路"的战略构想,不仅明确了对外开放的新路径,同时将成为中国经济新的增长点。与亚欧国家共建"一带一路",虽然目标以经贸合作发展为主,但事关国防、经贸、能源、边疆等重要领域的全局性国家安全问题,具有极大的战略意义。

### 一、巩固中国同中亚和东南亚的合作基础

在整个"丝绸之路经济带"的版图上,中亚地区是关键纽带。中亚地区的地缘政治格局,深刻地影响中国的国家利益。中国与中亚地区具有地理上的紧密联系,共享3000多千米的国境线,仅与哈萨克斯坦就有长达1700千米的国境线。特别是中国新疆地区与中亚毗邻,在安全、经贸、宗教等方面,受到中亚地区及周边国家的极大影响。从地区稳定结构来看,各种国际力量都在试图影响中亚地区。

"一带一路"的核心理念是加强同中亚和东南亚国家的经贸合作,中国同中亚及东南亚各国在历史上有着共同的发展经历,文化相通,合作基础坚固。中国新一轮的改革开放举措有利于通过共建"一带一路"形成对外开放新的增长点,其关键在于处理好中国与中亚及东南亚国家的关系,发挥好上海合作组织和中国—东盟自贸区在推动诸边合作中的积极作用,加强互联互通、优势互补、共同发展、共同受益,打造好同西部邻邦及东南亚邻国的友好合作关系。此外,"一带一路"将欧亚地区国家普遍认同的陆、海古丝绸之路精神与中国的经济优势结合起来,以经济为纽带,拓展并深化中国在周边和丝绸之路沿线国家的经济影响力,密切彼此的合作关系,从而改善我国的地缘政治形势,缓解外部压力,形成于我国有利的地缘政治和地缘经济格局。

## 二、逐步形成两个辐射作用

"一带一路"以中国加强与周边国家的合作为基础，可以逐步形成连接东欧、西亚和东南亚的交通运输网络，为相关国家经济发展和人员往来提供便利。"21世纪海上丝绸之路"不仅可以巩固和发展我国同东南亚的经贸关系，同时可以逐步辐射到南亚和非洲等地区，扩大中国的影响力。共建"丝绸之路经济带"的倡议之所以深受中亚各国的欢迎和赞同，是因为在已有上海合作组织框架下，加快推进丝绸之路经济带建设具有良好的基础，其振兴势必形成对阿拉伯和东欧国家的辐射作用，有利于新的欧亚商贸通道和经济发展带的形成。"一带一路"为欧亚地区国家参与广泛的区域经济合作提供了一个新契机和重要平台，也为我国提升在全球经济合作中的话语权开了先河，从而有助于确立我国在世界经济新格局中的地位。

## 三、维护中国国家安全

随着经济的快速发展和国力的与日俱增，中国有关的贸易纠纷与地区纷争随之增多，中国崛起的地缘政治和战略格局也不断变化。一方面，国家利益不可避免地需要向海外拓展，对全球资源与贸易的依赖不断加强；另一方面，中国在全球影响力日益增强，引起东亚及全球力量格局发生变化，与中国有关的地区纷争将快速增加。以美国为代表的西方强国，以印度、菲律宾为代表的陆海邻国，都在合作与竞争中对中国崛起高度警惕，甚至进行战略围堵，形成沿海战略包围圈。面对上述国家安全形势，唯有加强与周边国家的互利共赢合作，共享经济繁荣与和平发展，才能有效破解其对我国国力增长的恐惧和疑虑，去除域外大国对我围堵、对周边地区实施干涉的着力点。

同时，国家战略安全不仅包括存在潜在军事冲突威胁的传统安全，也包括逐渐突出的非传统安全隐患，如可能面临的针对贸易、粮食、能源、民族、反恐等关键物资和敏感问题进行的贸易禁运。尤其是近几年来，中国的能源安全局势非常严峻。首先，供求失衡越发严重。2012年，中国石油对外依存度已经达到58%，按照国际原子能机构预测，2020年中国石油对外依存度达到68%，但目前国家原油储备不够，储备体制不健全。其次，来源区过于集中。中国原油进口的70%以上来自政治局势较为动荡的中东和非洲地区。再次，运输线路单一。中国原油进口线路主要依靠海上运输，有80%通过印度洋—马六甲海峡线路，形成所谓"马六甲困局"，严重影响国家能源安全，亟须打通"南下"东南亚和"西进"中亚地区的陆路通道。开发中亚地区尤其是里海地区，有助于原油供应多元化，并可通过中亚及印度洋沿岸国家陆路连接中东，获取石油，减少对马六甲海峡的依赖。同时跟随"21世纪海上丝绸之路"的发展与推进，中国保护海上贸易与能源运输通道的资源与力量也将深入大洋，获得实质性的增强与提高。

## 四、带动中国中西部地区加快改革开放和城镇化水平的提高

改革开放以来，中国东部沿海地区已经成为支撑国民经济全局的生产力布局战略重心区。经济集聚于沿海地区，强化了对海路通道的过度依赖。要避免对海洋通道的过度依赖，就必须实现区域经济的平衡发展；要实现区域经济的平衡发展，就必须实现陆路通道的便利快捷，即向西开放和向西发展，推进中国西进战略，大力拓展南到东亚、西到大中亚的陆路通道，尤其是向西开放、途经中亚的亚欧大陆桥陆路大通道。

中国改革开放的实践表明，开放所到之处，经济即进入活跃发展阶段。西部大开发和中部崛起形成于2000年之后，与东部沿海相比起步较晚，必须加快对外开放。十八届三中全会提出的推动内陆沿边开放的要求，有针对性地提出了新的重要内容，只要加快推动和落实，将进一步激活内陆和沿边地区的经济发展活力，结合我国周边外交的发展重点，通过开放实现体制和机制的创新，全面提升内陆和沿边开放性经济水平。建设丝绸之路经济带可以成为扩大中西部开放、打造中西部经济升级版的主引擎，将有利于提高我国开放型经济的整体发展水平，带动中西部地区的对外开放，促进国际国内要素有序自由流动、资源高效配置、市场深度融合，优化国内区域经济布局，实现各地区经济的协调发展。同时，可以为我国经济的可持续发展提供资源、技术和市场支撑，为保障我国经济的可持续发展和国家安全奠定重要的物质基础。丝绸之路经济带将成为我国扩大内陆沿边开放的重要平台。此外，通过丝绸之路经济带建设，还可以促进大城市和城市群发育，提升西部尤其是西北地区的城镇化水平，这对优化中国城市和人口的区域空间布局具有重大意义。

## 五、促进中国东部地区的转型升级和对外投资

中国过去三十年的快速发展与崛起是中国向东看、向东开放的结果。因为中国顺应和抓住了经济全球化的浪潮，衔接了从发达国家特别是从美国转移与外包的产业，获得了发展的第一推动力即资本与技术及海外市场，完成了现代化崛起的原始积累过程。接下来，中国发展战略将转变为向西看、向西开放，其原因也在于顺应经济全球化的浪潮，因为经济全球化浪潮由东而来，一路向西，势不可挡。中国东部地区经过三十多年的率先对外开放，已形成了贸易驱动型的外向型增长模式。目前，中东部地区的企业面临着经济结构转型和海外投资加快发展的新阶段，通过"21世纪海上丝绸之路"加快同东南亚的互联互通，加快企业产品结构的升级至关重要。东部省份应寻求与东南亚国家合作的新支点，加大经贸合作力度，以点带面，形成联动发展的新局面。同时，"丝绸之路经济带"的建设也有利于我国实现产业升级，实现传统行业向中亚各国转移，并将有助于沿途各国走出当

前的经济危机。

总体来看,"一带一路"建设的战略意义表现在:在内政上,共建"一带一路"会提供更多的发展机遇,促进带区经济发展,缩小地区差距,推动经济均衡发展;在外交上,共建"一带一路"可以打造连通亚欧国家的陆、海大通道,以经贸发展促进全面合作,着力深化互利共赢格局,积极推进区域安全合作,维护周边和平稳定大局;在性质上,它是集政治、经济、外交与时空跨越于一体的历史超越版;在内容上,它是集向西向南开放与西部开发于一体的政策综合版;在形成上,它是历经几代领导集体谋划国家安全战略和经济战略的当代升级版。

# 第四节 当前"一带一路"背景下中国区域经济发展的政策

## 一、历史沿革

改革开放以来,中国政府开始自觉地、系统地研究制定区域经济政策。在不同的阶段,根据区域经济发展的不同状况采取了不同的政策举措,大体分为五个阶段。

(一) 以促进内地工业发展为标志的区域均衡发展阶段

一是国家通过调整工业布局来推进内地与沿海均衡发展的阶段,这一时期大体从新中国成立初期到改革开放之前。为了改变当时工业基础薄弱的状况和沿海与内地工业布局畸形发展的格局,同时考虑到当时特殊的国际政治氛围,国家提出调整沿海内地工业布局的战略举措,并通过这一布局调整来改善区域发展不平衡的格局。代表性的论断是毛泽东《论十大关系》中提出的"两个必须":沿海的工业基地必须充分利用,但为了平衡工业发展的布局,内地工业必须大力发展。根据这一战略思想,国家投资明显向内陆地区倾斜。这个转变加速了内地的工业化进程,使新中国成立初期极不平衡的工业布局格局初步得到改观,到目前为止,内地工业的发展在较大程度上仍依赖这一时期打下的基础。理论界通常把这一阶段称为生产力均衡布局或区域均衡发展阶段。

(二) 以东部沿海地区崛起为标志的区域不平衡发展阶段

这一阶段大体从改革开放初期到20世纪90年代中后期。改革开放初期,我国的首要任务是发展经济,考虑到当时沿海的综合条件较好,在区域发展方面采取了让沿海地区先发展起来的战略举措。在这方面,代表性的论述是邓小平的"让一部分人先富起来"的思想和"两个大局"观。经过努力，我国东部沿海地区迅速发展起来，而沿海地区的发展又从整体上支撑了中国经济的发展，提升了整个国家综合实力。理论界一般把这一阶段定义为梯度推进或不均衡发展战略阶段。

本阶段，我国区域政策采取向东南沿海地区倾斜的战略导向，明显的标志是 1980 年后开办深圳、珠海、厦门、汕头和海南经济特区，并在 1984 年后开放一批沿海开放城市。国家在赋予经济特区和开放城市"先行先试"的政策权限的同时，还从项目、产业、资金、土地等各方面支持东南沿海的经济崛起。东南沿海地区经济因此获得迅速提升，在拉动全国经济增长的同时，也使区域差距日益扩大。

### （三）以区域发展总体战略实施为代表的区域协调发展阶段

这一阶段大体上从 1999 年到 2005 年。鉴于区域发展差距凸显的形势，我国自 20 世纪 90 年代初期就开始调整区域政策方向。以 1999 年"西部大开发"战略的提出为标志，我国进入区域经济协调发展阶段。我国在这一阶段的区域政策加强了对东部地区之外的其他地区发展的支持力度，相继提出西部大开发、振兴东北地区等老工业基地、促进中部地区崛起，形成以区域发展总体战略为主体的区域协调发展政策导向。在此政策导向影响下，区域差距拉大的形势得到控制，但区域协调发展依然任重道远。

### （四）以改革试验区、新区和国家级区域规划为特征的区域制度创新阶段

2006 年以来，我国进入区域政策深化、细化和协调化的新的阶段，最突出的表现就是一系列国家级新区、改革试验区和国家级区域规划的出台及主体功能区战略的提出。在这一阶段的区域政策中，体制创新的导向更加凸显，空间尺度和政策调控手段向更加精细化的方向发展。这些区域政策大致可以分为两类，即批准设立国家级新区和国家综合配套改革试验区。国家级新区是国家重点开发建设的地区，它们一方面享受国务院直接批复的优惠政策和权限，另一方面在辖区内部实行更加开放的特殊政策，着力进行体制改革和创新的探索性工作。截至 2015 年 5 月，全国共有 12 个国家级新区，改革试验区包括国家综合配套改革试验区、综合改革试点和试验区等一系列试验区（示范区），主要承担先行先试的体制改革和创新任务，在带动周边地区增长的同时，发挥体制改革的示范作用。

本阶段的区域经济政策表现出一系列的新特点：第一，区域政策的空间尺度不断细化。第二，区域政策更加关注体制改革和内生驱动。自 2005 年以来，我国相继设立上海浦东新区、天津滨海新区等综合配套改革试验区，并进行金融综合改革和内陆开放型经济的试验。以制度创新为主要内容、以内生增长为主要动力的改革试验区的设立标志着我国区域经济政策更加注重体制机制创新，而中国上海、广东、天津、福建自由贸易试验区将

我国对外开放推向更高的水平。国家级新区加快建设,在集聚生产要素、促进经济发展中发挥了独特作用。第三,区域政策制定更加兼顾地方诉求,形成了"自上而下"与"自下而上"相结合的方式。很多区域政策和规划由地方拟订草案,上交中央报批;中央政府的审批和监督,保证国家战略得以有效落实,促进国家整体目标与地方利益诉求的有机统一。第四,产业转移、陆海统筹和生态经济成为区域政策新的亮点。2010年出台《皖江城市带承接产业转移示范区规划》以来,我国相继设立安徽皖江城市带、广西桂东、重庆沿江、湖南湘南、湖北荆州、黄河金三角等几个承接产业转移示范区。2011年以来,我国相继出台了山东、浙江、广东和福建海洋经济区发展规划,并颁布了《全国海洋功能区划(2011—2020年)》和各个沿海省份的海洋功能区划。2015年《长江中游城市群发展规划》正式出台,成为我国实施促进中部地区崛起战略、全方位深化改革开放和推进新型城镇化的重点区域。《珠江—西江经济带发展规划》加快实施,有力地支撑我国南部区域发展,促进我国与东南亚、南亚的国际次区域合作跃上新台阶。

### (五) 以三大区域发展重大国家战略为标志的新阶段

十八大以来,中央进一步提出了三大国家重大区域发展战略,即"一带一路"、京津冀协同发展和长江经济带。当前,"一带一路"倡议已从理念设计、总体框架到完成战略规划,开始进入务实合作阶段。2014年11月4日,中央财经委员会第八次会议,研究"一带一路"规划、建立亚洲基础设施投资银行和设立丝路基金。2014年11月8日,习近平在"加强互联互通伙伴关系"东道主伙伴对话会上,提出中国将出资400亿美元成立丝路基金,为"一带一路"沿线国家基础设施、资源开发、产业合作和金融合作等项目融资。2014年2月26日,习近平在北京主持召开座谈会,听取京津冀协同发展工作汇报,强调京津冀协同发展是一个重大国家战略,并提出七点要求。2014年9月4日,京津冀协同发展领导小组第三次会议要求加快实施交通、生态、产业三个重点领域率先突破。当前,京津冀协同发展规划已经完成编制,即将出台。2014年4月28日,李克强在渝召开座谈会,研究依托黄金水道建设长江经济带。2014年9月25日,国务院发布《关于依托黄金水道推动长江经济带发展的指导意见》及《长江经济带综合立体交通走廊规划(2014—2020年)》。建设长江经济带,有助于构建沿海与中西部相互支撑、良性互动的新棋局,通过改革开放和实施一批重大工程,让长三角、长江中游城市群和成渝经济区三个"板块"的产业和基础设施连接起来、要素流动起来、市场统一起来,促进产业有序转移衔接、优化升级和新型城镇建设。

总体来看,这三大国家区域发展重大战略具有以下特点:第一,层次高,由中央高层主导区域重大发展战略,已被写入2015年总理《政府工作报告》。第二,格局大,兼顾东中西、南北,强调国土平衡发展。第三,视野宽,全球布局,形成全方位开放格局。第四,都体现出海陆统筹发展、面向海洋和中西部地区相结合的思路,体现了建设海上强国战略的要求。

## 二、存在问题

中国的区域经济政策在促进区域经济增长、协调区域发展、增强地区经济联系等方面发挥了积极的作用,但是,在政策制定理念上、政策制度基础上、政策工具上还存在一些不足,具体表现在四方面。

### (一) 区域发展理念转变的滞后性

改革开放以来,我国区域发展理念长期坚持"效率"取向,以激发各地区发展的积极性。21世纪以来,基于区域间发展差距不断扩大的实际,区域发展理念注重"公平"取向,迫切需要启动内需和区域经济协调发展,而区域之间基本公共服务差距较大、人口经济资源环境之间空间失衡、特殊类型区域经济发展困难等有新特征的老问题则是促进区域协调发展需要破解的艰巨任务。第一,改革开放初期以来"效率"取向的区域政策理念有强大的历史发展惯性,区域发展总体战略导引下的区域经济社会发展相对差距逐步缩小,但绝对差距仍在扩大。第二,处于"时空压缩"语境下的追赶型的发展中国家,我国区域增长格局有强烈的空间失衡特征,特殊类型区域的经济社会发展面临严重问题。目前,我国区域发展中比较突出的一些问题有老少边穷地区的贫困问题、老工业基地的振兴问题、资源枯竭型城市地区的衰退问题等。第三,地区竞争的区域发展模式画地为牢、分割发展,区域增长极泛化致使区域政策碎片化,生产力及人口空间布局与环境生态承载力不协调,加剧了区域协调发展的自然生态基础的脆弱化。

未来我国区域经济政策要转变理念,融合"效率、公平和可持续"理念的三维共同体模式,同时实现区域增长的经济利益、区域公平的社会利益及区域可持续的生态利益,真正促进区域经济协调发展。

### (二) 区域经济政策制度基础缺陷

区域经济政策的制度基础缺陷主要有两方面:第一,尚未建立起设置合理、职能明确的区域管理机构。中国有多个中央部门涉及对地方的援助,但几乎无一部门具有立法意义上的区域政策资源,导致的结果是"事事有人管,事事无人管"、中央部门间冲突不断并将其延伸至地方,且冲突解决无规可依。改革开放以来,随着利益格局的调整,部门与区域冲突有加剧之势。第二,不存在可供区域政策利用的区域划分框架。中国幅员辽阔,内部区域要素禀赋和发展水平差距很大。然而作为政策制定的区划框架，依然是过去的七大区划分框架。

### (三) 区域互动协调机制不完善

首先，根据行政区域划分而形成的东、中、西、东北四大区域尚未形成真正的协调互动发展机制，国家目标与地区目标存在一定差异。在分税制及现行政绩观的引导下，实现地方保护，加快地区经济发展往往成为地方政府追求的主要目标。其次，区域合作机制泛化。大多是重形式轻内容、重协议轻实施。再次，对口扶持机制有待深化，提升落后地区的自身造血功能有待加强。此外，区域间的补偿机制特别是生态补偿机制匮乏。诸如生态服务功能价值如何评价，生态环境保护的公共财政体制如何制定，流域生态如何补偿，重要生态功能区的保护与建设怎样进行等，都需要采取切实可行的措施加以解决。

### (四) 区域经济政策工具简单化

区域经济政策工具是政府用以实现区域政策目标的一系列机制、手段、方法与技术，它是政策目标与政策结果之间的纽带和桥梁。

目前，区域经济发展规划编制越来越多，规划的尺度有国家层面的全局性规划、跨省域区域经济规划及重点区域发展规划，规划的形成路径也正在形成"自上而下"与"自下而上"相结合的方式。但是全局性的国家规划的空间尺度仍然过大，与英法等发达国家的区域总体规划相比较，国家区域总体战略线条过粗。另外，区域规划落实的评估工作有待加强，区域发展规划的落实重视程度不够，长期以来重规划、轻落实的情况仍然存在。基本政策工具简单化，过分依赖行政手段，主要表现为针对问题区域的政策工具指向性和可操作性不强，除扶贫政策外，缺乏针对问题区域的精细政策工具。就区域协调的政策工具而言，我国尚缺乏欧盟那样的结构基金、聚合基金、团结基金等设计精细的政策工具。由于政策指向对象的不到位、不具体，即使投入了大笔资金也难以收到预期的效果。更为突出的是，由于我国区域协调发展的行政手段尚不规范，如区域发展基金的筹集缺乏制度保障、区域援助的通用规则不健全、没有严格的项目报批流程和科学合理的决策程序，特别是项目报批流程尚不透明，导致有时出现区域发展项目审批的随意性、扶持资金的寻租分割等现象。

特殊经济区域政策存在着泛化的情况。各地方政府积极申报各类国家级新区，经济技术开发区、高新技术产业开发区、海关监管区等特殊经济区，加上各地方层次的各类型开发区，已经具备相当规模，但是存在着重视申报、轻视后期建设的情况，政策执行和后期操作过程中存在随意性。不少特殊经济区在后期发展中存在很多问题，不能起到应有的经济发展和带动辐射作用，未能很好承担起应有的历史使命。

## 三、完善方向

### （一）政策目标上，基于主体功能区规划，实现区域利益的协调

积极实施区域发展总体战略，以缩小区域间发展差距和促进基本公共服务均等化为目标，充分考虑资源环境的承载能力，关注缩小公共服务和居民生活水平的差距，强调经济社会与人口资源环境的协调发展，坚持分类指导，打造体现效率、公平和可持续发展的区域经济政策。

著名区域经济学者胡佛认为，区域经济政策的最终目标是通过增进个人福利、机会、公平和社会和睦体现出来的。我国的区域政策应从区域协调发展的新内涵出发，以区域利益协调为主线，构建四大目标的动态组合。一是提升市场一体化水平。从体制上消除限制区域之间要素自由流动的制度根源，促成区域之间要素市场的统一。二是区域比较优势充分发挥。即各地区根据自身发展基础、资源禀赋、潜在优势等具体特点，落实好全国和各省市制订的主体功能区规划，并在实践中不断完善，完善区域生态补偿机制，实现各具特色、优势互补、共同发展的区域关系新格局。三是地区基本公共服务均等化。基本公共服务均等化意味着不同区域的公民都能够分享改革发展的成果，在基础设施、义务教育、医疗卫生、社会保障等方面享受到质量和数量大体相当的基本公共服务。四是促进资源环境的有效利用。在经济发展和环境保护的权衡中，避免短视发展模式，依据全国和各省市的主体功能区规划，实现经济发展和生态环境建设协调推进。树立科学发展观，发展环境友好型产业，区域间加强环境保护合作，促进人与自然和谐相处，实现可持续发展。

### （二）政策框架上，加强立法和区域规划编制

在区域政策的机构设置和程序方面，目前尚没有明确区域管理机构与组织的设置，也没有规范的区域政策程序，这是区域管理制度基础的核心之一，是未来区域政策研究与实践必须着力解决的一个问题。首先，构建区域协调发展的法制基础。包括修改宪法，加入促进区域经济社会协调发展、调控区域差距的条款；制定中央与地方关系法，明确中央政府与地方政府各自的事权和财权关系划分，避免政府间关系紊乱和权责冲突现象；尽快制定和出台国家区域开发方面的法律等。其次，强化区域规划编制。按照科学发展、协调发展的思路，在全国和省市级主体功能区规划的框架下，细化其子区域的规划编制，增强区域政策的针对性和可操作性。再次，整合现有的相关区域发展机构。如京津冀协同发展领导小组、国家乡村振兴局、国务院西部大开发办和国务院部委机关中与地区开发有关的机

构,设置专门的区域协调机构。建议在人大设立区域发展委员会(立法机构)、国务院设立国家地区开发局(行政执行机构)等区域发展的权威机构。

(三)政策工具上,从"简单化"向"精细化"转变

在区域规划方面,加快推进区域发展战略规划的制订和相应的区域经济政策的支持在全国性规划层面,应自上而下细化具体发展规划,并明确考核目标和方式。在区域性规划层面,相关加快区域发展规划的制订和完善,尤其是横向经济联系较为紧密的区域,在充分尊重地方政府之间区域经济合作实践的基础上,加快推进区域规划制订,以权威性较强的区域规划来强化对区域合作参与方的约束力。

在基本政策工具方面,突出间接政策工具的作用。区域协调发展成为中国区域经济中的重要问题,传统的直接依靠政府大幅度的优惠政策对某一地区进行区域援助越来越有悖于区域公平的理念。同时,间接政策工具所左右的区域制度环境在区域经济发展中的重要地位日益得到认同。因而,对问题区域进行区域援助时,首先要充分考虑区域经济自组织的作用机理,注重区域经济运行规律,细化政策工具,尊重区域主体之间的利益诉求,在对落后地区公共物品进行直接供给的同时,重视制度供给和创新,利用特殊经济区政策植入市场机制,发挥市场机制内部"活血"和"造血"功能,结合区域经济合作,实现生产要素的跨区域循环,促进区域市场一体化。其次,各类国家和地方特殊经济区,要建立健全特殊经济政策评估工具,审视特殊经济区政策的效果,对于达不到预期效果的区域进行审查,对于脱离了制度供给时设定的任务和目标区域进行彻底整治,保障集成政策工具的效率。再次,完善区域经济政策工具,使其体系化和规范化。区域政策的有效实施,需要有组织完善、设计精细的一整套政策工具作为保障框架。第一,强化法律手段,促进区域发展规划的落实;第二,细化经济手段,使用经济手段处理区域经济发展问题,提高区域经济政策的实施效率;第三,规范行政手段,尽可能避免寻租和随意性。因此,必须综合考虑各地资源禀赋、区位条件和经济社会发展水平等因素,采用法律、经济、行政等多管齐下的区域协调手段,构建多元化的政策工具体系,使区域政策工具从简单化走向精密化。

政策创新方面,与时俱进地推进各类国家级新区、自贸区等特殊经济区及综合配套改革试验区的建设,在我国市场经济转型过程中率先建立起成熟的市场经济制度。通过以改革和开放为主体的政策试验在小范围内探索市场经济体制,利用政府推广和市场辐射两种机制,分类别、差异化地将其成熟经验向全国推广。

# 第四章 "一带一路"倡议推进中国区域合作发展新模式

## 第一节 "一带一路"建设推进中国区域经济合作新载体

中国对"一带一路"建设沿线国家"走出去"的战略集中体现为依托境外经济合作区、借助经济走廊建设的空间平台，系统和阶段性地开展双边经贸合作与投资。

### 一、中国境外经贸合作区的发展历程

境外经贸合作区是中国在与海外国家以政府合作协议的方式投资设立具有产业上下游较高关联度的系列生产与配套服务的项目，产业定位一般是制造业为代表的具有国际竞争力的行业。该类合作区包括的投资项目构成了"产业链"内配套与专业化分工合作的特征，是在双边政府协议保障下的以国有企业为主体的海外中长期投资项目组。

境外经贸合作区是中国对外投资的一个重要载体，国家对此的规划与促进已经有近十年的历程，并取得了积极的成果。中国商务部支持企业"走出去"的系列政策和专项基金都明确提出鼓励产业内企业组团在境外设立经贸合作区，促进出口的持续发展，并深入拓展当地市场。相关政策包括商务部联合有关产业政策管理部门，对建立境外经贸合作区给予专项基金支持。

中国境外经贸合作区（COETZ）是指在国家统筹指导下，国内企业在境外建设或参与建设的基础设施较为完善、产业链较为完整、辐射和带动能力强的各类经济贸易合作区，其具体载体包括经济开发区、工业园区、物流园区、工业新城、自由贸易区、自由港以及经济特区等。境外经贸合作区的建立是由国家商务部与东道国政府达成一致，通过主体企业与国外政府签订协议，由主体企业运营招商以达到吸引外资企业入驻，从而获得产业集群效应，借此实现中国对外投资企业以集群和抱团的方式对外发展。在建设经贸合作区过程中，主体投资企业一方面可以通过园区的各项优惠政策吸引企业到东道国投资建厂，另一方面还能够增加东道国就业数量和税收额，增加出口，引进并提升工业技术水平，促进

经济共同发展。

境外经贸合作区从中国的部分边境国家起步，在海外发展中逐步推进，已经取得阶段性的发展成果，在当地形成了一批基础设施完备、主导产业明确、公共服务功能健全、具有集聚和辐射效应的产业园区，成了推进"一带一路"倡议和国际产能与装备制造合作的有效平台。

目前，在"一带一路"倡议下，国内成熟型行业在海外各地建立了境外经贸合作区。中国的境外经贸合作区就是在这样的背景下产生和发展的。

中国的境外经贸合作区是区域经济合作战略的积极探索，是建设产业园区的"海外版"的尝试。在"一带一路"沿线建立境外经贸合作区的战略目标是推动国内经济结构调整，鼓励劳动密集型和缺乏竞争力的成熟型产业（如纺织业和皮革业）到其他国家投资建厂。

## 二、境外经贸合作区的政策体系

根据"一带一路"的行动纲领，在沿线国家建立境外经贸合作区的总体原则是市场规则、平等互利、循序渐进与注重实效。至今，"一带一路"倡议与相关规划已形成较为完善的中国境外经贸合作区的政策体系。

### （一）引导合作区提供规范服务的基本范本

为进一步做好境外经贸合作区建设工作，推动合作区做大做强，发挥其境外产业集聚和平台效应，商务部于2015年8月制定了《境外经贸合作区服务指南范本》。其中，对境外经贸合作区从信息咨询服务、运营管理服务、物业管理服务、突发事件应急服务四方面提出内容要求。比如，在运营管理服务中，明确提出了服务入区企业范围宜包括注册、财税事务、海关申报、人力资源、金融服务、物流服务等环节。

### （二）鼓励金融机构提供授信支持和配套金融服务

2013年12月，商务部、国家开发银行共同发布了《关于支持境外经济贸易合作区建设发展有关问题的通知》，其中明确指出：国家开发银行将在市场化运作、有效防范风险的前提下，重点优先支持已通过《境外经济贸易合作区确认考核和年度考核管理办法》确认考核的合作区项目；有选择地支持中国与合作区东道国政府共同关注的在建合作区项目；同时该文件还指出，除依托境内股东信用提供贷款模式外，将积极探讨依托境外金融机构信用、项目自身及其他资产抵质押、土地出让应收账款质押等模式，为合作区企业提供融资支持。另外，该通知也提出，国家开发银行将通过与东道国有实力的金融机构合作，以转贷款、银团贷款等方式，为入园企业提供融资服务等。

### （三）发展资金支持

境外合作区在符合商务部、财政部关于《境外经贸合作区资金管理办法》《境外经贸合作区考核办法》的前提下，可享受合作区发展资金的支持。总体来看，该考核办法包括确认考核和年度考核。确认考核是根据规定要求对合作区建设和运营成效是否符合确认条件进行认定；年度考核则是根据规定要求对合作区的年度建设和运营效果进行评审。考核办法还对不同类型的境外经贸合作区提出了具体量化的考核标准。通过确认考核后，合作区可申请年度考核，通过确认考核或年度考核的合作区，可申请中央财政专项资金资助。

### （四）发挥政府间协商作用

通过双边途径，有关部门将就合作区的土地政策、税收政策、劳工政策、基础设施配套以及贸易投资便利化措施等加强与驻在国政府的磋商，为合作区建设提供支持。切实维护好中国企业和人员的合法权益，保障投资和人员安全。

## 三、境外经贸合作区发展的规划与阶段性成果

根据相关规划，境外经贸合作区规划与"一带一路"行动计划的目标高度吻合，在合作区建设的区位选项、组织模式与产业定位的主要取向与特点如下：

### （一）区位选择

中国境外经贸合作区最初分布于东南亚、南亚、西亚、北非、中亚等地区。如今，与中国经贸往来比较频繁的"一带一路"沿线国家，如俄罗斯、蒙古、印度尼西亚、泰国、马来西亚、越南、缅甸、柬埔寨、老挝、巴基斯坦等都相继与中国合作设立境外经贸合作区。

### （二）组织模式

"一带一路"沿线中国境外经贸合作区通常由中国政府牵头，推动企业进行国际化市场经营。通过中国政府和"一带一路"上各国政府的合作，以中外合营的模式扩大中国对外的市场，给予企业极大的发展空间，是一种政府推动下的企业境外投资行为。

### （三）投资行业

"一带一路"沿线中国境外经贸合作区的投资行业包括第一产业到第三产业，涵盖了

农业、制造业、服务业（如物流、旅游、高新技术），兼具东道国和本国产业发展特色。丰富了"一带一路"的格局多样性，为各国创造了更多的就业机会。

### （四）合作方式

"一带一路"沿线中国境外经贸合作区的合作通常以中国传统优势产业为主导，专业化经营，以"平台化"给予各国更大的发展空间，通过平台使各企业能便捷地进行沟通交流。

### （五）园区形态

从功能上区分，"一带一路"沿线中国境外经贸合作区可以分为工业园区（市场寻求型）、出口加工区（出口导向型）、科技园区（技术研发型）、境外资源开发合作园区（资源开发型）、自由贸易区（综合型）等。

首先，境外经贸合作区已经成为中国企业"走出去"的重要支撑。中国境外经贸合作区的建设能够大幅降低"走出去"企业境外投资经营的风险和筹建成本，推进企业的国际化发展。境外经贸合作区的开发企业与国外政府达成协议后，东道国政府通常会出台相应的优惠政策，重点会在税收、土地、金融、基础设施配套、出入境等方面提供便利，企业审批手续简单，使商务投资环境呈良性化发展。

企业入驻境外经贸合作区除了可以享受税收优惠外，境外经贸合作区管理方还为企业提供全方位投资配套设施及服务，有些甚至建立起一站式服务中心。例如巴基斯坦海尔—鲁巴经济区、柬埔寨西哈努克港经济特区、泰国罗勇工业区等均设有免费咨询及"一站式"服务中心，内设独立海关、工商、金融等部门，减免手续，服务入区企业；泰国罗勇工业园也是如此，服务范围从企业考察人员落地接机到企业注册、各种许可证等都由工业园管理部门负责协调解决，后期企业经营中遇到其他问题，园区管理部门也会出面协调。显然单个企业"走出去"在海外建厂很难享受到东道国政府如此高质量的服务（包括税收优惠及配套政策等），在大幅降低企业的运营成本的同时提高了企业在陌生市场环境中的竞争力。

其次，使国内企业可以以较小的代价进入国际市场，有效地规避国际贸易壁垒，减少贸易摩擦等不利因素带来的损失。国内的企业通过招商引资集中到海外某个区域发展运营，可以视为解决我国产品饱受反倾销、反补贴等贸易壁垒困扰的重要方案。国内出口企业不仅可以充分利用东道国当地廉价的劳动力成本、土地成本等有利条件继续保持企业的出口竞争力，还可以改变产品的原产地，更加顺利地进入发达国家市场，规避了贸易摩擦。

最后，境外经济贸易合作区运营的国内企业可以利用地理上的集中性，变单独企业低效分散式的投资为高效集群式入驻方式，通过集聚效应促进区域内外企业的合作，形成规模经济效应，促进与东道国的深度合作。例如柬埔寨劳动力成本低廉、西哈努克港经济特区地理位置优越，而柬埔寨政府在《2015—2025 工作发展战略》中明确表示要引外资企业投资西哈努克省的轻、重工业，将其开发成为重要的工业区。因此中国企业在西哈努克港经济特区的落地和运营，既满足柬埔寨当地的工业发展需求，又为中国企业保持在全球价值链中的竞争优势提供了场所和空间，是一个中柬双方实现产能合作、产业互补的良好平台。

## 四、中国境外经贸合作区建设的国际影响

近年来，中国政府相继提出了"一带一路"倡议和开展国际产能合作的措施，推进境外经贸合作区建设是其中的重要内容。而目前，中国已经具备开展合作区建设的优势。中国在改革开放中建设了 5 个经济特区和 219 个国家级经济开发区，有力地促进了中国经济的持续增长，积累了宝贵经验。另外，中国与东道国开展合作区建设，坚持产业导向，中国企业在铁路、电力、船舶、通信、钢铁、石化、建材、轻工、家电等领域已经形成比较强的国际产业竞争优势，在充分考虑东道国的实际需求、资源禀赋、配套能力、市场条件等因素基础上，以产业合作为先导开展合作区建设恰逢其时。

### （一）全球复制中国经验

产业园区被认为是改革开放以来中国经济快速增长的重要经验，被认为是"中国模式"的重要特征。伴随着中国"走出去"步伐加快，国内工业园区经验开始向全球复制，影响力和作用不断增强。由于中国在国内建设开发区的成功经验以及近年来在境外建设合作区所产生的积极影响，合作区建设愈加受到相关国家重视。近年来，有 60 多个国家提出希望中国与其共建合作区。境外经贸合作区通过与所在国在经济、政治、社会、文化等领域的深入合作，开发区模式受到东道国政府和社会民众的认同，成为中国发展模式、管理理念、文化和价值理念等软实力输出的重要渠道和"走出去"的重要名片。通过与东道国分享中国发展经验与成果，分享中国建设开发区、设立特区的理念与管理经验，中国品牌、中国人才和中国标准"走了出去"。

通过境外合作区建设，有关国家从中了解了中国对外开放的发展理念和模式，成为借鉴"中国经验""中国管理"的重要途径，日益受到相关国家的认同与欢迎。例如老挝国会主席亚托杜表示赛色塔开发区项目是中、老两国政府共同确立的项目，不仅在推动经济发展方面有着重要意义，在政治方面也同样有着重要意义。关于开发区的投资优惠政策，

老挝政府已经有明确的法律规定,并根据周边国家政策情况,在不断修改和完善中,以制定更具有吸引力的投资政策,为招商引资扫除障碍。

### (二) 产能合作与社会责任

境外经贸合作区契合所在国发展诉求,是中国实现产业结构调整和全球产业布局的重要承接平台,为国内经济结构调整创造空间,有力地推动了装备"走出去"和国际产能合作。目前,合作区带动"走出去"中资企业的产业分布情况为轻工纺织类企业占30%,建筑建材类企业占15%,机械电子类企业占10%,资源生产加工类企业占11%,商贸物流类企业占20%。非洲、东南亚地区资源丰富,并处于快速城镇化过程中,对钢铁、水泥、电解铝等需求旺盛,国内优势产能转移过去大有市场。通过境外合作区建设,中国建立了有效利用境外矿产、油气、森林、农业等各类资源的渠道,有利于保障海外资源的长期、稳定供应。同时,境外合作区立足于资源综合开发利用,有力地回击和驳斥了一些认为中国开展境外资源合作是"掠夺资源"、搞"新殖民主义"的不实之词。合作区定位于加强资源综合开发利用,发展下游生产加工,增加资源产品附加值,推动了东道国经济和产业发展,把更多利益留在当地,留给当地人民,这是一种互利共赢的合作。

境外经贸合作区的发展有力地促进了当地经济的发展,履行了社会责任,树立了中国企业负责任的形象,巩固和深化了中国与相关国家的友好关系。

### (三) "一带一路"的重要抓手

境外经贸合作区成为"一带一路"的重要抓手,也是中国实现产业结构调整和全球产业布局的重要承接平台,并让世界读懂了中国共赢的投资理念。十多年来,中国积极与有关国家开展境外经贸合作区建设,取得了明显的成效。据初步统计,已支持的13家合作区中有11家位于"一带一路"沿线国家;正在开展建设和有意向建设的118家合作区中,涉及"一带一路"沿线国家的有23个。此外,还有25个国家政府提出要与中国共建36家境外合作区,其中一半分布于"一带一路"。

中国与"一带一路"沿线国家基本以境外产业集群工业园区的形式设立境外经贸合作区,这不同于传统的经济合作形式,这为中国企业实施"走出去"战略提供了新型平台,为中国企业境外权益提供了更好的保障。从境外经贸合作区产业集群工业园区的形式看,有利于国内中小企业利用产业集群优势,以抱团形式在国外经营,有效降低经营成本,同时合理规避一些风险。从境外经贸合作区的地理位置和涉及行业看,目前的境外合作区分布于东南亚、非洲这些欠发达的地区,境外投资的主要行业是资源、冶炼、轻工业、能源等中国传统领域行业。输出对象国大多经济水平相对落后,制度水平也较低,因此国内企业实施"走出去"战略存在较大的风险。而境外经贸合作区的设立,可以有效保护中国的投资者在相对落后发展中国家的投资安全,对中国中小企业到制度相对落后的国家进行投资和建设起到了巨大的保护作用。此外,境外经贸合作区为了鼓励中国企业实施"走出去"战略,进行境外投资,还会提供奖励政策。对于审核通过的经贸合作区,中国政府都会给予财政支持和一定数额内的中长期贷款。境外经贸合作区的设立,为"走出去"政策的实施提供了新型平台、安全保障和财政支持,为国内企业积极实施"走出去"政策注入了新动力。

中蒙俄、新亚欧大陆桥、中国—中亚—西亚、中国—中南半岛、中巴、孟中印缅六大经济走廊超越了传统发展经济学理论,六大经济走廊涉及的"一带一路"的相关国家选择部分毗邻区参加跨境经济合作,将经济走廊范围内的生产、投资、贸易和基础设施建设等有机地联系起来,进行一体化的经济合作。首先,经济走廊计划进行铁路、公路、光缆、能源管道等各种基础设施建设,为中国企业提供了许多对外承包工程的机会。在未来连通国家间的交通网络和能源管线等之后,也为中国进一步实施"走出去"政策打下了良好基础。其次,经济走廊开辟了中国与多国间的新市场,打开了多条贸易通道,等走廊彻底贯通后,还会辐射更广泛的地区,这为中国企业"走出去"提供了更为广阔的合作领域和丰富的合作机会。再次,经济走廊的建设为中国企业提供了许多优惠政策,许多合作国家会对中国企业提供各种外资优惠,这有利于中国企业进一步"走出去"。最后,经济走廊的建设为中国企业进行境外投资建设提供了各种可靠保障,为中国企业"走出去"营造了安全可靠的外部环境。经济走廊的建设从基础设施、市场、政策优惠和外部环境保障等多方面促进了中国企业"走出去"的发展和升级。

## 第二节 "一带一路"建设提升中国参与国际治理的主动权

### 一、"一带一路"倡议框架下沿线国家多边合作机制

"一带一路"倡议框架下沿线国家签订了多个多边合作机制,其主要有亚洲合作对话(ACD)、亚太经合组织(APEC)、中亚区域经济体合作(CAREC)、亚欧会议(ASEM)等。

### 二、"一带一路"倡议框架下区域国际合作论坛发展活跃

"一带一路"倡议框架下区域、次区域国际合作论坛主要有中国—东盟博览会、博鳌亚洲论坛、中国—亚欧博览会、欧亚经济论坛、中国国际投资贸易洽谈会、中国—南亚博

览会、中国西部国际博览会、中国—俄罗斯博览会以及前海合作发展论坛等。

### 三、"一带一路"建设规划中国与沿线国家自由贸易区建设

中国与"一带一路"沿线国家已经签署了七个双边自由贸易区协议，有力地推动了区域贸易自由化。当前，中国与"一带一路"国家的贸易与投资合作虽然不断深化，但仍需要进一步加强合作，为中国引领新一轮全球化储备力量。中国要将"自由贸易区战略"与"一带一路"倡议结合起来，重点在"一带一路"沿线范畴内加快自由贸易区的谈判，推动全球贸易自由化。在对外贸易方面，充分利用中国与沿线国家的互补性和竞争性，加强合作与交流。中国与南亚、东南亚和中东欧贸易互补性较强，具有较大的潜力，应进一步加强与这些国家和地区的政策沟通，促进贸易便利化。同时，要进一步优化中国对沿线国家的贸易商品结构，加强与沿线国家在先进制造业和高科技领域的合作，扩大非能源产品的进口，实现共赢局面。在投资合作方面，由于中国与东南亚、中欧等地区国家的生产结构类似，贸易竞争性较强，可以通过对外直接投资将国内优势产能转移到"一带一路"沿线国家和地区，形成新型产业链，带动相关地区经济发展，强化中国企业对产业链的融合能力和控制能力。此外，中国还可以将国内钢铁、建材、化工等产能过剩产业向沿线国家转移，促进中国和"一带一路"沿线国家对基础设施、产业和城镇布局、贸易和投资规划的调整，推动经济发展。

## 第三节 "一带一路"建设重视中国对外经济援助

对外援助作为主权国家的一种对外行为，其主要目标是促进和维护国家利益。当前发展中国家特别是最不发达国家消除贫困与实现发展的任务依然艰巨，中国作为发展中国家的一员，也积极推动南南合作，切实帮助其他发展中国家促进经济社会发展。由于"一带一路"经济体大部分是发展中经济体，部分经济体是中国长期以来对外援助对象国，"一带一路"建设启动以来，对外援助问题也是双边中长期合作规划中的一个重要问题。

### 一、对沿线国家经济援助的主旨

随着中国参与国际发展事务能力的增强，中国对外参与国际交流合作的强度也在逐渐增强，力求在力所能及的前提下，积极支持多边发展机构的援助工作，以更加开放的姿态开展经验交流，探讨务实合作。近年来，中国通过自愿捐款、股权融资等方式，支持并参与多边机构发展援助行动，对"一带一路"沿线国家展开援助。

中国对"一带一路"沿线国家的援助主要有以下特点：首先，从援助理念而言，受其自身发展经验及受援国经历的影响，中国的对外援助特意避免附加政治条件，将重点放在减少贫困和改善生计上，这是与日本等发达国家"以外援为杠杆，促进受援国改善人权、进行改革"的援助政策具有本质差别的地方。中国对外援助的宗旨在于减少贫困和改善民生，重点支持其他发展中国家促进农业发展，提高教育水平，改善医疗服务，建设社会公益设施，并在其他国家遭遇重大灾害时及时提供人道主义援助。

其次，从援助对象而言，中国的对外援助对象涉及亚、非、拉美、大洋洲、加勒比和东欧等地区大部分发展中国家，对最不发达国家和低收入国家的援助占中国对外援助比重的2/3左右。除此之外，中国还向非洲联盟等区域组织提供了援助。随着"一带一路"建设的推进，中国未来将会进一步扩大对外援助的规模，而新增的对外援助资金将会主要向"一带一路"沿线国家和地区倾斜。

然后，从援助规模而言，相比于日本等发达国家的对外援助，中国对"一带一路"沿线国家的援助资金中大多为无偿援助，其所占对外援助的比例接近40%，虽然由于经济发展水平的限制中国对外援助规模较小，但是其无偿援助的比例远超过日本等其他国家，并且近年来中国对外援助增长较快。

最后，从援助领域而言，中国的对外援助讲究发展引导性援助，即通过援助促进双边的合作、通过合作促进共同发展。长期以来，中国人都比较推崇"授人以鱼不如授人以渔"，即通过经济合作加发展援助的方式，来促进当地的经济发展。中国对"一带一路"沿线国家的援助项目分布在工业、农业、经济基础设施、公共设施、医疗卫生和教育等领域，重点帮助受援国增强经济和社会发展基础，提高工农业生产能力，改善医疗和基础教育状况。中国的对外援助领域主要集中在基础设施建设方面，而在社会基础设施方面的表现尤为突出，这是在"一带一路"倡议合作下的对外援助实践。

## 二、对沿线国家对外援助的新使命

在中国开启对外援助以来的60多年里，共向166个国家和国际组织提供了近4000亿元人民币的援助，而随着"一带一路"的推进，中国对外援助的规模进一步扩大。中国对"一带一路"沿线国家的援助坚持"平等互利、讲求实效、形式多样、共同发展"的四项原则，根据市场经济规律来实施援外项目，在"一带一路"倡议下，强调中国和"一带一路"受援国经济和社会的共同进步和发展。

## 三、经济援助对沿线国家中资企业营商环境的积极作用

中国对"一带一路"沿线国家的对外援助是南南合作框架内的"平等型援助"，在尊

重受援国主权、不干涉受援国内政、帮助受援国提高自主发展能力的核心宗旨下，使用政府对外援助资金向"一带一路"沿线受援国提供包括经济、技术、物资、人才和管理等在内的支持，其性质是"平等型援助"，既不像西方传统援助国那样附加严格的政治条件甚至干涉受援国的内政（"支配型援助"），又不像美欧日等发达援助国那样将对外援助作为强化受援国政治经济依附的有力工具（"依附型援助"）。中国对"一带一路"沿线国家对外援助追求的是援助国与受援国之间的"互惠互利""互利共赢"。中国的对外援助既能在资金上补充其他援助国或多边援助机构的供给不足，又能在非资金领域补足后者的短板，因而不是对国际社会的"挤出型援助"。除了双边层面的"一对一"援助外，中国在三方、区域和全球三个层面开展的对外援助行为，对国际社会向"一带一路"沿线受援国有效供给国际公共产品提供有益的补充，因此大大提升了中国的区域影响力。此外，许多"一带一路"沿线发展中国家基础设施不完善，极大地影响了境外合作区的发展，如入驻罗勇工业园的企业就因园区公共交通不便，而物资采购困难。也有中国境外工业园因水、电、气配套问题而阻碍了一些企业的入区，最终自己投资兴建电厂、拓展道路、疏通河道。据商务部驻越经商参处介绍，2014年越南全国各工业园区的平均入驻比率仅为60%，具有较为完善基础设施系统的越南—新加坡工业园区、升龙工业园区、阿马塔（Amata）工业园区等园区的入驻比率较高；而基础设施差的工业园入驻率仅为30%左右。外国投资商投资兴建的工业园区入驻率高于越南投资兴建的工业园区，其原因为越南投资的工业园区和经济区在规划方面存在连接性不强、不能发挥当地特有优势等不足。中国对外援助中很大一部分是援建受援国的基础设施，如道路、电信等，因此可以将中国对外援助与加强境外合作区建设结合起来，不仅改善中国企业的海外经营环境，同时也可以提升东道国的基础设施水平，进一步扩大中国在"一带一路"沿线国家的影响力。

# 第五章 加快构建"一带一路"经济合作促进政策体系

推进"一带一路"建设,有利于打造陆海内外联动、东西双向贯通的全面开放新格局,加强和深化与沿线国家之间的互利共赢合作关系,为促进中国和区域经济健康发展提供持久动力。将经济合作作为"一带一路"合作的优先领域和突破口,可以使沿线国家尽早分享合作成果,巩固和扩大合作共识,引领"一带一路"建设的长期持续发展。目前,中国与沿线国家之间的经济合作政策环境还存在许多不足和突出问题。进一步完善"一带一路"经济合作促进政策体系的重点应当放在加快双边和区域多边合作的机制化建设、推进对外投资和经济合作管理体制改革、扩大和沿线国家之间的贸易投资便利化自由化合作安排、提升跨境金融和生产性服务能力、加强境外产业合作平台建设等方面。

## 第一节 "一带一路"倡议的深刻内涵

共建"一带一路"是中国提出的合作发展倡议,既不同于联合国、世界贸易组织(WTO)这样的侧重某一领域的多边机制和 G7(七国集团)、G20(二十国集团)、ACD(亚洲合作对话)等诸边高层或务虚对话平台,也不同于欧盟、东盟、北美自由贸易区(NAFTA)和上海合作组织(SCO)这样的边界清晰的经济一体化安排。

"一带一路"倡议具有以下特征:一是涉及面广,覆盖政治、经济、外交、文化等诸多领域;二是机制多样灵活,务虚务实相结合,既有政策层面的对话、文化领域的交流,也有基础设施、经贸、金融等领域的务实合作;三是虽为区域合作,但具有开放性,不排除域外国家,与中国奉行不结盟、坚持发展伙伴关系策略一脉相承,展现出更大的包容性,可在更广范围内开展共赢合作;四是需要标准的统一互认和规则的兼容对接,但不是以"交换"为基础,而是以"共商、共建、共享"为原则;五是尚未建立专有机制,但有诸多现有机制可依托,并为新机制的建立创造了需求、奠定了基础;六是目标多元,不仅在政治上寻求互信,经济上追求共赢,而且强调协调、共享和绿色发展。

从本质上讲,"一带一路"倡议是中国发展理念、经验和模式的向外延伸,是中国文明理念和发展价值观的对外传播。"一带一路"虽然涉及面广,涵盖领域宽,内涵丰富,但形散而神不散,核心还是区域合作,通过传承历史、深耕现实,旨在将发达的欧洲经济圈、增长潜力较大的亚非国家以及充满活力的东亚经济圈紧密联通起来,推动技术、资金、劳动力、能源资源、市场等要素的高效配置,实现共赢发展。

"一带一路"不但是中国目前转型的重要平台和未来拓展发展空间的重要方向,而且是亚欧非大陆摆脱困境,建设利益共同体、发展共同体和命运共同体不可替代的战略依托。面对各种乱象和困境,唯有通过更大范围的合作实现共赢发展才能破解。中国转型升级,需要重新布局产业链、价值链、供应链,必须进一步加大"走出去"力度;欧盟久困于债务危机,"去杠杆化"导致内部投资、需求两低迷,也必须寻求合作伙伴拓展外部市场,提高其优质资产和先进技术的利用效率;俄罗斯、中亚国家拥有丰富的资源、肥沃的土地,但资金、劳动力均比较缺乏,农业基础设施落后,土地闲置严重,需要引入外力加快提升工业化、现代化水平;中东地区油气资源丰富,但大国博弈集聚,宗教民族矛盾交织,战乱不断,成为恐怖主义滋生的沃土,需要加强政治对话,建立稳定的经济合作发展机制,根除恐怖主义基因;非洲相关国家发展滞后,生活、教育、卫生条件差,是流行疾病高发之地,是联合国 2015 年后发展议程关注的重点,但非洲的发展潜力也比较大,劳动力资源比较丰富且劳动力结构比较年轻,世界有责任帮助非洲加快发展,非洲也有条件加快发展。依托"一带一路"建设,沿线各国可实现优势互补,加快发展,消除不稳定因素,促进和平和谐、稳定繁荣国际新格局、新秩序的形成。

"一带一路"虽有突出的全球公共产品特征,但现有国际秩序以及中国目前所处的国际地位决定了"一带一路"区域合作具有地缘经济与地缘政治的双重属性,美国自然地认为其"领导者"地位受到了挑战,日、印等大国战略压迫感上升,越南、菲律宾等与中国存在领土争议的国家认为形势对之越来越不利。这些政治上的考虑会反映在经济领域的合作上,消极、牵制、阻挠、对抗都可能发生。中国内要转型升级,外要和平崛起,决定了"一带一路"区域合作担负着经济上实现互利共赢、政治上建立互尊互信的双重历史使命,但中国自身又是一个发展中国家,有诸多问题亟待解决。所以,推进"一带一路"区域合作一方面要积极主动,另一方面要量力而行,守好安全底线,在意愿和行动之间确立良好的路线图,实现资源的有效利用。

# 第二节 "一带一路"经济合作的背景和形势

## 一、中国持续崛起

邓小平南方谈话以后，尤其是2001年以来，中国经济持续保持快速增长，即使在两次大的危机（1998年亚洲金融危机和2008年国际金融危机）期间，中国GDP占世界的份额仍保持稳定上升势头。近10年，中国经济占世界份额平均每年提升1个百分点，与美国经济总量的差距越来越小。"十二五"期间，虽然中国经济增速放缓，但与全球相比仍表现突出，每年对世界经济增长的贡献均超过了1/4，在全球经济中的地位更加凸显。

中国经济地位的显著增强产生了两方面的效果：一方面是对相关国家的吸引力上升，它们期待与中国合作，依托中国的大市场和高性价比商品的制造能力加快自身发展，分享中国发展的机遇；另一方面，一些国家对中国崛起变得更加警惕，采取竞争、遏制甚至对抗策略。

## 二、国际秩序正经历大的调整

和平与发展仍是当今世界的主题，有利于和平稳定、发展繁荣的倡议和举措仍受到广泛欢迎。欧盟持续实施且不断改进的睦邻政策，美国力推的跨太平洋伙伴关系协定（TPP）、跨大西洋贸易与投资伙伴协定（TTIP），日本强化的经济伙伴协定（EPA）建设，俄罗斯着力建设的欧亚经济联盟、东盟建设共同体等，均将"发展"作为重要目标。与此同时，随着发展中国家的群体性崛起和一些关键领域的重大技术突破，国际政治经济格局和全球治理体系正发生深刻变化。美国页岩气技术日趋成熟，成本大幅降低，"能源独立"取得重大进展，中东地区的战略意义相对弱化，加上伊拉克、阿富汗等地的"维稳"成本只增不减，亚太地区中国强势崛起，迫使美国在中东等地区进行战略收缩并向亚太地区转移。美国是全球唯一的超级大国，其战略调整引发一系列矛盾的发生，中东地区的回撤留下权力真空，各种矛盾集中显现，恐怖主义活动迅速蔓延；其高调重返亚太，为盟友提供战略担保和依托，致使中美大国关系和中国周边形势复杂化。国际经济格局的变化要求全球治理做出相应变革，无论是发展中国家还是发达经济体，对现有机制都产生了"不满"。发展中国家经济地位和义务上升，积极寻求相应的话语权，要求少数发达国家主导的治理体制做出变革调整；而发达经济体认为，发展中国家尤其是中国长期"搭便车"，实现了快速发展，对其主导地位的威胁越来越大。这种双重"不满"导致新一轮体制构建和规则制定竞争加剧,并推动国际秩序深刻调整和经贸规则加快重构。

## 第三节 "一带一路"倡导的合作理念

亚洲经济模式虽然在过去30多年取得了经济快速发展的成就,但是在当前国际金融危机的影响进一步深化、世界经济复苏进程曲折缓慢、全球市场剧烈震荡和风险频发的背景下,亚洲正在面临许多严峻问题和挑战,倡导和推进"一带一路"合作是促进亚洲经济可持续发展的迫切需要。

2015年3月28日,中国国家发改委、外交部和商务部联合发布了《共建丝绸之路经济带和21世纪海上丝绸之路的愿景与行动》(以下简称《愿景与行动》),对中国推进"一带一路"合作的思路、目标和举措做出了全面、系统的阐述,为了解"一带一路"合作的深刻内涵和核心理念提供了重要依据。我们可以从五个维度来认识和把握"一带一路"倡导的理念、目标和行动模式。

### 一、关于地区成员之间的相互关系

从地区成员之间相互关系的维度来看,"一带一路"的核心理念可以用三个关键词来表现:历史传承、开放包容、内外兼修。

#### (一)历史传承

丝绸之路是古代沿线各国人民为我们留下的珍贵历史和文化遗产,也是一个和平交往的符号和各国友好通商的象征。"一带一路"倡议是对古老丝绸之路精神的继承和发扬光大,"丝绸之路精神"就是秉持和平发展的理念,坚守友好交往的准则。近代亚洲曾经经历过一些外来势力使用炮舰打开一个国家大门,通过武力强迫其开展不平等贸易的年代。因此,亚洲更加向往丝绸之路所彰显的和平、平等、守望相助的交往理念。中国领导人提出这一倡议,也是基于世人对"丝绸之路精神"的普遍认知和共识。

#### (二)开放包容

"一带一路"区域合作坚持开放的地区主义,并不是排他性的。不论是区域内还是区域外经济体,都可以成为这一范围广泛的区域合作的参与者,并分享合作红利。参与方之间也需要坚持开放原则,积极推进市场融合和要素跨境流动。"一带一路"合作将更具包容性,不论是大国还是小国,不论是强国还是弱国,都有平等参与的机会和条件,也不会按照所谓的意识形态等各类标准画圈画线、区别对待。目前，美国、欧盟和日本等发达经济体主导的巨型区域贸易安排，对亚洲地区的大多数发展中经济体来说，将因此受到贸易和投资转移效应的冲击，难以从新一轮的区域经济一体化和全球化中分享贸易便利化和自由化的红利。为减少这一不利影响，通过更具现实性和舒适度的合作方式，加强和深化彼此之间的合作关系，对于维护亚洲区域发展中经济体的经济稳定与繁荣具有重要意义。亚洲地区在整体经济发展水平偏低的同时，国家之间的经济实力和发展水平差距巨大，发展不平衡问题十分突出，为了使大小不等、强弱不同的国家都能够分享合作的成果，开放、包容的发展合作是唯一的选择。

（三）内外兼修

按照古老丝绸之路的到达范围，"一带一路"沿线包括了中国在内的 65 个亚非欧国家，其中大多数是亚洲发展中国家。修好这些国家，也就是"区域内"成员之间的经济关系，是"一带一路"合作的重要目标之一。在过去很长的时间内，亚洲国家经历了多次经济危机的冲击和考验，主要原因之一在于区域内贸易和投资比重偏低，经济发展对外部市场的依赖性过强。因此，需要通过提升区域内经济的紧密程度来应对风险，加强彼此之间的合作则是必然的选择。但在全球化时代，任何一个区域的发展都难以独善其身，"一带一路"区域合作是开放的，修好与"区域外"国家之间的合作关系同样十分重要。全球任何一个经济体只要持有积极愿望，同样具有参与并分享合作红利的机会。亚洲基础设施投资银行意向创始国的构成，彰显了"一带一路"合作的开放性和全球属性。57 个成员国家中既有沿线国家，也有欧洲、大洋洲、美洲和非洲国家，遍及五大洲。今后成员还存在着继续增加的可能性。

## 二、关于地区合作的促进机制

从合作的促进机制来看，影响"一带一路"走向和进程的核心因素可以用三个关键词来总结：市场作用、企业主体、政策沟通。

"一带一路"倡议首先是由中国政府提出的，并得到了相关国家政府的广泛支持和积极响应。但是，推动"一带一路"合作，市场要起决定性作用，企业的参与和实际行动最为重要，也将成为评判区域合作成功与否的重要标志之一；政府必须按照市场规律办事，不能包办一切，更不能代替企业进行贸易和投资决策。毫无疑问，政府在推进合作方面负有不可推卸的责任，需要更好地发挥引导和推动作用，加强和完善政策支持手段，提供有效的公共服务和安全保障，需要完善市场竞争环境，维护正常的市场竞争秩序，为企业通过竞争获得收益提供良好的制度环境。从现实情况来看，亚洲国家的市场化水平存在较大差异，相互之间的政策沟通和协调明显不足，贸易和投资便利化水平偏低，各种风险也在不断积累。只有通过加强发展规划和战略对接，保持经常性的政策沟通和协调，才有可能形成各国企业平等竞争的区域市场格局，有效化解各类风险，营造稳定、透明、可预期和符合国际规范的营商环境。这既是其他地区国家长期积累的经验，也是近几十年以来，亚洲发展中国家不断面临的严峻挑战给我们带来的启示。

### 三、关于合作的优先领域

从合作的优先领域来看，"一带一路"合作首先应当从三方面开始起步：经贸先行、设施联通、资金融通。

#### （一）经贸先行

"一带一路"合作涉及的领域非常广泛，包括外交、经济、社会、文化、旅游等方方面面，贸易投资合作是其中重要的切入点。经贸合作不仅符合沿线各国的实际愿望和诉求，最容易达成共识，也是建设区域利益共同体的重要基础和纽带。经贸先行有利于让区域内各国人民尽早获得实实在在的好处，增强区域成员加强深度合作的信心和决心。根据世界银行（简称世行）数据计算的结果，亚洲地区经济增长对贸易和外资净流入的依存度分别达到35%和6.4%，远远高于全球平均水平。各国的贸易和投资增长作为地区经济增长的主要动力，推动效果大大超过世界平均水平。同时，沿线国家对外贸易和跨境投资实际增长也明显快于全球水平。这同时意味着对参与国的企业而言，合作中蕴含着巨大的商业机遇。近10年来，中国对沿线国家贸易和投资年均增长分别达到20%和40%，占中国全部贸易投资的比重分别接近1/4和1/5。随着"一带一路"合作取得积极进展，贸易投资环境将不断得到改善，中国企业投资和双边贸易将保持快速增长势头。这在创造企业收益的同时，也将为促进东道国经济和就业增长做出积极贡献。

#### （二）设施联通

基础设施落后是制约亚洲大多数发展中国家经济发展和贸易投资增长的重要因素。加强基础设施互联互通，有利于改善基础设施条件，便利贸易投资和人员往来，而且可以创造出基础设施建设的巨大市场需求，为各国企业提供重要商机，促进沿线经济发展和市场繁荣。设施联通对中国企业的意义尤其重大。中国企业在国际工程承包领域具有较强的国际竞争力，全球排名前250位的国际承包商中，仅中国企业就有将近65家，高居世界国别排序第一位；电力、铁路、公路、电信设施、港口和城市管网等许多领域都存在大量的商机。另一方面，沿线大多数国家基础设施严重落后，具有巨大的基础设施建设需求。

### (三) 资金融通

融资难是亚洲各国企业普遍面临的突出问题，每年大约有 8000 亿美元的基础设施建设资金需求难以得到满足，资金融通将成为沿线国家合作的关键支撑。面对巨大的基础设施建设需求，大批企业的贸易投资活动都需要有强有力的金融支持。亚投行的成立将为实现这一目标提供有效手段，各种基金的建立和商业金融机构的积极参与，将为企业提供更加便利的融资环境。股权融资、债券融资等金融创新工具也在不断诞生并受到鼓励、支持，企业的融资环境有望得到明显改善。亚洲金融危机以来，亚洲国家加快了地区金融合作的步伐，货币互换、本币跨境结算等金融合作举措也在进一步加强金融支持"一带一路"合作的能力方面发挥着积极作用。

## 四、关于合作的目标

"一带一路"合作追求的目标涉及经济、社会发展的方方面面，内容十分丰富。这里我们主要关注三方面的合作目标：互利共赢、绿色发展、民心相通。

### (一) 互利共赢

"一带一路"区域合作首先由中国提出，并得到沿线各国的高度关注和积极响应。毫无疑问，包括中国在内的所有参与方都会成为这一合作的受益者，从中分享区域合作与发展的红利。中国可以通过扩大面向沿线各国的贸易和投资，为自身经济可持续发展和结构调整拓展新的空间，形成新的发展动力；沿线各国也可通过巨大的中国市场和吸收来自中国企业的投资，为自身经济和就业增长创造更多机会。这一点在区域各国之间已经达成广泛共识。

### (二) 绿色发展

亚洲大多数国家仍处在工业化的初、中级阶段，经济发展对能源资源的需求日趋扩大，在技术落后、管理效率低下和缺乏资源配置有效市场机制的背景下，发展和环境污染、资源浪费之间的矛盾十分突出。实现绿色发展目标是亚洲经济可持续发展的重中之重。在具体举措上，一方面，可通过利用新技术、新产品改造传统产业，促进结构优化调整，提高资源利用效率，减缓对环境造成的压力；另一方面，可通过产业合理布局和产业合作，在维护经济和就业稳定增长的基础上，最大限度提高现有产能的利用效率，减少资源和能源消费新增压力。亚洲一些国家在绿色发展领域积累了非常丰富的经验，通过合作更多分享这些成果也是"一带一路"合作的一项重要内容。截至 2015 年底，中国推进的大型基础设施项目已经覆盖了沿线44个国家，严格的环保评估是启动这些项目的先决条件，中国的政策性和商业金融机构在面向"一带一路"投资企业的融资中已经全面采用国际上公认的"绿色金融"标准。"一带一路"倡导的是绿色发展的理念，要实现绿色发展的目标。用一句通俗的话讲，叫作"既要金山银山，也要绿水青山"。

### （三）民心相通

亚洲地域广阔，人口众多，文化多元，民族复杂，各国之间经济发展水平差异悬殊，历史遗留问题和现实冲突时有爆发，达成普遍共识仍存在较多的困难。因此，倡导合作的根本目的在于增进相互理解和信任，通过促进沿线国家经济繁荣与稳定，提升经济发展和民生水平，使民众能够尽早分享合作与发展的成果，促进社会和谐稳定和人民友好交往，形成文化交融、民心相通的良好人文环境和社会基础。

## 五、关于中国在合作中的作用

从中国在"一带一路"合作中应有的作用来看，可以用三个关键词来体现：大国责任、陆海统筹、东西双向。

### （一）大国责任

中国作为新兴的经济大国，需要为全球提供更多公共产品，为世界和区域发展做出积极贡献。这既是大国的责任和国际社会的期待，同时也是中国自身发展的需要。中国的GDP在"一带一路"沿线区域经济中的比重超过40%，贸易的比重接近三成。作为区域最大的经济体，中国的积极参与和大力推动，对于"一带一路"区域合作具有至关重要的影响。"一带一路"区域合作构想，尤其是共建亚洲基础设施投资银行的倡议，正是中国担当大国责任的具体体现，也是中国向全球提供重要公共产品的实际行动。

### （二）陆海统筹

以陆地和海洋国际大通道为重要载体，建设连接沿线各国的经济走廊，促进区域内外要素资源流动，是"一带一路"区域合作的重要作用之一。一方面，中国拥有1.8万多公里的海岸线，广阔的海洋将我们与世界主要国家和地区紧密联系在一起，为我们扩大对外开放和国际交往提供了重要通道，今后也将在中国推动"一带一路"区域合作中发挥重要作用。另一方面，中国还有2.2万多公里的漫长陆上边界线，与周边14个国家陆地相连。陆地通道是中国加强与周边各国经济合作的宝贵资源。统筹利用陆海通道对于便利和深化沿线国家经济合作具有重要意义。

### (三) 东西双向

中国过去 30 多年在向东开放方面取得了显著进展，东部地区充分利用沿海地缘优势，整合国际国内要素资源，加强与世界主要国家之间的贸易和投资关系，取得了率先发展的巨大成就。但是，广大的中西部地区作为"大后方"，远离国际大市场，对外开放和经济发展长期落后于东部地区，成为中国地区经济结构失衡的主要原因之一。"一带一路"区域合作将为中国向西开放带来重大机遇。向西我们将面对一个人口更多、发展潜力更大、内容更加广泛的国际大舞台，广大的中西部地区，尤其是西部沿边地区，将由开放的"大后方"转变为开放的前沿，有助于提升这些地区整合国际国内要素资源的能力和经济发展水平，形成东西双向的全方位开放格局。

## 第四节 "一带一路"经济合作的机遇和挑战

### 一、机遇

一是沿线大多数国家重视经济发展，并且合作潜力巨大。"一带一路"沿线大多数国家均将发展经济和改善民生作为第一要务。2015 年 11 月，东盟发布了《关于建立东盟共同体的 2015 吉隆坡宣言》和《东盟 2025：携手前行》等，规划了东盟 2015 年后发展愿景，希望通过加强经济合作，提升互联互通，维持经济的高速增长。另外，东盟还就银行、农林、交通、能源、旅游、电信等重点行业制订了未来五年或十年的发展规划；印度莫迪政府制订了雄心勃勃的"印度制造"计划，力求将高速增长变为印度的"新常态"；2012 年 12 月 4 日，哈萨克斯坦发布《哈萨克斯坦 2050》战略，提出跨入全世界发达国家 30 强的远大目标；中东国家、俄罗斯深受经济结构单一、能源资源价格大幅下滑之苦，也在力推产业结构的多元化。

"一带一路"沿线国家有 44 亿人口，占世界人口的 63%，平均收入不到世界平均水平的一半，GDP 增速比世界总体增速高 2~3 个百分点，增长空间很大，发展态势较好。根据中国社会科学院工业经济研究所发布的《工业化蓝皮书（2016）》，中国对"一带一路"沿线其他 64 个国家的出口，目前主要集中于相邻或相近的周边国家，向外拓展的空间还很大。2015 年，中国企业共对"一带一路"相关的 49 个国家进行了直接投资，投资额合计 148.2 亿美元，同比增长 18.2%，比中国对外投资总体增速高出 3.5 个百分点。

二是基础设施建设需求大，投资空间广阔。对于大多数"一带一路"沿线国家，基础设施是制约经济发展的突出瓶颈。根据世界经济论坛 2015 年发布的全球竞争力指数报告，在给出数据的 54 个"一带一路"沿线国家中，只有 4 个国家（新加坡、阿联酋、克罗地亚和斯洛文尼亚）基础设施竞争力指数不低于基础竞争力综合指数。"一带一路"沿线国家的经济总体发展水平较低，部分地区又长期处于战争状态，基础设施较为薄弱。

中国在基础设施建设方面有着较强的国际竞争力。美国《工程新闻记录》（ENR）发布的全球最大 250 家国际承包商排名显示，2015 年中国内地有 65 家企业进入榜单，数量列全球第一位，比美国的两倍还多。"一带一路"也是中国工程承包的重点区域，2015 年，中国企业与"一带一路"相关的 60 个国家新签合同额 926.4 亿美元，占中国对外承包工程新签合同额的 44.1%，完成营业额 692.6 亿美元，占同期总额的 45%。

三是金融环境改善，区域合作融资难问题得到缓解。中国与沿线国家和地区经常项下跨境人民币结算金额约 3 万亿元（估计数，2015 年前 10 个月中国为 3.55 万亿元，全年约为 4 万亿元，"一带一路"沿线国家占 80%），与 16 个国家签署了货币互换协议。除了亚洲基础设施投资银行和丝路基金外，中国还推动建立了金砖国家新开发银行、上合组织开发银行以及中国欧亚经济合作基金、中非基金、中国东盟投资合作基金、中欧共同投资基金、中哈产能合作基金等多双边金融机制。此外，人民币还加入特别提款权（SDR）篮子，在世界银行和国际货币基金组织的份额上升至第三位。中国工商银行、中信银行、中国银行等商业银行在海外设立分支和布点的步伐也在加快。

四是沿线各国重视区域经济一体化机制建设与合作，并且初见成效。在多边贸易投资机制建设进展缓慢的情况下，各国加强了对区域一体化机制建设的力度，这为中国推进区域经济合作创造了条件。"一带一路"提出两年多来，中国已与 20 多个国家签署了"一带一路"合作协议，与一些国家主导的区域合作已达成共识，如与俄罗斯就丝绸之路经济带和欧亚经济联盟的对接，与哈萨克斯坦、蒙古分别就丝绸之路经济带与"光明之路"和"草原之路"的对接，以及"一带一路"与韩国的"欧亚倡议"的对接等。2015 年 12 月于郑州举行的上合组织成员国总理第 14 次会议，在加强区域经济合作方面也取得重大进展，通过了共建丝绸之路经济带的区域经济合作声明，签署了《2016—2021 年上海合作组织成员国海关合作纲要》。

在自由贸易区建设方面，完成了中国—东盟自贸区升级谈判，启动了中马（马尔代夫）自贸区谈判和中国—新加坡自贸区升级谈判。中斯（斯里兰卡）、区域全面经济合作伙伴关系（RCEP）取得较大进展，结束模式谈判，进入实质要价阶段，并在争取 2016 年结束谈判达成共识。中国与海湾合作委员会（简称海合会，即 GCC）重启自贸协定谈判，争取在 2016 年签署协定。与格鲁吉亚正式启动自由贸易协定谈判，与欧亚经济委员会签署《关于启动中国与欧亚经济联盟经济合作伙伴协定谈判的联合声明》。"一带一路"自由贸易区网络建设几大支点已初步成形。

## 二、挑战

一是建设资金缺口大，中国实力有限。据亚洲开发银行估计，亚洲基础设施建设的资金需求是每年7300亿美元，世界银行、亚洲开发银行等多边金融机构能提供的为300亿美元左右，各国自筹资金约3000亿美元，缺口仍达4000亿美元。即使新成立的亚洲基础设施投资银行和丝路基金达到世界银行、亚洲开发银行提供的资金规模，再加上日本承诺的5年共1100亿美元，每年增加的供给规模也不到1000亿美元，仍会有1000亿美元的供求缺口。"一带一路"沿线亚洲国家多为发展中国家，沿线欧洲国家发展水平一般也比较低，资金情况并不好于沿线亚洲国家。就中国自身实力来看，2015年中国经济总量虽然居世界第二，然而人均GDP在8000美元左右，远低于美国、日本、德国、英国等发达国家3.7万美元以上的水平，况且目前中国仍有7000多万的贫困人口，可用于外部建设的资源有限。

二是恐怖主义势力集聚，恐怖活动频发。"一带一路"经过中东地区，而该地区号称世界"战略不稳定弧"。目前，伊拉克、叙利亚、利比亚、也门、阿富汗都在发生局部战争或冲突，各国政府之间和一国之内政府、反对派和恐怖主义之间的冲突错综复杂。区外大国之间又存在不同程度的分歧，使该地区的问题解决起来更加复杂，弱化了共同打击恐怖主义的效果。近期，恐怖主义活动有向非洲、西欧、东南亚等地渗透蔓延的趋势，给"一带一路"沿线国家的经济活动带来了较大的威胁。

三是与部分国家的领土争端矛盾激化，威胁到经济合作。东亚、南亚和东南亚地区边界问题复杂，许多国家之间存在领土争端。通过外交努力，中国与14个陆上邻国的疆界问题大部分已经解决，目前只与印度、不丹两国还存在划界问题。海上问题则相对复杂，与海上邻国基本上都存在或多或少的领海或岛屿争议。一些大国的战略调整，如美国重返亚太、日本解禁自卫权、印度向南海渗透等，使中国海上争端、热点不断，对深化经济合作构成了障碍，增添了风险。

四是大国博弈加剧，政治风险大。中国的强势崛起，引发美、日、印等大国以及越南、菲律宾等邻国产生战略焦虑和担心，对中国的态度趋于强硬。如美国由"接触加防范"策略向"接触加遏制"转变，日本在地区基础设施建设方面与中国展开激烈争夺，印度对中巴经济走廊建设持抵触态度，并在外交政策上呈现出与中国竞争态势。该地区部分小国又采取了"两面下注"策略，在国际合作上处于摇摆状态。不少国家内部也面临体制转型、政党轮替、领导人交接、民主政治转型、民族冲突等多重矛盾，政治上不稳定，政策延续性差，签订的协议效力弱，协定、合约政治风险大。中国以能源、矿产资源等初级品为主的进口结构以及对"一带一路"贸易伙伴总体的高顺差也易成为激起民粹主义的导火索。

## 第五节 推进"一带一路"经济合作的政策思路

### 一、推进思路

"一带一路"是首次以中国为主提出的重大区域合作倡议,也是在世界经济形势萧条低迷、国际经济格局深度调整、贸易规则重塑等复杂背景下提出的,并且面临一系列挑战,如沿线各国发展水平不一,文化差异大,宗教冲突矛盾多,历史遗留问题复杂,大国博弈力量集聚,战略互信赤字严重等。"一带一路"区域合作不是中国的"对外"合作,而是中国深植其中的大区域合作,这也是不同于以往贸易往来和零散对外投资的主要特征。在复杂形势下,我们既要迎难而上,又要保持头脑清晰,厘清思路,抓住重点,科学选择路径、模式,顺势而为,调动沿线国家积极性,充分利用外部资源,提升风险控制和防范能力,扎实稳妥推进"一带一路"区域合作。

#### (一)顶层设计应注意的问题

第一,要有统筹内外的思维。国内发展战略必须考虑"一带一路"区域合作大背景,中国"一带一路"合作政策也必须基于我们自身的实力和需要,做到内外结合,互利共赢,软硬实力相辅相成。例如,将国际产能合作与供给侧结构性改革结合起来,将贸易畅通与"优进优出"结合起来,将政策沟通、设施联通同建设全面型开放型经济体系结合起来,将民心相通和建设"美丽中国"结合起来。

第二,要有战略运作思维。"一带一路"经济合作是中国提供的全球性制度公共产品,但鉴于中国的大国身份,实难排除政治因素影响。面对复杂的博弈关系,我们一方面要坚持互利共赢导向,兼顾合作各方的利益平衡;另一方面,要尽量累积正能量,对意愿合作者积极沟通、协商,寻找共赢点,对中立者始终持欢迎态度,对竞争敌对者在开放包容的大原则下有策略地采取化解行为。在中国主导的投资机构运作上借鉴欧盟 NIF 运作经验,综合使用"一带一路"相关基金,撬动东道国资金,并建立"奖励合作"的管控,为项目合作和资金安全提供机制保障。

第三,要抓住重点,协调推进。伙伴关系建设、自贸区网络建设、基础设施互通建设、产业合作、能源合作、旅游合作、金融合作是重点。针对目前存在的信任赤字,我们一方面要承认分歧，表明坚定维护中国核心利益的立场；另一方面，要选择双边关系好、条件成熟国家确立典范，发挥带动作用。基础设施需求大，但障碍也比较多，在项目选择上不宜选择单边行动，一定要基于需求对接、利益共享，并同产业合作与贸易合作相结合，如对关联产业园区、经济开发区、商贸物流园区等进行整体性开发，充分发挥基础设施的作用，尽可能多地挖掘其经济效益。能源资源合作应尽力构建来源分散化、渠道多元化、使用多样化的合作格局，实现供应安全、利益均衡、长期可持续。

第四，要有防范风险意识。"一带一路"潜力很大，但充斥着政治风险、法律风险、文化风险、恐怖袭击风险等，兼之部分地区发展水平落后，政府的控制力、影响力较弱，中国重大项目建设必须有从建设到运营及资金回收等系统的考虑，否则任何一个环节出错，都可能会给中国带来无法挽回的损失。我们一方面要建立和完善风险防范体系，另一方面在商业决策时也要考虑诸多风险附带的隐形成本。

### （二）推进原则

在推进"一带一路"区域合作中，我们应遵循六字原则：一是"诚"，中国是倡议国，在动机上无须遮掩对中国有利，在角色上也毋庸讳言我们的主导地位；二是"公"，中国是主导者，也追求自身利益，但不寻求霸权，正当行事，公正分配，共建就有共享；三是"活"，合作不拘框架，不拘形式，只要能实现"帕累托改进"或"卡尔多改进"，我们就积极推进，并承担主导责任，确保效果；四是"实"，态度要务实，结果要实惠，只有给各国人民带来福祉提升，才可持续；五是"稳"，信息上做到知己知彼，谋划决策做到深思熟虑，实施推进要量力而行，积极主动但不要操之过急，顺应区域合作的发展趋势与规律，注意总结汲取区域合作的经验教训，遵从国际规则，减少阻力和风险；六是"新"，重视合作框架、模式、机制的创新，既要超越一般区域合作的封闭性、排他性，展现出更大的开放性、包容性，又要避免多边合作的低效率，提高合作机制的针对性和有效性。

### （三）重点把握六大关系

须重点处理好六方面的关系：一是"全球大国角色和中国自身可持续发展之间的关系"，中国的和平崛起需要我们主动承担大国责任和义务，积极参与全球治理，营造良好的外部环境，但同时也要认识到自身存在的差距，客观评估自身能力，谨防战略透支；二是"政府和企业之间的关系"，"一带一路"承担着发展经济与维护和平稳定的双重使命，既有商业利益也有政治利益，商业型项目企业应发挥主体作用，涉及政治利益的项目，政府应承担相应成本，两者可以密切协作但利益不能搅在一起，否则会产生严重扭曲；三是

"各国特有利益和区域共同利益的关系",应特别注意照顾到小国、不发达国家等缺乏话语权国家的利益;四是"区域内合作与区域内外合作的关系",特别是要处理好与美国等区域外国家的关系,坚持开放包容的合作理念,欢迎国际组织和区域外国家参与合作;五是"竞争与合作的关系",合作并不排斥竞争,良性竞争能够促进资源优化配置和能力效率的提升,有助于激发区域经济发展的活力;六是"着眼长远和务实推进的关系",既要确立美好蓝图和共同愿景,便于凝聚发展合力,又要避免急躁冒进、一哄而上、重复投资、恶性竞争,应脚踏实地,务实推进,确保成效,走可持续发展的道路。

## 二、促进政策体系建设的重点举措

加强和深化"一带一路"经济合作,促进政策体系建设至关重要。重点需要做好六方面的工作。

### (一) 积极灵活推进区域合作机制建设,营造良好合作环境

TPP 的宽领域、高标准代表着世界贸易投资自由化、便利化的大趋势,中国国内改革和对外开放都要有意识地向之靠拢。但同时也应注意到,目前大多数国家的发展阶段和具体国情尚不适合这一框架,TPP 不能满足这些国家开放合作、自主发展的现实需要。与 TPP "一刀切"和"拔苗助长"的行为模式区别开来,中国应继续为区域乃至全球提供可以弹性、柔性合作的公共产品,从总体磋商机制构建到双边发展规划对接,从重点领域合作到服务支撑体系建设,从共同推进多边机制到商谈区域型的自由贸易投资安排,多途径、多层次地推动区域经济一体化。依托现有机制建设好"一带一路"区域合作的四大支撑点:一是依托上合组织推进中国—欧亚经济联盟自贸区建设;二是基于中国—东盟自贸升级版推进"10+1+X"合作;三是在中东地区加快中国—海合会自贸区谈判进程,带动西亚、北非参与合作;四是通过与欧盟合作带动中国—中东欧"16+1"合作,通过与中东欧合作撬动欧盟参与合作,强化中东欧的支撑能力。此外,借机推进亚太自由贸易区(FIAAP)和 WTO 等多边机制建设进程,在更大范围内营造良好合作环境。

### (二) 依托伙伴关系,做实经济合作项目

截至目前,中国共建立了约 75 对不同形式的伙伴关系,覆盖了欧洲、东盟主要大国和所有金砖国家,基本形成了覆盖全球的伙伴关系网络。依托伙伴关系,可以开展广泛的经济合作,有利于提升中国伙伴关系策略的吸引力,形成对国家外交战略的有力支撑。建议整合中国单方设立的各种国际合作基金,作为伙伴合作基金统一调度运作,一方面可以提升资金配置的灵活度和效率,另一方面也可以作为经济奖惩机制发挥作用。

### (三) 发挥制造大国优势，引领区域产业合作新布局

中国有"世界工厂"之称，产业体系完善，产品性价比高，市场渗透能力强。"一带一路"沿线国家有较强的工业化需求，中国也有转型升级重新布局产业的现实需要，可以此为契机，加强中国境外服务和安全保障能力建设，支持优势产业"走出去"，充分利用邻国劳动力、能源资源优势，重点建设一大批跨境工业园区和境外工业园区作为重要支点，打造以我为主的区域生产营运体系。国际产业合作要用好四大抓手：一是沿海地区，利用产业基础好和海上运输便利、低成本、大吞吐量等优势，重点培育建设有全球影响力的先进制造业和现代服务业基地；二是沿边地区具有同相邻国家开展合作的地理优势，可加强与相邻国家和地区的发展规划对接，改善口岸和基础设施，制定更便利化的贸易投资政策，着力发展外向型产业集群，建设各具特色的对外开放基地；三是在内陆地区选择一批产业基础好、基础设施发达、人力资源丰富、交通便利地区，提升产业转移承接的便利化、积极性，打造一批国际化的制造中心、商业物流中心、研发创新中心；四是抓好境外工业园区、经贸园区建设，深入研究，做好顶层设计，制订专项规划，完善考核机制，围绕园区发展完善服务保障体系，打造企业"抱团出海"平台。

### (四) 加强与资源国的双向合作，通过利益绑定的方式保障资源供应安全

一方面，继续推进资源进口来源渠道多元化，以多方供货的方式分散风险，平抑价格；另一方面，要通过加强利益绑定的方式巩固安全纽带。此轮资源价格的大幅下调使资源依赖型国家深受"资源诅咒"之苦，产业结构多元化的动机很强，而中国比较优势发生变化，亟须在全球范围进行产业布局。可将两者结合起来，加强在资源国能源开发项目上的合作，配套基础设施建设、上下游产业合作，以及金融合作。鼓励企业到资源国投资炼化、物流运输等中下游环节，生产基础化工和衍生产品，并帮助东道国提高能源化工产品的外送、出口能力，缓解制成品贸易失衡问题。同时，以市场换资源，鼓励产油国石油公司来华投资炼化、销售等中下游业务，通过产业、投资、贸易等综合手段巩固与资源输出国之间的关系，促进利益共同体、命运共同体的形成。

### (五) 加强软、硬件环境建设和设施联通，大幅降低区域合作成本

确立设施联通大概念，除了铁路、公路、电线电缆、管道等硬件相互连接、布局成网外，还包括通关政策的便利化以及设施标准、技术标准和运营模式等软件的兼容。中国在"一带一路"设施联通中，应更多地强化引领者和组织者角色，在区域基础设施合作机制、重点项目选择、平衡各方利益方面发挥带头作用。其重点工作方向：一是为该区域基础设

施建设和互通提供基础研究公共产品，如从资源分布、经济发展、经济合作、分工趋势等维度出发加强综合性、基础性研究，向相关国家展示设施联通的现状、瓶颈、问题、难点以及未来发展蓝图和建设路径，提出关键大通道和重要设施支点建设的建议和实施方案，发布可行性评估报告，并做好宣传共享；二是整合中国在该区域已设立的多双边基金中的基础设施投资业务模块，建立统一的基础设施互通基金，利用PPP等模式发挥对其他资金的撬动作用，对符合区域经济一体化趋势、条件比较成熟的重点项目给予优先支持；三是加强对基础设施落后国家的技术援助，分享中国模式、经验，输出中国标准，提升该区域基础设施规划、建设、运维以及物流、海关管理能力，使设施软、硬两方面的实力都有很好的对接。

（六）综合利用各种金融工具，有力支撑实体经济国际化和竞争力升级进程

除了国家开发银行、中国进出口银行等政策性银行外，中国主导成立亚洲基础设施投资银行、金砖国家新开发银行、上合组织开发银行等多边银行机构，同时设立丝路基金、中国—欧亚经济合作基金、中非基金、中国—东盟投资合作基金、中欧共同投资基金、中哈产能合作基金等平台，各种平台应各有定位，有所侧重，相互补充配合，协调发挥作用。时机成熟时，可对现有多双边基金进行整合，统一调度使用，创新投融资模式和工具，调动利用东道国、国际金融机构等多方资源，通过广泛合作、发挥互补优势，降低成本，分散风险。

此外，要放宽经营业务限制，提高跨境资本运作便利化水平，鼓励商业银行"走出去"，开展本地化运营，提高服务覆盖面。继续推进人民币国际化，扩大人民币互换协议规模，利用国内自由贸易试验区先行开放优势，加快发展跨境投融资服务，加强对"走出去"企业的金融支持。

# 第六章 "一带一路"区域合作机制建设

"一带一路"建设规划是中国提供给世界的一种公共产品,是旨在通过深化与沿线国家的经贸投资合作,共创和共享发展机遇,促进区域乃至全球经济繁荣的战略倡议和行动。这一倡议已经得到国际社会的高度关注和积极响应,逐步成为区域各国的广泛共识和实际行动。加快沿线区域的合作机制建设,是解决"一带一路"推进过程中的实际问题、实现上述目标的重要途径,值得关注和深入研究。"一带一路"合作机制建设,不会替代现有区域或次区域合作机制,也不应与既有机制相竞争,而是着力于为这些机制注入新内涵、增添新活力、提升新高度,促进"一带一路"沿线国家和区域更快、更好地发展。为此,我们从推进"一带一路"建设的必要性,目前沿线区域合作,特别是机制合作面临的问题和解决思路,以及未来完善区域合作机制的政策建议等方面进行分析和探讨。

## 第一节 推进"一带一路"建设具有重要的现实意义

### 一、应对全球经济深度调整,适应区域合作新趋势

目前,世界经济面临持续低水平增长局面,全球国际贸易和跨境投资形势严峻。金融危机后,世界经济复苏缓慢,各国都面临经济转型和结构性变革压力,经济增长预期和市场信心普遍下降。全球货物贸易连续四年负增长,预计短期内不太可能出现2008年金融危机之前世界经济推动全球贸易迅猛增长的情景,即被有些学者称为世界贸易发展的"超全球化"时代。

区域经济合作已成为参与国际竞争与合作的新热点。随着信息技术与全球化深入发展,各国经济融合不断加深,协同合作成为恢复信心、应对危机和解决全球性议题的关键出路。多边谈判长期受阻,区域合作成为各国参与国际竞争与合作的重要内容和新趋势,进一步增强合作的意愿显著增强。在此背景下,区域和双边自由贸易协定(FTA)持续快速增长。

推进"一带一路"建设是顺应新形势发展的需要,通过深化与沿线国家的经贸投资合作,有助于中国与沿线国家共创和共享发展机遇,拓展经济发展空间,促进沿线各国、区域乃至全球经济繁荣发展。

## 二、推动沿线地区经济稳定和贸易投资发展,为中国新常态下的转型升级提供新的机遇

"一带一路"区域经济与贸易投资发展已成为亮点。金融危机后,在中国等新兴经济体群体性崛起的带动下,发展中国家日益融入经济全球化和国际生产网络,"一带一路"相关国家在推动世界经济增长和跨境贸易投资中的作用日趋显现。一是沿线国家经济呈现较好发展态势,经济增长指标高于世界平均水平,对推动世界经济增长做出了巨大贡献。二是丝路沿线国家的对外贸易增长明显快于全球平均水平。三是这一地区具有吸引外国跨境投资的较强优势,互联互通成为改善投资环境的重要因素。跨境直接投资净流入增长对这一地区经济增长的带动作用明显加强。

"一带一路"框架下加强经济合作,将为中国结构升级和提升在全球价值链中的地位提供重大机遇。按现有"一带一路"沿线涵盖65个国家的口径,沿线人口多达44亿,占全球的63%,经济总量占全球GDP的29%。长期以来,中国十分重视与沿线国家的经济往来与合作,相互之间保持了密切的经贸关系并且发展日益深入。

随着中国加快经济发展方式转变,创新驱动将成为新常态的主要特征之一。在此基础上,如何实现经济结构转型升级和产业布局调整、构建新的区域生产网络,关乎提升全球价值链地位的战略大局。未来在"一带一路"框架下进一步加强合作,将有助于推动沿线地区经济稳定与可持续发展,更有助于为中国对外贸易与投资拓展新的空间,为中国结构升级和提升在全球价值链中的地位提供重大机遇。首先,中国在全球生产网络中总体处于中低端位置,但在"一带一路"沿线具有相对较强的价值链领先优势。特别是,相比处于工业化初、中期阶段的沿线多数国家,中国具有较为成熟的产业体系和较强的价值链获益能力。通过加强区域合作和面向沿线地区的投资布局,可以利用市场、技术、资金等优势,构建由中国掌握核心环节的价值链,依托区域生产网络提升在全球价值链中的地位。其次,中国将通过对"一带一路"沿线投资,转出部分国内传统产业,在土地、资源和人才等要素稀缺、成本上升的背景下为发展高端产业腾出空间,促进国内生产制造向价值链高端环节移动,这有利于促进中国国内产业结构升级。

## 三、满足中国新常态下构建开放型经济新体制的需要

在中国改革开放进程中,采取东部沿海地区先行开放的策略取得了巨大成就。尽管近

年来，随着东部地区增长放缓、中部崛起和西部大开发等战略的实施，中西部地区在吸引外资和对外贸易发展中取得了积极进展，有时增长速度甚至高于东部地区，但东部地区在中国 GDP 增长、对外贸易和吸引外资中仍占据 80% 以上的份额。

党的十八届三中全会提出"构建开放型经济新体制"，五中全会提出"完善对外开放战略布局，推进双向开放""打造陆海内外联动、东西双向开放的全面开放新格局"的战略。"双向开放"的目标是构建广泛的利益共同体、命运共同体，谋求与世界经济的互利共赢。推进"一带一路"建设契合了中国进入经济发展新常态背景下，打造全面开放新格局的发展需要。即在进一步深化沿海地区对外开放模式创新的同时，通过发挥关键节点的作用，加大力度推进中西部和内陆地区开放型经济的发展。例如，将云南、广西、新疆等地打造成向西开放的桥头堡，加速推进沿边地区国家重点开发开放试验区建设，通过提高边境经济合作区、跨境经济合作区发展水平，打造区域开放发展的新高地，带动周边省份和地区开放发展，满足中国经济转型发展、构建全面开放的高水平开放型经济新体制的需要。

### 四、破解国际贸易投资体系重塑带来的压力

近年来，发达国家加快新一轮国际经贸规则重构，加快构建跨地区自贸安排。美国力推的 TPP 谈判完成，美欧之间的 TTIP、日欧 FTA 加快推进，区域一体化出现大型化趋势。发达经济体将自由化重点转向投资和服务市场开放。例如，美国制定 2012 年投资协定模本，部分国家以设立更加开放的服务贸易新规则为目标，发起新的服务贸易协定（Trade-In Services Agreement，简称 TISA）谈判；全球贸易投资规则出现高水平、高标准的自由化趋势。TPP、TTIP 和 TISA 等欧美主导的区域贸易投资制度性安排或国际协定谈判，自由化标准更高，涵盖范围更广，排他性增强，并将涉及成员国经济管理体制与监管协调的"新议题"，纳入多双边 FTA 或国际经贸规则谈判；跨境投资领域竞争合作日益活跃，各国也在积极商签或修订涉及投资的国际协定。根据联合国贸发组织（UNCTAD）的资料，国际投资体系中双边、区域以及诸边投资协定（IIA）已达 3271 个，2014 年至少有 50 个国家或地区在重审或修订其国际投资协定范本。

新形势下，中国市场开放和经济管理制度改革面临前所未有的压力。加快实施 FIA 战略是中国改善经贸关系、发展高水平开放型经济的重要举措。党的十八届三中全会提出"构建高水平自贸区网络"，中国积极参与区域经济合作，自贸区战略取得了较大实际进展。目前，中国已对外签署了 14 个自由贸易协定，涉及 22 个国家和地区，2014 年贸易覆盖率达到 38%。

当然，FTA 是区域一体化重要而非唯一的驱动力，应促进多种方式协调发展双边经济

合作，如产业合作、研发与创新合作、投资与金融合作、基础设施建设和能力建设等功能性合作领域，都能够在提升发展水平、密切经贸关系、凝聚区域共识等方面发挥十分重要的作用，也能够促进区域更高层级、更大范围的一体化进程。包容开放的区域合作，有利于破解新一轮国际经贸规则重塑带来的压力。

### 五、适应中国参与全球治理、承担更多国际责任的新要求

国际金融危机发生后，在全球治理领域出现两方面新的变化。一方面，全球化深度调整，世界经济格局发生深刻变革，与全球治理相关的全球性议题明显增加。深化合作共同抵御风险的意愿不断增强，世界各国希望改革和完善国际经贸规则、加强全球治理的呼声不断提高。但从发展现状看，全球治理呈现碎片化趋势，全球性议题增多，治理主体多元化，各方矛盾利益交织复杂，政策目标不一致，全球治理的难度逐步加大。另一方面，各方对中国所起作用和承担责任的期待也发生了变化。随着经济的快速发展和综合实力的显著提升，中国给世界经济发展注入了新活力、带来了新的增长动力，同时对国际经贸格局变化的影响力也逐步加大。与此同时，国际社会对中国在全球治理中承担更多责任、扮演更重要角色的期待显著增强，特别是新兴经济体希望中国引领其获得与实力提升相匹配的话语权等期盼增加。

作为一个崛起中的新兴大国，中国需要相应地承担更大、更多的国际责任。"一带一路"倡议是引领中国未来对外开放的重要战略，更是中国参与全球治理的一个重要突破口。一方面，"一带一路"可以为沿线国家，特别是亚欧国家之间搭建有效的沟通与合作平台，既有助于解决区域发展中的瓶颈问题，也有助于为区域乃至世界经济增添活力；另一方面，"一带一路"所倡导的"开放包容、互利共赢"，也将为构建更加公正合理的全球治理体系提供新的理念和合作模式。此外，在发达国家主导国际合作机制的背景下，中国通过着力完善"一带一路"区域合作机制，将为提升中国国际影响力和治理能力提供试验平台，是中国提供全球性公共产品的有益尝试和补充。

## 第二节 "一带一路"合作机制构建面临的现实困难

### 一、沿线多数国家经济发展水平较低，各国发展差距较大

根据世行国别数据计算，"一带一路"沿线国家2013年人均GDP仅为5050美元，不到世界平均水平（10500美元）的一半。其中，约占区域人口数量90.8%的35个国家人均

GDP 为 3862 美元，仅相当于全球平均水平的 35.7%，与区域内最高 10 个国家人均 GDP 达 35400 美元的水平相差近 10 倍。发展水平的巨大差距，发展阶段和增长目标的不同，将影响整个区域的合作进程。世行中蒙韩局局长 Hofman 就曾表示，"只有每一部分（或至少很大一部分）都建立起来，好处才会累积起来"。

## 二、对外贸易严重依赖区域外市场，居全球价值链中低端

由于经济发展水平差异巨大、地缘政治复杂等，"一带一路"沿线地区缺乏以本地区成员为主、具有广泛代表性的多边或区域自贸安排等高效合作机制。与欧盟、北美自由贸易区相比，亚洲地区的区域内贸易比重相对较低。

## 三、部分国家开放度不足，建立高水平区域安排难度较大

"一带一路"沿线多为发展中国家或转轨经济体，有些刚刚加入 WTO（俄罗斯 2012 年 8 月正式加入，也门和哈萨克斯坦分别于 2013 年和 2015 年获批加入），乌兹别克斯坦、阿富汗、伊朗等尚在 WTO 之外。而且，沿线国家相互之间的口岸合作机制尚未形成，基础设施建设标准与规范不一致，通关程序不统一，便利化程度有待提升，物流成本偏高。开放进程滞后，开放程度不足，短期内在沿线区域建立高水平区域贸易投资一体化机制安排的难度还比较大。

## 四、多数地区基础设施建设难以满足实际发展需要

沿线部分国家由于经济发展水平较低，交通、通信、港口等基础设施建设落后，互联互通程度及便捷度严重不足，大大影响了跨境贸易和投资的规模与效率。特别是，相对于基础设施建设的巨大需求，目前区域内国家依靠自身或亚行等现有多边发展银行的资金投入规模和融资能力等差距巨大。

## 五、多重风险和非经济因素影响交织存在，地区战略互信有待增强

沿线绝大多数国家对"一带一路"倡议积极响应，很多也主动要求支持和加入中国倡议的亚投行，不少具体项目已经在规划和实施中。但"一带一路"沿线国家覆盖范围广泛，地缘政治风险、国家风险、市场风险和金融风险等并存，在日趋复杂和竞争激烈的国际经济背景下，文化多元性、宗教多元性以及区域外大国干扰等非经济因素影响更不容忽视。

### 六、多种机制并存，须着力推进后续落实与通力协作

由于发展中国家众多，不少国家法律法规尚不健全，政策沟通不充分，更无法达到发达国家倡导的监管一致性等高水平区域合作要求。就目前情况看，"一带一路"机制建设的总体目标明确，但在"一带一路"沿线有多种合作机制并存，涵盖国家范围、合作范围等相互交叉重叠。有的中国已参与，有的中国未参与；有的全部在"一带一路"沿线范围内，有的只是部分覆盖；有的合作紧密，有的则较为松散。现实情况的复杂，导致沿线及区域外国家对于"一带一路"的合作机制和推进思路尚不清晰，如果不能清晰地阐述和明确，将难以达到助推和引领区域深化合作的作用和效果。

## 第三节 推进"一带一路"合作机制建设的基本思路

构建合作机制，是推进"一带一路"建设的重要保障。在构建合作机制过程中，基本思路包括五方面：一是遵循"一带一路"建设"开放包容"的基本原则；二是在整体谋划的同时突出重点、循序渐进；三是以重点领域的合作机制创新，加强解决现实问题的针对性；四是中国要勇于承担大国责任，发挥引领与贡献作用；五是处理好五大关系。

### 一、坚持开放包容、务实灵活

"一带一路"是中国新阶段推进对外开放的重要构想，更是中国提供给世界的一种公共产品。习近平主席讲"一带一路"建设不是中国一家的独奏，而是沿线国家的合唱，是需要所有参与其中的国家共同来完成的历史性任务。"一带一路"机制建设，不是要强化中国对外一对一的双边合作，而是要搭建区域合作机制与平台。因此，在合作中要体现开放、包容的原则，强调自愿参与，保持合作空间开放、合作方式开放（同时促进制度性安排与功能合作）、合作领域广泛。

如此大范围的跨区域合作，成功的关键是找到中国和其他沿线国家的利益交会点，努力超越一国利益和诉求，共同商议，共同建设，共同发展，共享成功。当然，"一带一路"跨区域广泛，沿线国家发展水平差距大，贸易投资环境参差不齐。为此，"一带一路"区域合作既要符合全球化发展趋势，又不能照搬欧盟或北美自贸区等其他区域的一体化发展经验，更须有别于当前高水平区域贸易投资制度性安排的新趋势。推进"一带一路"建设，需要正视沿线各国、各次区域的发展现状和水平，适应其发展需要和诉求，在求同存异的同时寻找利益交会点，通过灵活务实的合作挖掘发展潜力，促进沿线经济增长与繁

荣。

## 二、注重整体谋划，突出重点，循序推进

"一带一路"建设是一个系统、庞大的工程，既需要整体谋划，也需要在顶层设计的指导下突出重点，先易后难地循序推进，突显合作机制的实效和示范效应。

中国已提出倡议和行动方案，下一步还需要和所有的成员国共同商讨，与沿线国家和区域做好发展规划的对接。在合作领域上，可以区域合作发展需求强烈的基础设施互联互通为突破口，以贸易投资合作为纽带。为此，可通过成功合作的示范性项目，使沿线国家和人民获得实实在在的合作收益，提高参与区域深度合作的意愿；在国别选择上，应该选择那些政治上比较稳定、发展基础比较好、潜力大、区域影响力较大的节点国家，优先开展国际合作。值得注意的是，"一带一路"建设也是长期、动态的过程，顶层设计与整体谋划并非一成不变，需要随着形势和需求的变化而不断丰富、不断拓展。

## 三、机制合作须针对和解决现实问题

未来"一带一路"区域合作机制的构建和完善，应着力针对区域发展的特点和存在的问题，增强针对性和有效性。例如，针对沿线国家对区域外贸易高度依赖和产业网络发展不足的问题，应加强区域内产业合作与贸易投资合作机制建设，通过构建区域内市场和生产网络，优化资源配置，增强国际竞争力和抵御外部风险的能力，提升在全球价值链中的地位和实际收益。针对区域内国家开放不足、构建高水平自由化安排存在较大困难的问题，合作机制的首要任务应是通过开放合作与政策协调，积极消除贸易投资壁垒与障碍，促进区域内商品、服务和生产要素等自由流通；针对投融资缺口巨大的问题，应加快构建区域内投融资平台与合作机制，通过合作增强金融服务与支持；针对非经济因素的困扰，则应通过政策沟通机制，努力增强沿线国家的命运共同体意识，消除疑虑，以合作共赢促进区域稳定与繁荣。

在覆盖范围如此广泛又缺乏统一的区域合作机制下，"一带一路"合作机制建设，就是要注重实效，以解决现实问题为重。

一方面，应与区域合作的重点领域相匹配，起到引领和促进作用。另一方面，应充分利用和发挥现有机制。《愿景与行动》强调，推进"一带一路"建设，不会另起炉灶，将充分依靠中国与沿线国家既有的多边、区域和双边机制，增添新的合作内容，激发新的活力，着力避免合作机制构建多而后续落实不力的问题。

沿线各国的发展战略、各类区域或次区域合作机制之间应加强协调对接，最大限度发挥合力。

要积极采取具体行动加以落实、推动，正如中国领导人所言："这些措施不是在试探，而是堂堂正正把计划和倡议放在桌面上，不仅有规划、项目，还有资金支持，是中国对世界的承诺。"

## 四、中国要勇于发挥大国引领和促进作用

从历史经验看，区域集团的市场核心和主导者，都曾在区域发展进程中积极构建合作机制与平台，促进区域合作拓展领域、提升水平。

经过改革开放40年来的努力，中国已经成为全球排名第二的经济大国。中国发展受益于经济全球化的良好外部环境，也为推动世界经济发展做出了巨大贡献。金融危机后，中国经济对世界经济增长的贡献日益突显，不仅超过美国，而且在近两年全球经济陷入深度调整后仍是贡献最为突出的经济体。

中国市场规模和需求潜力巨大，在促进来自"一带一路"相关国家的进口，满足自身生产和消费需要的同时，也为其他成员提供巨大的商品和服务市场。我们以贸易增加值核算方法，测算中国和美国的最终需求增长对APEC主要成员的经济增长（增加值）的拉动作用。测算结果表明，APEC成员间经贸关系紧密，经济相互拉动作用日益增强；过去十年间中国对其他成员的拉动作用影响显著提升；对多数成员来讲，中国需求对其GDP增长的拉动效应已超过美国需求。未来5年内中国的累计进口将超过10万亿美元规模，如果按目前"一带一路"国家占中国进口1/4的保守估算，将会为这一地区提供超过2.5万亿美元的出口机会，对这些国家的发展将发挥重要作用。

加快实施FTA战略是中国为改善对外经贸关系、发展高水平开放型经济的重要举措。进入21世纪以来，中国积极参与区域经济合作，大力实施自贸区战略，取得了较大的实际进展。目前，中国已对外签署了14个自由贸易协定，涉及22个国家和地区，贸易覆盖率已达38%。数据分析表明，中国与FTA伙伴的双边贸易增长明显高于平均增长水平，贸易自由化安排对促进双边贸易加快增长发挥了积极的作用。

在今后一个相当长的时期内，中国需要继续通过持续发展解决自身存在的问题和不足，良好的外部环境至关重要。而随着中国经济大国地位的逐步上升，中国有能力也需要在世界经济发展和全球治理中承担更多与自身发展水平相适应的责任，实现与世界各国的共同发展。中国政府不仅提出了"一带一路"倡议，且率先准备在这个倡议实施过程中做出尽可能多的贡献，发挥引领和促进作用，即发挥一个主要的倡导者、贡献者的力量。

## 五、处理好五大关系

作为国际合作模式的重大创新，"一带一路"是崛起中的中国为世界提供的公共产品，

引发了国际社会的高度关注。正如国务院发展研究中心李伟主任所说，未来"一带一路"贸易投资合作也要处理好五大关系：一是"着眼长远和务实推进的关系"；二是"各国特有利益和区域共同利益的关系"，即在推进过程中应特别注意顾及小国、不发达国家，特别是最不发达国家的利益，要让这些国家从区域合作中享受发展的好处；三是"竞争与合作的关系"，以良性竞争促进相关各方的合作与发展，以开放包容让更多国家和地区分享合作成果和收益；四是处理好政府引导、民间参与和市场为主之间的关系；五是"区域内合作与区域内外合作的关系"，特别是要处理好与美国等区域外大国的关系，释疑解惑，积极邀请、吸引更多的国家参与"一带一路"建设，为区域发展和世界经济注入新活力、新动力。

## 第四节 "一带一路"区域合作机制构建的建议

在"一带一路"推进过程中，如何构建与完善合作机制，为沿线各国所关心，也为世界所关注。客观上讲，随着全球化深入发展与经济格局变化，区域合作机制需要不断创新。从实践上看，中国提出筹建的亚洲基础设施投资银行，作为现有多边发展银行和跨国投融资合作的有益补充，已经取得积极成效，为中国在经济领域真正参与并主导全球治理探索了有效路径。

当然，为了避免在初期刺激某些国家、改变大国博弈格局，中国提出"一带一路"不以构建新机制为目标，这是符合当前国际形势与实力对比的明智选择。值得注意的是，从沿线区域现有的多个合作机制来看，其地域的代表性和合作的内容都难以实现"一带一路"全方位合作倡议的目标，且各机制的宗旨与合作目的已经固化，再调整确属不易。为此，长期来讲，随着"一带一路"建设推进与区域合作深化，需要不断完善合作机制。

推进"一带一路"机制建设，应遵循先易后难的原则，从具有共同利益的领域入手，通过机制构建推动沿线国家合作取得切实的成果，扩大合作的影响力和号召力，为进一步推进合作奠定有利基础和机制保障。为此，建议当前从四方面着力加以构建和推进：与现有各国发展规划和区域合作机制对接，在重点领域注重合作机制创新，加强服务支持机制构建，逐步建立区域一体化的机制安排。

### 一、加强与其他国家发展规划及现有合作机制对接，寻找利益共同点

《愿景与行动》强调，"一带一路"建设不仅不会与既有合作机制相互竞争，还将充分依靠中国与有关国家既有的双多边机制，借助既有的、行之有效的区域合作平台，为这

些机制注入新的内涵和活力。

一是以双边合作为加快推进的着力点,加强与沿线国家和关键区域的共同商讨,做好发展规划与总体目标的对接。这样就不仅不会与"一带一路"沿线国家争夺发展资源,还会起到优化资源配置、优势互补、相互促进的作用。

二是以现有多边、次区域合作机制为重要框架,鼓励区域成员之间加强对话与政策协调,着力充实和深化已有合作机制。例如,中国—东盟合作机制以实质性的一体化合作框架为基础,通过自贸区升级版磋商与建设、搭建更高水平合作平台,为区域内成员之间更为紧密的贸易投资制度性合作机制建设提供了示范和经验借鉴。

三是加强与区域内大国的协调沟通,更好地发挥引领作用。中国、俄罗斯、印度和土耳其都是沿线区域内举足轻重的国家,对周边地区具有较强的影响力。2014年四国占沿线地区经济总量的64%、外国直接投资净流入的2/3,贸易额比重也在40%以上,是区域内其他成员的主要出口市场和跨境直接投资流入的主要来源。这些主要国家的自身发展与相互合作,事关区域整体的发展大局和未来前景。为此,中国不仅要更多地承担推动地区发展的重要责任,还应加强与这些区域大国的协调合作,通过共商、共建、共享,加快培育区域内的核心市场,为处在全球经济深入调整中的沿线国家带来新的增长动力。

## 二、加强重点领域机制建设,以机制创新探索高水平区域合作新模式

虽然"一带一路"并非意在构建新机制,但在推进合作过程中,应以机制创新为重要手段,特别是在基础设施互联互通、贸易投资、产业合作和金融合作等重点领域,探索高水平合作新模式,让沿线国家人民更快、更多地体会到实实在在的合作收益,也为区域内成员之间的机制建设提供示范和经验借鉴。

首先,探索互联互通建设合作的新模式。基础设施联通是大多数沿线国家比较薄弱的环节,更是加强沿线国家合作的必要条件和重要基础,有助于降低物流与交易成本,增强区域竞争力。近年来,沿线各国推进工业化发展、加快基础设施建设的需求和愿望日益强烈,中国资金实力相对较强,企业在基础设施建设方面经验丰富,工程机械装备性价比高。应在对接沿线国家发展规划与基础设施建设需求的基础上,探索创新互联互通建设合作机制,尤其是如何整合各方优势、构建国际化投融资平台和BOT/PPP等国际基础设施融资建设新模式,共同提升沿线基础设施互联互通水平,为深化区域经济合作奠定基础。

其次,构建更紧密的货币与金融合作机制。加强区域货币金融合作与创新,有利于拓展服务功能,缓解资金瓶颈,提升服务水平,促进资金有效配置,增强区域抗金融风险能力。在货币合作上,中国须继续与沿线国家签署并扩大货币互换协议、本币结算协议等,提高贸易便利度,降低汇兑风险。在投融资机会上,既有"市场导向、企业利润驱动的投

资,也有国家战略导向、整体利益驱动的投资"。为增强对"一带一路"经济合作的支持,在构建投融资合作机制时须着力解决好底子薄、基础差、需求多等经济社会发展的综合性、长期性问题,充分发挥好战略性投资的作用,通过制度创新完善投融资平台。

再次,以跨境经济合作区和产业合作园区为纽带,构建国际产能合作新平台。跨国产业合作,不能静等企业决策和市场驱动,而应通过机制创新积极发挥政府的引导和促进作用。从实际效果来看,有两种方式较为有效:一是加大沿边地区跨境经济合作区建设,发挥边境两侧的资源互补优势,带动产业发展和区域经济增长;二是鼓励和支持中国企业到沿线国家开展跨境直接投资,与东道国合作建立境外合作贸易区或生产园区。

### 三、构建服务支持合作机制

区域合作要以企业意愿和市场需求为导向,充分激发企业在资源配置和区域合作中的积极性和创造力。同时,应充分发挥政府的引导和推动作用,要为企业创造自由、便利、公平、稳定的市场环境,制定积极有效的促进政策和制度保障。为此,应在服务支持领域积极发挥作用,构建政策沟通机制、信息共享机制、风险防范机制和能力建设机制。

一是构建政策沟通与协调机制。"一带一路"相关国家,在广泛达成共识的基础上,加强相互之间的政策沟通与协调,是促进贸易投资发展的重要保障。可充分利用现有合作对话平台增加定期政策沟通环节,就各自政策规划取向和地区重大合作问题展开磋商,增强沿线各国经济发展规划和政策的协调性;努力消除合作中存在的问题和障碍,提高贸易投资便利化和自由化水平,为促进市场融合、要素有序流动和资源高效配置创造良好的政策环境;不断完善多层级的政策沟通与协调机制,为维护稳定、友善的商业环境和促进贸易投资发展提供重要保障。

二是构建地方政府合作机制。根据尼尔·汉森曾提出的"中心边境区"理论,可以"通过有效的地方支持与企业的活跃作用,促进边界双边的市场开展合作,激活跨境次区域的市场潜力,吸引企业投资和人力资源向边境区域集聚,促进边境双方的经济增长,成为新的'中心区'"。跨区域合作的制度障碍和门槛较低,也具有地理相近、市场流通和人文相通的优势,将在国家间合作中打破边界的阻隔作用,促进生产要素和产品的自由流动,发挥更加积极的先行沟通、先行合作等试验和集聚作用,可通过凝聚共识,逐步发挥对腹地区域的带动作用,成为对外开放的桥头堡。为此,应充分挖掘地方政府积极性和创造性,构建次区域,特别是边境地区政府之间的合作机制,将跨境贸易投资便利化、区域产业合作落到实处。

三是加强智库合作,提供决策咨询与支持。世界经济已进入大调整、大变革时期,随着全球化和信息化的深入发展,全球性议题不断增加,影响决策因素日益庞杂,不稳定和不确定因素增加。加强智库合作,特别是加强在政策取向和合作方式上的沟通交流与合作研究,将为政府决策提供重要的智力支持,有助于互学互鉴、分享发展理念与经验,有助于消除误解、减少误判,营造良好的合作氛围。例如,中国国务院发展研究中心倡议构建的"丝路国际智库网络",就是以机制性合作加强智库沟通的有益尝试,已得到"一带一路"沿线国家的积极响应,共有27个国家的40个成员智库以及联合国开发计划署等3个伙伴机构作为发起成员与合作伙伴。近期还有其他智库表达了参与的强烈意愿,未来也应遵循开放包容原则,吸收其他国家和地区感兴趣的智库参与。

### 四、以一体化为目标,逐步实现区域贸易投资制度性安排

2015年底颁布的《国务院关于加快实施自由贸易区战略的若干意见》(以下简称《意见》)提出,要"积极推进'一带一路'沿线自由贸易区"。也就是说,要鼓励区域成员之间展开对话协商、建立双边或次区域自由贸易或投资协定,以构建涵盖范围更为广泛、水平更高的贸易投资制度性安排为更高层级的目标,通过多种方式逐步推进沿线区域的经济一体化与深度合作。

从实现路径来看,要加快发展区域贸易投资关系,但一体化的制度性安排宜逐步推进和提升。

从理论上讲,建立覆盖更大区域的贸易投资安排,对于提高区域内资源流动效率和经济活力具有重要作用。在世界经济大调整和全球化深入发展的背景下,"一带一路"沿线国家日益重视区域合作与贸易投资自由化的制度性安排。但就目前发展来看,一方面沿线国家的实际经济水平、发展需求和参与一体化程度参差不齐;另一方面,区域内各种次区域的制度化安排多,涵盖亚洲区域或更多成员方参与的大型一体化进程缓慢。这些次区域自贸协定之间,在成员、市场开放水平、规则标准、涵盖领域等方面,既存在交叉重叠,也存在很大差异,不利于更大范围内商品、资金和人员的自由流动,难以大幅降低企业交易成本。目前,协调整合这些不同发展水平成员之间达成的,水平与涵盖范围各异的自贸协定,达成高水平、高质量的亚太区域自贸协定,既不符合现实条件和需要,也并非易事,不可能一蹴而就。

《意见》提出的目标任务强调,近期是"在具备条件的情况下逐步提升已有自贸区的自由化水平,积极推动与中国周边大部分国家和地区建立自贸区",而中长期将"形成包括邻近国家和地区、涵盖'一带一路'沿线国家以及面向全球的高标准自由贸易区网络"。

为此,在推进步骤上的建议包括以下几个层面:基础设施互联互通是关键的基础性工作,通关便利化合作更有助于改善投资环境;要加强区域内的贸易和投资合作,提升产业

发展能力和国际竞争力，进一步融入国际分工和全球价值链（中国过去的经验）；有了产业基础和紧密的经贸投资合作，就有足够的动力寻求和促进贸易投资便利化和自由化的制度性安排，促进区域深度融合。与此同时，相关区域和次区域自贸区建设，对于促进区域内生产要素流动、推动区域经济一体化，特别是沿线国家更好地融入全球价值链也具有积极的作用。中国已与东盟完成双边自贸区升级版谈判，正在加快与南亚国家、西亚海湾合作委员会成员国家、中亚国家和中东欧等区域的国家探讨及商签自由贸易协定和投资协定的进程，积极促进区域经济一体化深入发展，进一步探索以更大范围、更高水平的贸易投资制度性安排，提升区域一体化水平的可能性和现实路径。

"一带一路"倡议的提出不仅是中国经济实力跃升的体现，更表明中国希望深度融入世界经济、参与全球治理、承担大国责任、谋求互利共赢的态度和决心。

总体而言，"一带一路"合作机制建设，不仅不会替代现有区域或次区域合作机制，也不应与既有机制相竞争，而是着力于为这些机制注入新内涵、增添新活力、提升新高度。通过完善合作机制、提供区域公共产品，促进"一带一路"沿线国家和区域更快、更好地发展，可以为中国可持续发展创造更好的国际环境，促进区域乃至全球经济进一步向前发展。

# 第七章 区域创新与区域经济发展

## 第一节 区域创新概述

### 一、区域创新体系

1912年,美籍奥地利经济学家约瑟夫·熊彼特提出了创新理论。当今世界呈现出日益明显的全球化趋势,世界经济呈现出区域化的发展特征,以区域为单位进行分工,区域创新在地区经济获取竞争优势的主要决定性因素中的地位日益显著。在这样的条件下,有关区域创新的研究都受到关注,而区域创新系统是区域创新能力的研究对象,更受到了众人的关注。

区域创新系统(Regional Innovation System,RIS)是由英国学者Philip Nicholas Cooke首先提出的,然后完整地进行了实证分析和理论论述。Cook、Braczyk与Heidenreich发表并出版著作《区域创新系统:全球化背景下区域政府管理的作用》,Cooke阐释了区域创新系统的含义,对创新具有支撑和创造作用,指出它是一个区域性的组织体系,由高校、科研机构和企业等组成,在地理位置上相互区分却又存在许多关联。

Wiig也开展了一些研究,他的观点是关于区域创新体系的构成的,主要包括培养创新人才的教育院校、生产创新产品的创新集群、提供创新融资的金融服务机构和约束与支持创新活动的政府机关等。

Asheim和Isaksen在研究分析了区域创新系统的影响因素之后,认为主要因素是区域识别节点和创新政策与工业集群。Asheim还和Coenen对区域创新系统的构成进行分析,构成是区域内的主导产业集群、制度基础结构以及它们之间的互动。

加拿大的Doloreux阐释论述区域创新体系,将它定义为个人、政府机构、公共团体和其他组织相互作用的整体,实现功能需要依靠组织和制度,有力地推动了新知识和技术的创造、扩散和应用。

从20世纪90年代末,国内学者开始对引入的区域创新系统的概念进行探讨和研究,随后他们提出了相应的定义。当时，在国家科委工业司的全力支持下，柳御林等和澳大利亚 Turpin 等学者展开了对区域创新体系的研究。

熊波与陈柳认为，区域创新系统是一个为创造、储蓄和转让新知识与新服务的网络系统，不仅涵盖高校、主导技术开发与扩散的企业和科研机构，还离不开政府机关的参与和中介服务机构的介入。

冯之浚在他的《国家创新系统的理论与政策》一书中，对区域创新系统的含义进行阐释，提出它的构成部分是某一地区内的高校、企业、科研机构、中介服务机构和地方政府。

陈光与王永杰给出的定义是，区域技术创新系统是指在一定技术区域内，它是一个社会系统，由相关社会要素（高校、企业和科研机构等）组成，与创新全过程相关的由机构、组织和现实条件所组成的网络体系。

黄鲁成立足于创新的主体与非主体要素，对区域创新系统进行定义：它是一个网络系统，在经济区域中协调创新研究机构、创新物质条件和组织团体之间关系的政策和制度。

胡凯、尹继东则认为区域创新体系较复杂，为区域内创新企业、政府和市场的配套机制，由分享机制、扩散机制、利润的驱动和知识的学习等共同构成，有利于开展创新型的活动。

从现在来看，国内外对区域创新系统概念的研究都很不成熟，它的提出时间较晚，即便在实证分析和理论研究上均有探索，但是更注重对案例的实证分析，同时，我国在这方面的研究也不断学习效仿国外，因发展不完善而导致突破性成就比较少。所以可以说明，在我国的创新研究中，对区域创新系统方面的研究依旧很少，是一个薄弱的环节。

## 二、区域创新能力评价

许许多多的创新定义衍生出对区域创新能力的许多解释。Cooke 等以区域创新系统非常重要的三种制度形式为基础，对区域创新能力进行界定。Lail 定义了创新能力，有效吸收所需要的知识和技能，针对现有技术进行掌握并充分改造，对新技术进行创造并且不会轻易地被复制和转移。除此之外，Gans 等指出区域创新能力存在生产各种创新产品的潜力，其中最主要的影响因素是 R&D 存量。同样，Ridde 和 Schwer 也提出了区域内持续产生与商业相关的创新的潜力的定义。根据区域创新能力的定义，国外学者展开了很多关于区域创新能力的相关评价研究，取得了相当的成绩。

欧盟成员国制定了一个创新指数方法，衡量区域创新能力，也是这一方面的标准性研究。它主要从四方面对欧盟成员国的创新能力进行评价：人力资源，应用和扩散知识，创造新知识，创新资金产出和市场。

评价有不同的方法可选择，主要有聚类分析法、主成分分析法、主传统评价法、比较分析法和因子分析法等。在涉及对区域创新能力的评价方法进行选择时，学者们首先会选取定性的评价指标，然后确定指标权位和建立评价模型，最后输入标准化后的数据并计算出最后结果。

## 三、创新效率研究

在发达地区，评价创新效率已经有较长时间的实践，有关研究对宏观问题与微观问题都有所谈及。国外学者所做的如评价创新效率的各个环节等很多实证与案例研究，基本都已经形成较为成熟的理论基础。

在研究创新效率方面，国内学者获得了一些成果，尽管他们起步的时间较晚。由于创新效率涵盖的定性和定量因素比较多，所以仍在不断地探索评价方法和理论，有学者曾尝试着去解决创新效率评价问题。

一些研究则立足于区域层面。彭建华和任胜钢借助两阶段的模型方法，对创新投入转化为经济产出这一过程进行深入分析。通过 DEA 方法评价中部区域创新系统的绩效，并把北京、上海和广东地区进行比较后再做出充分的分析，提出了中部地区使用 DEA 方法无效的原因和相对应的策略。池仁勇和唐根年对 DEA 测算方法进行了详细介绍，充分阐释了区域技术创新效率的概念，并以浙江省 11 个地区为例，对区域技术创新效率进行有效测算。在对我国各地区创新系统特点进行研究时，刘顺忠和官建成依照各地区具体情况提出具有高度针对性的建议与对策，采用了 DEA 方法对不同地区的创新绩效进行测评和分类研究。池仁勇还和李正卫、虞晓芬利用 DEA 方法，测定 30 个省、市、自治区的创新效率，其结果是呈现西低东高的特点。罗亚非和李敦响也运用 DEA 方法，合理分析中部六省及京沪粤等区域技术创新绩效，针对中部地区技术创新绩效相对较差，认真分析原因，并提出改进意见与措施。周勇、钱灿、张宗益及赖德林充分对我国 31 个省、市、自治区的数据进行利用，并运用随机的前沿生产函数（SFA）对我国区域创新效率进行实证研究，结果是各地效率低下但呈上升趋势，并且东、中、西部有着比较明显的差距。

另一部分研究定位于行业、企业角度：张红彩与黄筲成则采用因子分析法计算北京制造业的技术创新效率，用精简的技术创新因子对原始数据中的大部分信息进行替代，并评价了技术创新效率。池仁勇采用 DEA 方法，站在企业规模的立场上，依据浙江 230 家企业的调查问卷，计算大、中、小企业的技术创新效率。王海燕和李双杰也选用 DEA 的方法，仔细地对北京市制造业不同行业技术创新资源的使用情况进行分析，有效计算资源配置效率，探讨创新效率低的成因。王建华、赖明勇也采用 DEA 方法，评价中国工业制造业各部门的技术创新，其结果表明化学化工、贱金属工业和非金属制造业的技术创新存在着问题,并提出改进意见。

从整体出发,在国内,对于创新效率的研究,大多数学者把有关创新投入影响因素、创新能力和产出过程等问题作为重点,通过分解创新过程,对投入产出指标进行选取,采取因子分析法、数据包络分析法和回归分析法评价创新投入产出效率,把有关创新投入影响因素、创新能力和产出过程等问题作为重点。

## 第二节 现代系统科学的相关理论

目前,国外部分学者已经开始使用复杂性理论对创新系统进行研究。系统科学已经发展到研究开放的复杂巨系统和适应系统的阶段。1998年,Gregory A、Daneke研究了美国创新系统的进化过程与非线性经济。他充分利用了自组织理论和非线性理论,扩充熊彼特的创新理论。他认为,技术创新是经济增长中心,对其他社会要素的影响十分重大。在20世纪90年代末期,英国学者Robert W、Rycroft及Don E. Kash出版了《复杂性的挑战:21世纪的技术创新》。在区域经济发展自主创新的过程中,创新有多个主体且主体是主动的,创新具有涌现性,创新系统是多层次性的,创新环境和创新都是复杂的。本文涉及的现代系统科学层面的相关理论借鉴和参考价值的意义很大,同时也是区域经济发展的自主创新理论研究的重要基础,于本文进行更深入的研究和尝试建立理论框架存在着非常重要的学术价值和理论意义。这些理论主要包括三方面。

### 一、协同理论

协同理论这个词即指关于"合作的科学",它来自希腊语。该理论的创始人是联邦德国理论物理学家赫尔曼·哈肯,1969年时他正在斯图加特大学授课,那时他便开始使用协同理论的概念;1971年,他发表对协同理论的概念和基本思想进行初步阐述的文章;1972年,国际学术会议举行。在之后的几年中,协同理论发展快速。1977年,哈肯发表了《协同理论导论》,使协同理论的理论框架得以建立,同时也是这门学科诞生的标志。注重研究组织产生和控制等问题的伴随"协同作用"进行的自组织理论是协同理论的核心,实际上它是一种现象:系统内部各要素或者各子系统间不仅进行相互作用还进行有机整合的现象。在这个过程中,强调系统内部各要素或子系统之间的差异与协同,辩证统一需要达到的整体效应等。

协同理论的主要观点是,许许多多的子系统有能力组成任何一个系统,系统内子系统间的相互作用决定系统的整体行为,子系统之间的相互作用比较大且独立性较小时,在宏观上，系统的整体会显示出有序的结构特征。相反，当子系统的独立性占据主导地位，相互作用比较小的时候，它们会处于"热运动"和杂乱无章的状态，进而在宏观上，系统结构呈现无序化，没有稳定的结构存在。当非线性开放系统处于不平衡状态，并且系统与外界的物质交换和能量达到相当程度时，系统便通过自组织协同各子系统进行作用，进而使系统演化为具有一定有序性的耗散结构。

由此可以看出，系统有多种多样的类型，它们的属性虽不同，但在整个大环境中，各个系统之间既相互合作又相互影响。其中，涉及的一般现象为企业之间存在相互竞争，不同单位间存在相互协作配合，各个部门之间互相协调和系统中的互相干扰与制约等。协同理论认为，在一定条件下，大量子系统进行相互作用和协作，由它们组成的系统能够被看作研究从自然界到人类社会中各种系统的逐渐发展，并应该对这种转变需要遵守的共同规律进行讨论。需要再次说明的是，当子系统之间互相关联引起的"协同作用"占优势地位是系统内部自发组织的表现。系统内部自发组织起来的现象一出现，系统就会处于自组织状态，它在宏观和整体上就具有一定的结构与相对应的功能。运用协同论的方法，能够把已取得的研究成果拓宽类比于其他学科，可以为探索未知领域提供有效手段，也有利于找出控制系统发生变化的影响因素，更好地使子系统之间发挥协同作用。

## 二、耗散结构理论

在1945年，比利时物理学家普里高津建立了线性非平衡热力学的最小熵产生原理，由此使灵感得到很大的激发，在1967年的"理论物理与生物学"国际会议上，他提出"耗散结构"的概念。1971年，普里高津和格兰道夫合著了《结构、稳定与涨落的热力学理论》，详细阐述了耗散结构理论，并将该理论应用到化学生物和流体力学等方面，普里高津创立了耗散结构理论，因此荣获1977年的诺贝尔化学奖。

形成耗散结构至少离不开四个条件：一是系统应该远离平衡态；二是系统是开放的；三是通过随机涨落使系统实现由无序到有序的转变；四是系统内部各个要素之间具有非线性的相互作用；耗散结构理论提出，一个开放系统无论是物理的、化学的、生物的、力学的系统，还是经济的、社会的系统，如果不再平衡，并且也与外界不断进行能量与物质的交换，在外界条件的变化到达一定阈值时，系统的状态就可能会由原先的无序转变为有序（在功能或时空上）。耗散结构理论以热力学第二定律中揭示的时间的不可逆性为出发点，认为自然界会进行方向性的发展，需要在物理学中引入"历史"的因素。它提出，一个开放系统能够从外界吸收负熵流来抵消自身的熵产生，逐渐减少系统总熵，进而实现从简单到复杂、无序到有序的演化。耗散结构理论表明，系统只有在处于远离平衡态的情况下才可能会向有序、有组织和多功能的方向发展，在处于近平衡态与平衡态均不可能产生新的有序结构。因此,普里高津指出:非平衡是有序的源头。对耗散结构理论的构建,在过去被看作干扰整体行为,但在不稳定性中依然能够成为建设性因素。

### 三、突变理论

突变理论由法国数学家托姆创立,该理论来自托姆与生物学家们探讨的生物形态发生学及研究分析学与拓扑学中有关的结构稳定性。英国数学家齐曼在1961年发表了《头脑与视觉认识的拓扑学》,托姆在1968年受到启发,发表了他的第一篇论文《生物学中的拓扑学》。对于《结构稳定性与形态发生的突变理论》的手稿工作,托姆同年也完成,并阐述了他的系统理论。突变理论得到快速传播,主要得益于齐曼,他不仅大力推举突变理论,还将其划定为系统理论。突变理论也称:连续的改变说明参数如何引起不连续现象的一种理论。突变理论实际上研究的是静态分支点问题(平衡点之间的相互转换问题)。尽管它自身并非系统自组织理论,但它是和系统演化的相互变化(有序到无序的变化)紧密联系的,导致的结果的突然变化是揭示了原因的连续作用,进而可以使我们加深对系统这种转化的多样式途径与方式的理解。

突变理论的主要观点是,只要是系统,它的内部必定会具有内聚力和发散力两种力。内聚力保证系统的稳定,发散力则会干扰系统的稳定。一个系统中具有两个或两个以上的稳定态时,便会有相应的控制因子形成。发生冲突和运动也是由于这些不同稳定态控制因子之间的相互作用。当一种控制因子的拉力大于另一种时,事物会倾向于某一稳定态;当一种控制因子与另一种的拉力对等时,事物会保持平衡状态;当一种控制因子的拉力整体大于对方时,事物就会对某一种稳定态进行完全倾斜,进而发生突变,由内聚区域走向发散区域,从而会进入另外的系统中。

## 第三节 区域创新与区域经济发展关系概述

### 一、关于创新与经济发展关系的国外相关研究

国外的学者对区域创新系统及系统之间进行了关系研究,并且有自己的理论方法,尽管方法不成熟也不完整,但他们也取得了一定的进展。

除此之外,经济合作与发展组织(OECD)成员国家站在知识经济的立场上,对指标体系进行构建,通过计算方法评价科技对经济增长的影响。在宏观上,采取加权统计的方法分析科技和经济的关系。其结论是科技指标和人均GNP呈正相关关系,伴随人均GNP

增长，科研人员比例和科技投入比例均呈增长趋势，但不是简单的线性增长。

## 二、创新与经济发展关系国内研究进展

对国内学者的研究进行归纳总结，针对区域创新和区域经济发展关系的研究进行划分，可以划分为三类：科技与经济协调发展、创新推动经济发展、科技投入促进经济发展，站在这三个的立场上，对区域科技创新和经济发展之间的关系进行研究并充分地分析。

立足于科技和经济协调发展的立场：吴寒光依据发达国家的发展史，对社会发展、科技和经济之间的辩证统一关系进行说明，并分析近半个世纪中我国经济比例失调和社会发展滞后等问题。何桂林在其发表的《经济、科技、社会协调发展战略》一书中，把经济与科技的协调发展定义为：在对外开放条件和各自内部之间协调的条件下，经济和科技两个子系统既相互依存又共同发展和形成这种状态的稳定的内在运行机制。孙见荆采取定量方法分析判断经济、科技与社会之间的关系，进而构建灰色关联模型。赵修卫、张雪平及黄本笑于《科技进步与区域发展》一书中指出区域中发展科技应该依照本地区的特点，从而能够充分利用科技创新来促进经济进步和区域开发。张仁开和杨耀武站在经济、科技协调发展的立场上，针对我国 31 个省（市、自治区）的经济与科技协调的水平进行充分的分析与评价，发现各区之间经济与科技的发展存在明显的差异，两者发展的协调程度并不高。

贡献度和地区发达程度呈正相关关系。刘方池和吴传清认为区域创新既可以促进区域产业结构、区域经济增长方式、区域经济发展的要素形态与功能和区域经济空间结构的变化，又可以促进区域经济进行制度上的创新。王瑾研究区域创新促进经济增长的机理，其主张是具有特色的区域核心产业的增长决定区域经济增长，促进核心产业增长的决定性力量是区域创新。

与因果关系进行检验后发现财政科技投入与经济增长之间具有长期的动态均衡关系。张叩喜构建了灰色关联度模型，实证分析后发现科技活动人员投入和科技经费投入对促进产业经济增长具有重要作用，然后通过采用聚类方法对不同投入水平地区的不同产出效率进行分析发现它们之间存在一定的差异性。以中国沿海三大区域为例，王立成等充分利用灰色关联度，分析了经济增长与科技投入之间的作用关系，其结果是科技活动经费、人员与 R&D 经费对沿海三大经济区域经济增长的联系较为密切。

# 第四节 创新投入—产出的有效性机理分析

## 一、创新投入—产出有效性

有效性反映的是创新活动的实际效率,将它应用到区域创新的领域,它指的是完成策划活动和达到结果的程度怎么样,和对区域创新活动效率的表示如何,是对投入创新之后所完成产出的程度的考察。区域创新的过程就是一个创新资源投入向新产品、新技术产出转化的过程。区域创新有效性可以体现区域创新资源的配置效率,指的是区域创新资源的转化能力:由投入转化为产出,也指一个区域创新资源投入对产出的贡献程度。其中的投入有经费、设备和人员等。区域创新有效性的表现是即使投入相同,也会因为创新主体和环境不同以及所处的行业不同,在产出的质和量的层面上也有所不同。通常认为,在生产前沿,区域创新基于以较少投入获得较高绩效的投入产出关系才是有效率的,达到的有效性也是最高的。

学者对创新效率最优条件的定义:(1)减少对某种要素的投入会相应地减少产出,此时保持原产出的条件就是须加大投入其他若干要素;(2)如果增加产出,需要减少其他产出或者加大对若干要素的投入。企业或地区在投入一定要素后完成的产出和产前之间的差距所反映的就是创新效率,产出和产前的差距越大,反映出创新效率越低。

## 二、创新有效性与创新能力

评判区域创新能力高低主要看的是创新投入—产出的有效性,区域创新能力决定区域经济增长和竞争。

创新有效性与创新能力有着不同的概念,联系却很紧密。持续使新技术得以创造并投入各种创新元素,同时也对原先拥有的技术进行充分利用,通过一种全新的方式转化为现实的和有经济价值的产品或服务的能力("外显"和"潜在"两种能力),这种能力就是创新能力。

外显能力就是创新产出能力,主要体现在一些新专利、新产品上;潜在能力是组成创新能力的重要部分,它包含了创新投入能力,潜在能力指的是能够达成可供市场交易的产品转化的潜能。创新有效性指的则是把投入的种种创新要素转化成市场需要的商品或服务产出的效率。创新效率的高低直接反映了该区域的创新能力,能够帮助该区域持续发展、快速发展。

详细来说，创新产出、创新投入和创新支撑三方面构成了区域创新能力，将三者综合就可以反映出区域创新的规模。当然，加强这三者中的任何一个，都会加强整体区域的创新能力，只是对不同方面的加强会对整体的相对贡献率不一样。一般说来，创新支撑由社会经济大环境决定，创新支撑环境的变化对区域整体创新能力的影响是比较小的。支撑环境和规模效益不变时，创新投入就决定了产出，这时的产出和投入是成正比的。所以说区域的创新投入是区域创新能力贡献率较大的一项因素。

区域创新的产出有效性主要考察创新的投入和产出，研究这两者的转化率就能够知道有效性的高低。当谈论到创新有效性时，我们知道在创新能力的三个影响因素不变时，通过增加创新投入，就能够使产出增加，但是这并不能够说明创新有效性提高了。提高了创新投入或产出能力也必会直接影响有效性，投入和产出能力对区域创新投入—产出有效性是没有影响的。其实，这种有效性是创新研发能力、强度、效率的体现。

因此我们知道，提高区域创新投入—产出有效性是能够综合提高创新能力的。创新有效性直接影响着单位创新投入的有效产出量：有效性越高，产出量也就越大；反过来，有效性越低，产出量就越小。这也就意味着，不改变创新投入，只要提高创新有效性就能够直接提升创新产出能力。在这种情况下，加大创新投入，相应地产出就会增加。创新投入、创新产出及创新支撑三方面的有机结合又构成了区域创新能力。支撑环境不变，创新有效性的提高会带动提高创新产出能力；进而加大创新投入，创新产出就会增加并且带动产出能力。通过分析可以知道，区域创新有效性会对单位创新产出能力产生直接影响，通过提高区域创新投入—产出有效性就能够极大地提升该区域创新综合能力。

## 第五节 创新与经济发展的互动作用分析

### 一、创新推动经济发展

经典创新理论把技术创新定义为一项活动，在这项活动中科技和经济是相结合的，并且会发现新科技、市场化新技术、商品化新发明。从20世纪工业化开始到现在，人类的社会发展一次又一次地表明科技创新能够大大加速经济发展，推动社会进步。例如，第一次工业革命发明了蒸汽机，促使当时的生产力极大地提高，实现了机械化生产，大大提高了生产效率，还产生了很多新兴企业；在20世纪40年代，在新产业的革命中，创新产生了新材料和信息技术等领域，随后引发了一系列高新技术产业的快速崛起。进入21世纪后，经济发展开始面向全球化，信息技术、"新经济"已经成为经济发展的中流砥柱。并且这种新型经济有许多优势，如低失业、低财赤和高增长。这些都表明了科技创新是推动经济"持续、快速、健康"发展的主要动力。

## （一）区域创新为区域经济发展提供新的增长

区域经济在发展初期时快速发展是比较容易的，因为区域经济可以依靠其内部自然资源优势、已有产业优势和分工上的优势；但是，久而久之，这个模式发展就会遇到资源枯竭、产业老化等问题，产业发展就会停滞不前。要实现区域经济持续发展、经济技术水平增长，就必须靠科技创新来发现新的经济增长点。例如促进区域创新成果产品化、加速新工艺的应用等，可以把新鲜的经济血液加入区域经济中，帮助企业打破发展停滞、实现经济持续快速发展。并且企业的创新能力还可以为区域的其他企业服务，提供新的技术，可以促使经济更大规模地增长。还有，形成了良好的区域创新环境会促使技术创新，技术创新的成功又会反过来更新区域创新环境，从而形成良性循环。创新的主体持续地为经济发展提供依托，知识和新技术使劳动生产率大大提高，在质量上，促使经济增长越来越高，最终实现区域生产力极大地促进经济发展，出现新的起点。

## （二）区域创新促进区域产业结构升级

在区域内，不同的创新主体之间有着密不可分的联系，相互支持，从而形成良好的环境，从少数的企业开始创新慢慢变成大量企业创新，并带动整个区域产业的结构升级。首先，区域技术的创新会带动产业的科技水平、生产工艺以及生产效率的提高，这样就会使产业朝着良好的方向转型：从劳动密集型、资金密集型转型成为技术密集型、知识密集型；其次，产业竞争愈演愈烈，在产业发展停滞时，这些发展中遇到的困难会促使企业积极创新、积极使用创新成果，把新兴产业与传统产业结合起来，甚至最后完全转型，一跃成为新型企业；最后，技术创新可以使生产质量提高，增加产品价值，并促使低附加值产业朝着高附加值产业的方向加速发展。所以说，企业在产业结构上的升级就是越来越依赖技术的进步以及知识的创新；地区产业在技术和知识上面的含量持续增加。区域创新会极大地推动产业整体的结构调整，并且不断加速产业整体结构的优化甚至升级，使产业结构持续地向优化、合理以及高级的方向持续发展。

## （三）区域创新提高区域竞争力

区域的核心竞争力在区域经济发展的任务中是重中之重。区域核心竞争力主要表现在产业核心竞争力和企业的管理核心竞争力两方面。技术创新就好像武林高手的内功一样对经济增长有着非常重要的内生作用，而区域创新就是会充分发挥促进作用的外功，使区域内外兼修,内支柱产业和外支柱的主要产品相辅相成,形成自己独有的竞争优势,并且不断地提高产业层次,使新技术可以切实地运用到实际生产中,来提高区域的综合竞争力。而且,技术革新也可以使产品多样化与创新化,创新得来的是技术的运用,这些不仅会帮助企业建立起自己独特的竞争优势。还可以探索出区域经济新的增长点,开发出经济的潜在发展趋势。这样会大大增强企业的核心竞争力,企业核心竞争力的增强又能够提高整个区域的竞争力,以点带面,全面提升。

## 二、经济发展反哺创新

区域创新依靠的不仅是科技的创新,更要符合市场的需求,共同进步才能达到利益最大化。美国学者 S. Myers 和 DMarquis 曾做过一次深入的调查,调查对象是将近 600 项新产品的研发动力,调研结果表明:这些新产品的研发超过 40% 是由市场需求引起的,20% 是技术革新推动而研发的,超过 30% 是由生产和企业管理因素引起的。由此我们不难看出,不仅是创新主体的内部因素,创新主体的外部社会也是经济发展的发动机。Nelson、Romer:罗默及 Lucas 等人提出的新增长理论就把科技的创新与进步定为区域经济系统的内部变量,宣称经济的增长其实对科技进步有着极大的推动作用,还能够为科技创新提供资源和人才,这就促进区域内科技不断进步、企业的竞争力持续增强。反过来,这样就又增强了区域创新的动力。

### (一) 区域经济发展为区域创新提供物质基础

资金、设施、人才等创新要素的提升,也会促使区域创新能力越来越高。这与区域经济的发展联系紧密。随着创新不断进步,所投入的仪器设备和资金等也会更多,人是知识的载体,自然对创新的作用十分重要。另外,经济发展也会促使创新要素发展,就可以提供更多的资金、设备等创新所需的资源。只有经济发展良好,才能吸引更多的高端人才,也才有能力不断注重教育的资金投入,培养更多的人才。所以说,区域的经济发展能够为区域创新提供经济保障,是区域技术创新的物质基础。

### (二) 区域经济发展为区域创新提供环境支持

内部的各种支持是区域创新必需的,创新也离不开外部的各种因素。一方面,区域创新的内部环境是由区域经济发展提供的。区域经济发展可以加速完善区域内部的政策、组织和管理,为区域创新保证了良好的内部环境,这样就有利于创新主体营造出新的创新需求、发现新的创新机会。另一方面,区域是具有开放性的,这样的性质就决定了区域必定会与外界产生交流。在交流的过程中必定会与外界交换信息,这是会不断完善区域创新的外部环境的。只有区域创新的内外环境都不断完善,创新活动才能得到良好发展,并不断提高创新能力。

## 第六节 创新对经济发展的时滞作用分析

### 一、创新对经济发展时滞作用的过程

通常情况下,某个区域的经济发展与区域创新是紧密相连的,一般都是创新有了成果,经济就会紧随其后得到发展。当然了,创新成果对经济的推动作用会有一定的滞后性,这是因为创新投入、研发和产出三个阶段均有时滞性而导致的。

#### (一) 创新投入阶段的时滞

科研资金、设备仪器、科技人才等要素是区域科技创新的主要投入。科技创新的过程有对象调研、评估决策、人才培养、资金筹备、物资采购等过程。有了需求后,需要一定的时间来收集创新目标的信息,这大多是有关的科学技术,或者是可以使用的外部新的基础科研成果。创新主体经过一定时间来审核问题,评估和决策。更需要时间来进行人才的培养以及创建优秀的科研小组。另外还需要时间来筹备科研经费,购买科研设备、材料等。所以,各个阶段的准备都是一个个过程,是需要时间的,这样就产生了投入时滞性。

#### (二) 创新研发阶段的时滞

从开始到最后研究出成果是极其复杂、耗费大量时间的过程,按照规律,科研人员首先要完成设计、接着进行科研实验以及成果评价等程序,这都需要大量时间。通常,研发程序的完成就会形成初步的研究成果,检测完成初步的成果后,如成果符合设计要求,就形成最终科研的成果;假如初步的成果不能够达到设计要求就要进行反复的实验修改直至达到设计要求,并形成最终的科研成果。在实际的情况中,往往由于科研的复杂程度、投入强度、科研基础等的不同,很多研发项目都会经过很多次的实验修改,这样就导致了科研活动过程中的反复性、时滞性。

#### (三) 创新产出阶段的时滞

研究成果的产出还有核心技术、核心工艺和新型的核心产品等形式。但是,科研成果本身还不能够带来实际的经济效益,要把科研成果商品化后通过市场带来经济收益,然后

才能在经济形式上表现，影响到了社会的供需关系，最后完成创新产品，进而推动区域经济加快发展。

## 二、创新对经济发展时滞作用的影响因素

我们需要意识到许多因素都会影响区域创新与经济发展时滞性的形成。对于不同的创新活动属性和产业结构，时滞作用程度是不同的，这是考虑到创新与经济发展间的作用关系所得出的理论，这主要体现了创新活动和产业结构的区分。

产生时滞作用的主要原因是创新活动属性。创新活动的内容、性质的不同都会影响到时滞性的产生，大致可以分为基础研发和技术、产品研发等几类，不同的类别所产生的时滞性也会不同。具体来说，基础研究是要有突破性的发现，研究难度大，所以投入也大，研究时间长，进展慢，还有很高的偶然性，所以基础科研的时滞性很大；但是关于技术改革、工艺升级和研发新产品的创新，都是在原有技术的基础上进行改造和提升，科研难度要比基础科研低很多，相应的投入也会降低，但是成功率会明显高于基础科研，研究周期也较短，所以其时滞性的作用也不那么明显。然而我们必须了解，区域整体技术水平高度，就决定了模仿创新、完善技术的难度，所以说在基础上的研究是区域创新的根本动力。

区域创新与经济发展间时滞作用的另一个必要因素是产业结构。不一样的产业结构会有不一样的创新周期，所以它们的时滞作用也就不一样。像化工、钢铁等传统的重工业，它们的规模大，生产周期长，所以投入、花费的时间也很长，完成创新的难度也很大。此外，这样科研的成果转化成的产品被市场接受的转移成本也更大。但是规模小的新兴产业产品成本低、生命周期短，相应的创新投入就会较小，并且从创新投入开始到产品带来实际的经济收益的周期也较短，市场对此类产品的接受也较快。比较过后我们可以得知，区域创新与经济发展间的时滞作用在传统大产业中的作用大，在新兴小产业中的作用较小。

## 第七节　技术创新促进区域经济的发展

经济学家长期以来都十分重视技术创新对经济发展的重要促进作用。亚当·斯密作为著名的经济学家就曾经阐述了机器和分工方式能够引发超级创造力。马克思也认同技术变化对经济发展具有重要作用。木汉姆、萨缪尔森等许多著名的经济学家也十分看重技术进步对经济发展的重要推动作用。熊彼特就曾经在他的《经济发展理论》中指出"创新"也包含了技术进步的概念。

技术进步很早以前就被经济学家重视，但定量研究它的作用大小才只有半个世纪的历史。

经济学家丁伯根在1942年首次把生产函数作为框架，再运用时间序列资料进行科技进步的测定，紧密联系起了科技进步研究和生产函数。丁伯根的观点表示，资本代替劳动和高效率结合资本与劳动共同提高了劳动生产率。所以，整个生产函数随着时间的变动而变动。丁伯根的改进使利用生产函数测算科技进步成为可能。

## 一、中性技术进步与非中性技术进步

从技术对收入分配的影响可以看出，技术进步包括中性和非中性（储备或资本）两个部分。希克斯在《人为理论》一书中对技术进步的分类进行了介绍：比较资本/劳动比（AT/L）对新旧劳动生产函数的影响，劳动函数增长是技术进步导致的。要是资本的边际产出与劳动边际产出的比率对于给定的资本—劳动比例是恒定的，那么这种技术进步就叫作希克斯中立。这种技术进步不会对生产要素在百姓收入中的份额产生影响；假如增长（或减少），那么这种技术进步就是使用劳动力（或资本），但是此种技术进步会使得资本在百姓收入中的份额，即劳动力报酬增加。

在对经济增长模型的理论的研究过程中，同样认同哈罗德中性技术进步的假设，这是因为在传统的增长模型中只有哈罗德中性技术进步与稳固增长的要求相匹配。随着经验的证实，同样接纳希克斯中性技术进步的假设，原因是它的生产函数设定比较容易理解。

## 二、外生技术进步与内生技术进步

一般来说，技术进步在经济增长理论中是额外存在的，表示它与增长模型的其他因素没有关系，且经济学文章记录中有两种范例的外生技术进步。

机器的生产时期不同，在非结构化模型中的生产率却有相似之处。技术进步可革新生产模式和构造，同时提高新旧资本的产出率。此模型的计量经济学分析相对易得。以上这个模型的假设是比较现实的，该模型假设资本在投资，这意味着差异期间生产的机器设备由于生产力差异而不能被认为是同质的。1959年，约翰森和索洛提出了资本生产期间的模型。然而，在这些模型中，资本劳动率就不能再变形了。以上技术进步仍然是外生的，根据生产要素是否具有解释或展现替代性，但它的预计进程非常庞大，油灰黏土和黏土—黏土模型。在实证研究中，新呆板和新配置所蕴含的技术进步有许多。布利斯和巴尔丹进一步发展了这种模式。

预计物质化技术进步的比例时会出现许多问题。例如，在估算泥子油泥子模型中物化技术进步的速度时，必须假定资本产出弹性和资本折旧率的值。要是模型假定技术进步分为物化和非物化两部分，那么它也必须假设非物化技术进步的比例。由于参数假设的不合理的价值，这种方法将导致物化技术的进展速度的不合理估计。

技术进步至少一部分是内生的。卡尔认为一些经济变量影响技术进步的速度，他认为技术进步也取决于投资进程。他假定技术进步取决于外生和内生部分，即劳动者的平均资本存量的增长率。

区域技术创新与经济增长的关系也在外国积累了大量的研究结果。柯布-道格拉斯生产函数引入了技术进步自变量，但无法表明其意义。

假定技术水平连接稳固，技术进步被认为是经济增长的外界因素。以后，新的经济增长理论在技术进步内化方面取得了突破，并提出在技术进步条件下，可以躲避资本边际收益递减的规律，连接经济增长的可连续性。

关于技术进步对区域经济增长作用的研究，杨来平、程大建对深圳经济增长的技术进步测度与分析认为，深圳经济增长的技术进步已成为主要动力，深圳都市高新技术产业的迅猛生长是技术进步发挥作用的主要因素。胡国良、张力对新疆经济增长因素进行了实践分析，认为新疆经济增长为资金驱动型，但技术进步也成为新疆经济增长的重要因素。王宏、王军、钟卫青对阜新市经济增长的定量分析认为，阜新市的经济增长主要靠资本和劳动力输出，技术进步的贡献率非常低。

# 第八章 区域绿色创新体系与现代产业体系

## 第一节 绿色和低碳经济下的产业创新与区域创新

### 一、绿色经济与低碳经济

早在1989年，英国环境经济学家皮尔斯在《绿色经济蓝图》一书中首次将绿色经济作为一个概念提出，但作为一种崭新的并且能够引领世界经济活动前端的话题，最早的提出者是联合国秘书长潘基文。2007年12月，在巴厘岛气候会议中，潘基文提出："人类正面临着一次绿色经济时代的巨大变革，绿色经济和绿色发展是未来的道路。"他认为："绿色经济正在为发展和创新产生积极的推动作用，它的规模之大可能是自工业革命以来最为罕见的。"在他的极力倡导下，全世界全力推广绿色经济和低碳经济，这也标志着"全球共识"已经从一种可持续发展的理念、一种关于全球气候变暖的共识，转化为一种可以实际操作的生产方式、生活方式。

低碳经济是一种与环境和谐的经济发展模式，即以资源高效利用和循环利用为核心，以资源低能耗、$CO_2$低排放、物质生产高效率为基本特征，以生态产业链为发展载体，以清洁生产为主要手段，以达到资源有效利用的经济和生态环境可持续发展的目标。

绿色经济与低碳经济之间既有联系又有区别。相同的是两者都运用生态学规律来指导人类社会的经济活动，都主张减少资源消耗，主张节约资源、环境友好和注意环境保护的经济，低碳经济与绿色经济都是以可持续发展为目标的，都提出人与生态环境的和谐发展。

低碳经济与绿色经济的不同之处：一是两者是在不同的背景下提出的，低碳经济是人类针对全球气候变暖的现象而提出的，力求降低所有导致温室效应气体的排放，绿色经济则是人们针对日益严重的资源、能源危机，最大限度减少人类对生态环境资源的破坏而提出的能实现经济、生态环境可持续发展的经济形式；二是低碳经济通常被看作一种经济的发展形式，学者们将绿色经济考虑为一种全新的经济核算方法，低碳经济偏重的是降低导致温室效应的气体排放量,绿色经济偏重的是资源节约与循环利用;三是低碳经济的考量指标是单位 GDP 中 $CO_2$ 的排放量,也就是说,低碳经济是个量指标的考量,绿色经济则是国内生产总值核算的全新方法,往往被看作总量指标的考量。

从可持续发展的视角出发,传统的国民经济核算体系还未将资源变化的状况纳入考量范围,同时,在国民账户中也不计环境资源、自然资源成本。为解决上述难题,世界银行与联合国统计署联合行动,试图将环境成本纳入国民账户体系的考量范围,构建经过环境资源、自然资源调整的净国内收入核算体系。在尽量维持现有国民账户核算体系概念和基本原则的条件下,将环境成本纳入现行的国民账户信息核算体系中。生态环境成本、生态环境收益、自然能源、自然资源以及用于生态环境保护支出的费用,均以与国民账户核算体系相同的方式列出。

如将环境影响考量在其中,则须将国内生产净值调整,即

绿色国民账户=最终消费品+(产品资产的净资本+非产品资产的净资本–环境资产的消耗与退化)–(出口额–进口额)

我们在注重发展低碳经济的同时,也要大力发展绿色经济。低碳经济要求我们节能、减排、降耗;绿色经济要求我们最大限度减少对自然资源、能源的消耗以及对生态环境的损害,维护经济、生态和谐发展。同时大力发展低碳经济与绿色经济,两者互相依赖、互相促进,既是对方的发展过程,又是对方的发展结果。

## 二、绿色经济和低碳经济下的产业创新

### (一)绿色低碳的农业创新

绿色低碳农业是一种现代农业发展模式,以实现可持续发展为目标,以技术研发、模式创新、产业转型、新能源开发利用等为手段,通过加强基础设施建设、调整产业结构、提高农业土壤有机质含量、做好病虫害预防、发展农村可再生资源、综合利用农业废弃资源等农业生产以及农民生活方式的转变,实现低能耗、低污染、低排放、高效率、高碳汇的农业。发展绿色低碳农业的关键在于降低气候对农业生态系统的影响,提高农业生态系统对气候变化的适应能力,同时以实现碳中性为目标,维持生物圈的碳平衡,也就是说,认为排放的 $CO_2$ 与通过人工措施吸收的 $CO_2$ 能实现动态平衡,以实现农业生产发展与生态环境保护的双赢。

### (二)绿色低碳的工业创新

绿色低碳工业是以低能耗、低污染、低排放为基础的新型工业生产模式,其实质是能

源高效利用、清洁能源开发等,其核心是能源技术和减排技术创新、产业结构和制度创新。绿色低碳工业是绿色低碳发展体系的核心环节,是全社会绿色经济发展的重点。工业领域实现绿色低碳的经济模式,实现集约资源、降低排放的目标,是工业自身的发展需要,更是建设资源节约型、环境友好型社会的必要途径。工业生产中的资源节约、环境友好是指为获得单位产出仅使用较少的资源,且对环境的负的外部性相对较低的生产方式。通过发展高新绿色技术产业和对传统产业进行绿色技术改造,发展科技含量高、经济效益好、资源消耗低、环境污染少、人力资源优势得到充分发挥的绿色工业,建设资源节约型、环境友好型工业体系。绿色低碳工业是通过技术创新、产业转型、新能源开发等手段,尽可能减少煤炭、石油等传统的高碳能源的消耗,降低环境污染水平,达到经济发展与生态保护双赢的新的产业发展形态。大力发展绿色低碳工业目的是摒弃以往的先污染再治理、先低端后高端、先粗放后集约的老路。建设绿色低碳工业体系必须通过"工业低碳化"。工业低碳化是低碳经济发展模式下的新型产业革命,通过技术进步、行业优化、结构升级,由高能耗、高污染、高排放的"三高"产业,转为低能耗、低污染、低排放的"三低"产业,真正实现从"黑色"走向"绿色"的突破性转变,形成绿色低碳工业结构。

(三) 绿色低碳服务业的创新

绿色低碳服务业是现代服务业的发展方向,其主要含义是指以信息技术及现代化理念为依托的信息和知识相对密集的服务业。相对于传统服务业,绿色低碳服务业不仅突出了信息、知识含量高和技术密集的特点,而且引入了绿色环保的理念,减少资源浪费,将环境污染降至最低。有的国外学者用"知识型服务业"来描述服务业的新变化,而中国学者往往更倾向于以"绿色低碳服务业"来阐明服务业新的发展方向,它包括对传统服务业的技术改造和升级,同时强调高技术、高知识以及满足生态环境的可持续发展。低碳服务业具有更广阔的外延,它涵盖一切服务于低碳经济发展、为实现低碳目标提供节能减排的服务,例如低碳科技研发、低碳设计、碳汇服务等。目前来看,单从能源消费、管理模式界定节能服务业过于狭隘,不能涵盖新产生的低碳金融服务项目,也不包括低碳金融中介服务,例如碳税的制定与实施、碳交易市场的开发与培育、低碳教育与培训、低碳理念的宣传等。因此,以"绿色节能服务业"定义的低碳服务业出现了概念上的盲区。本书将低碳服务业的概念界定为:加速低碳经济发展,促进服务低碳城市构建以实现降低碳排放量为目标的各种相关服务在市场机制作用下集聚而形成的产业。

## 三、绿色低碳经济下的区域创新——区域绿色创新体系

### (一) 区域绿色创新体系的内涵

传统的以三高(高投入、高排放、高污染)为代价的粗放型经济增长模式很大程度上限制了区域经济的可持续发展,资源、能源的短缺以及环境污染问题越来越受到广泛的关注。转变传统的以"三高"为代价的经济增长方式,着力推进节能、减排、降耗的绿色低碳经济发展已经在全球范围内达成共识。树立绿色和低碳的发展理念,提高生态文明水平,形成节约资源、能源和保护生态环境的产业结构、增长方式以及消费模式。

"加快推进自主创新,紧紧抓住新一轮世界科技革命带来的战略机遇,更加注重自主创新,加快提高自主创新能力,加快科技成果向现实生产力转化,加快科技体制改革,加快建设宏大的创新型科技人才队伍,谋求经济长远发展主动权、形成长期竞争优势,为加快经济发展方式转变提供强有力的科技支撑。""加快推进生态文明建设,深入实施可持续发展战略,大力推进资源节约型、环境友好型社会建设,加快推进节能减排,加快污染防治,加快建立资源节约型技术体系和生产体系,加快实施生态工程,推动整个社会走上生产发展、生活富裕、生态良好的文明发展道路。"

绿色创新指的是创新主体以可持续发展的实现途径和手段为价值取向,采用系统、科学的方法开发新的技术和持续增长的观念、行为、技艺、方法的总称。它追求的是经济效益最佳、生态效益最好、社会效益最优、技术效益最大化四大效益的有机统一。绿色创新的目标与生态文明建设目标一致,其最终目标是以人为本、科学发展。本书认为,绿色创新的核心是绿色技术创新和制度创新,也涉及绿色技术研发、清洁能源开发的区域绿色创新系统的构建。区域绿色创新系统指的是在区域内,和绿色创新整个过程相关的企业、政府、高校、科研院所、中介、金融机构等组织机构构成的创新网络体系。其构建目的是服务于国家和区域的绿色低碳经济的发展,提升区域绿色技术创新与绿色制度创新能力以及创新效率。

根据可持续发展的理念,区域绿色创新需要以节能、降耗、减排的绿色低碳经济发展的内在规律为出发点,探究区域发展中环境污染的根源。区域绿色创新的根本目的是顺应绿色经济、循环经济的发展要求,是实现现代绿色产业体系的关键环节。区域绿色创新是加强企业自主创新能力、形成企业长期竞争优势的同时,又加强生态文明建设,推进节能减排,推进资源节约型、环境友好型社会建设,实施可持续发展战略的综合性创新实践,其在完善现代产业体系的同时,也是和我国发展方向完全吻合的。

## (二) 建设区域绿色创新体系的意义

改革开放以来,我国经济飞速进步,这是在市场化改革推动下的工业化和城镇化深入发展下所取得的成绩。但是,单一的城市化和城市工业化加大了对土地需求的规模,社会总资本在城市的集中以及农村要素资源的流失使城乡在财富创造、生活质量和社会保障方面的差距扩大,二元结构明显。要解决城乡发展失调问题,实现城乡共同发展,首先要在深入贯彻节约资源和保护环境基本国策的前提下,在工业化、城镇化深入发展中,同步推进现代农业化,只有加快发展现代农业,完善农村发展体制、机制,才能顺利走上中国特色新型工业化道路;发展结构优化、技术先进、清洁安全、附加值高、吸纳就业能力强的现代产业体系,才能够严格按照主体功能区定位,以特色产业为支撑,促进区域协调发展,科学制订城镇化发展规划,促进城市化健康发展。本书认为,建立区域绿色创新体系是建设生态文明的重要手段,通过绿色创新使生态文明建设落到实处,有利于实现全面建成小康社会的目标,有利于坚持科学发展,更加注重全面协调可持续发展,在城镇化与经济全球化、新型工业化、低碳化、农业现代化相适应的新思路中,从构建区域绿色创新体系的视角去寻求城乡协调发展的工业化、生态城镇化、农业现代化与市场国际化同步推进下的区域绿色创新体系的发展战略和实现途径。基于绿色低碳发展理念,只有提高市场一体化和国际化水平才能完成工业化进程,建设资源节约型、环境友好型社会,参与全球产业链分工战略,在更高的层面上利用国内外两种资源和两个市场,才能更好地发展现代绿色农业、现代绿色低碳工业以及现代绿色服务业,使中国的区域经济通过内生增长、创新驱动和结构优化的发展,实现经济转型,并且把区域绿色创新体系的建设作为转变经济发展方式的重要着力点。

## (三) 区域绿色创新体系的运行机制

在新型工业化、生态城镇化、市场国际化深入发展中,同步推进农业现代化,实现城乡互动和工农互促,走城乡协调发展的道路,实现城乡一体化目标。工业化、城镇化推进的重点将不是特大城市,而是广大中小城市和小城镇,它们是城乡联系的纽带,是实现城乡协调发展的重点。基于绿色创新的理念和发展机制,要形成经济社会进步与环境保护和谐统一的发展模式,在推进工业化、城镇化、农业现代化与市场国际化发展中,把生态文明提升到战略高度,建立不同区域生态文明水平考核指标体系。在"四化"同步推进中通过区域绿色创新体系来提高生态文明水平,构建资源节约、环境友好的生产方式和消费模式,增强可持续发展能力。考核区域经济发展和社会发展水平,不是看人均 GDP 和城镇化率,而是看城乡一体化实现程度和区域绿色创新能力与区域绿色创新绩效。

### (四) 区域绿色创新体系的构成

从狭义上讲，区域创新体系的构成就是区域科技创新组织系统的构成，包括知识创造系统、技术创新系统、技术扩散系统以及成果转化系统。从广义上讲，还包括创新战略系统、创新支撑系统。本书认为，区域绿色创新体系包括绿色知识创造系统、绿色技术创新系统、绿色政策支持系统、绿色创新服务系统以及绿色创新文化系统。

## 第二节 区域绿色创新体系与现代产业体系的互动发展机理

### 一、现代产业体系是建设区域绿色创新体系的产业载体

产业结构软化是现代产业体系的发展趋势，为绿色创新提供了发展空间。

有学者认为，产业结构软化是产业发展的一种必然趋势，是指产业转型和结构优化体现出的非物质化趋势。换句话说，产业结构软化是指以知识信息与科学技术为基础，随知识信息、科技变化而变化的产业结构演进的过程。产业结构在演进的整个过程中，对知识、信息、服务、科技等"软实力"的依赖程度日益提高，同时在整个产业结构演进的过程中，对体力劳动以及物质资源的依赖相对以往有着很大程度的降低，脑力劳动等非物质资源的投入比重日益增加。所以，从产业结构来看，以往以劳动密集型与资本密集型产业为主导的产业结构将逐步被信息技术、知识技术密集型产业所取代。产业结构软化、创新与导向相结合，较好地体现了现代产业体系的特征。

产业结构软化加快了绿色产业体系的形成和绿色创新体系的建立。这种软化既表明"硬产业"中科技创新和知识创新等战略性资产"软"要素的增大和强化、"软产业"内部智能投入的增加，也表明"硬产业"内部有形"硬"要素的相对弱化、基础设施与硬件设备投入的相对减少。从本质上说，产业结构是产业的知识化与知识的产业化的有机结合，是知识等非物质资源逐步替代能源、自然资源等物质资源，成为产业资源要素的主要对象和各产业之间关联的核心环节的过程。物质产品的生产、各类生产性服务的提供更注重资源的节约。建设资源节约型社会，即节约型农业、节约型工业、节约型服务业和节约型经济，以促成绿色产业体系的形成和绿色创新体系的建成。发展依靠人，发展为了人，"以人为本"是发展的根本目标，现代产业体系是基于绿色低碳理念，建设环境友好、实现"以人为本"目标的最好方式，没有现代产业体系就没有绿色创新体系。

## 二、区域绿色创新体系是建设现代产业体系的实现手段

### (一) 区域绿色创新体系有利于加速新的产业部门形成

区域绿色创新体系的构建促进了新的产业或产业新的部门产生,大大地推进了新产业的发展壮大。绿色创新体系对产业发展的促进作用往往被认为是跨越式的,这主要是因为绿色创新并不是连续的,尤其绿色技术创新十分缺乏连续性。绿色创新的连续性非常重要,然而,渐进式的科技发展并不能满足企业以及社会的需求,所以,激进型创新就显得尤为重要。当然,激进型创新往往不具备连续性,激进型创新一旦发生,则会极大推进产业科学技术的发展,甚至改变整个产业技术体系演进的路径,形成新的产业或产业群。

绿色创新在促进产生新的产业种类的同时,还能在很大程度上改造或升级陈旧的产业与部门。新型的设备与技术或者高水平的技术人才在旧的产业平台也会得到较好的应用,这样,老产业在新技术、新设备、新管理的作用下,潜力也会得到最大限度的开发,促使老的部门、产品或服务升级优化。这一点有别于熊彼特提出的"创造性的毁灭",绿色创新,尤其是绿色技术创新并不一定意味着传统产业的消失灭亡,有些时候新技术也会对传统产业起到优化升级作用,促使传统产业以崭新的面貌在国民经济中重新扮演重要的角色,也就是说,传统产业一样会为新兴产业提供强有力的支撑和保障。所以,绿色技术创新会不断扩展产业结构的内涵,例如计算机的发明不但没有取代传统制造业,反而将传统制造业推向前所未有的高度。这也就是说,构建绿色创新体系并不意味着传统产业的消失,同时传统产业也并不妨碍产业结构逐步升级优化。

### (二) 产业关联应以区域绿色创新体系的构建为核心

产业关联,是指在社会生产中不同产业、不同部门之间存在的广泛的、复杂的和密切的技术、经济联系。产业之间的关联往往被分为前向关联与后向关联。赫希曼在《经济发展战略》中指出,所谓前向关联,是指通过特定的供给关系与其他产业或其他部门发生的关联,当产业A在经济活动中需要利用产业B的产出时,对产业B来说,它与产业A的关联就被认为是前向关联。后向关联指的是通过需求关系与其他产业部门发生的关联,例如,对炼油产业来说,它与石油开采业的关联就是后向关联。

产业关联度指的是不同产业之间相互联系、相互依存的程度。产业关联度包括产业影响力和产业敏感度两方面。产业影响力反映的是产业后向关联程度。如果某产业的影响力系数大于1,则该产业的影响力较强,会对其他产业产生明显的推动作用;如果影响力系数小于1,则对其他产业的影响较弱。产业感应系数描述的是产业的前向关联程度。如果

某产业的感应度系数大于1,表明该产业感应程度高,容易受到其他产业部门的影响;如果产业的感应系数小于1,则表明该产业不易被其他产业影响。

### (三) 绿色创新引导需求结构变化,从而推进产业结构高度化

需求结构对产业结构的影响非常明显,如果没有需求结构的变化,产业结构就不会演进。同样,绿色创新对需求结构也是有影响的,会引导需求结构的发展方向。即使有需求存在,如果没有与之相对应的供给能力,也无法生产满足这种需求的产品,所以说绿色创新活动对需求具有刺激作用。举一个简单的例子,在微波炉问世之前,人们并不认为自己需要类似微波炉的产品,因此不存在对微波炉的需求。但是微波炉问世之后,人们发现这个产品很方便,于是纷纷购买,几乎成为家庭必备的家用电器之一,这就是创新刺激需求变化的最有力说明。这表明在需求结构发生变动之前,必须有产业升级的创新机制或重大技术突破的产生,尤其是重大的结构改变。如果没有绿色技术的创新,民众从对传统创新需求向绿色创新转变将是缓慢的,相应的绿色产业结构调整的脚步也只能放缓。从这个角度看,需求结构的改变往往是介于科技创新发生和产业结构变动之间的。

另外,绿色技术进步将降低生产成本,进一步扩张市场,需求结构也会相应变化。由于民众消费的是最终产品,如果对最终产品的需求发生变化,势必改变产业的布局,产业结构也会随之发生变化。随着内部需求的不断增大,绿色的技术创新作为新的环保、节能产品或服务的主要驱动力之一,将促进产业结构升级,进一步拓宽广大民众的需求结构。通过绿色创新实现产业升级,其意义不仅是产业间的升级,更重要和更具普遍意义的是产业内的升级,即工艺升级、价值链升级和产品质量升级,以形成高品质制造、精致制造的产业素质,提高中国产业的国际竞争力。

## 第三节 基于区域绿色创新的现代产业体系的机制与模式

### 一、基于区域绿色创新的现代产业体系构成

#### (一) 主体产业群:现代产业体系的保障

在《珠江三角洲地区改革发展规划纲要(2008—2020年)》中指出,促进信息化与工业化相融合,优先发展现代服务业,加快发展先进制造业,大力发展高技术产业,改造提升优势传统产业,积极发展现代农业,建设以现代服务业和先进制造业双轮驱动的主体

产业群,形成产业结构高级化、产业发展集聚化、产业竞争力高端化的现代产业体系。

现代产业体系的主要结构是现代服务业、先进制造业和现代绿色农业,它们是现代产业体系的支柱,可以说,现代服务业、先进制造业以及以基础产业为支柱的现代绿色农业组成了现代产业体系的主体产业群。

1. 现代服务业

现代服务业是主要依附于信息技术和现代管理理念逐渐发展起来的,知识和技术相对密集的服务业。2012年2月,国家科技部发布的第70号文件指出,现代服务业是指以现代科学技术特别是信息网络技术为主要支撑,建立在新的商业模式、服务方式和管理方法基础上的服务产业。它既包括随着技术发展而产生的新兴服务业态,也包括运用现代技术对传统服务业的改造和提升。也有学者提出,现代服务业是创造需求,引导消费,提供高附加值、知识型的生产服务和生活服务的服务业。换句话说,现代服务业从本质上说,源自社会发展、经济增速、分工专业化等需求,具有智力要素高度集中、附加值较高、能源或资源低消耗、对环境影响少等特点。现代服务业既包括基础服务业(通信、信息服务)、生产与市场服务业(物流、电子商务、金融中介)、公共服务(政府公共管理、基础教育、公共医疗),还包括对传统服务业的改造和优化升级,其本质是实现服务业的现代化。目前,现代服务业的发达程度已经被看作衡量一个国家或地区的现代化水平的重要指标之一。

2. 先进制造业

先进制造业是相对传统制造业而言的,指不断吸收电子信息、计算机、机械、材料以及现代管理技术等方面的高新技术成果,并将这些先进制造技术综合应用于制造业产品的研发设计、生产制造、在线检测、营销服务和管理的全过程,实现优质、高效、低耗、清洁、灵活生产,即实现信息化、自动化、智能化、柔性化、生态化生产,取得很好的经济社会和市场效果的制造业总称。有的学者认为,先进制造业指的是运用先进技术或设备、现代化的管理手段和生产模式,技术含量较高的制造业态。同时它具有两个特点:第一,先进制造技术与清洁的生产工艺、知识、信息及其他先进制造技术有机结合,实现制造过程的集成化、高度化和信息化;第二,采用先进清洁的制造手段,其根本目标是促进制造业提高产品质量、企业核心竞争力、生产规模和速率,实现自动化制造、信息化管理、网络化经营。

3. 从现代产业体系的创新性、开放性、可持续性等性质出发

现代产业体系对其基础产业提出了更新、更高的要求。通常来说,基础产业是一个国家或地区经济发展的基础部门,它支撑着这个国家或地区的正常的经济运行,同时它也决定着整个社会经济所能达到的水平。可以说,一个国家或地区的基础产业越发达,它的经

济运转就越流畅、效率越高，也就是说，基础产业达到的水平对应着产业体系的发展水平。基础产业除了农业和基础工业，还有基础设施。基础工业包括能源、资源以及工业的基本原材料（建材、化工等）工业。基础设施包含交通运输、物流、信息流通、水利。广义上讲，基础设施还包括无形的产品或服务，例如科、教、文、卫等部门，它们同样对现代产业体系的建设有着深远的影响。基础产业群是一个国家或地区赖以生存、发展的基本要素，同时也是一个国家或地区综合实力的重要标志之一。作为现代产业体系的保障，基础产业群应体现以下特征：

第一，创新性。现代产业体系应具备创新性，这就要求先进的原材料产业、信息服务产业以及科、教、文、卫产业提供有力的保障。可以说，这些产业产品或服务的水平很大程度上影响了该区域下游产业的创新能力和创新绩效。现代产业体系的创新特性要求基础产业无论是从数量上还是质量上都应保证技术水平的转化。

第二，可持续性。基础产业群是社会经济运转的火车头，它的可持续与否直接决定着产业运行是否可持续。可持续性是现代产业体系非常重要的特性之一，同时它也在很大程度上代表整个经济体的可持续发展的能力。开放和协调发展基础产业群是必要的手段和策略，使得资源、能源在更广的范围内得到更优的整合配置，加强基础产业群对现代产业体系的保障。同时，合理地运用经济手段、制度和政策来引导绿色创新（生态创新、可持续创新），从而提高资源的再生能力。而对于不可再生资源的开发，也应该加以限制，试图利用可再生资源来替代不可再生资源。基础产业群的发展必须重视生态环境的承载能力，着力发展清洁生产、闭环生产，并逐步达到工业生态化。

第三，先导性。在任何一种产业体系中，都是从基础产业开始建设，并以此带动国民经济发展和产业发展，为其指引方向。所以在现代产业体系的要求下，须要首先建设的是交通、能源、信息、原材料、水利以及科技教育等产业。这表现出基础产业群的先导性以及基础产业在现代产业体系中的重要地位。

第四，惠民性。这一特性主要表现在：随着社会的不断进步，经济的不断发展，人们对生活质量的要求也日益提高，所以对医疗、卫生、环境、文化、教育等方面提出了新的要求，而这些大多属于基础产业的范畴。然而，社会消耗资源总量的增加，要求更多的高性能、低污染、低能耗的科技应用于基础产业，尤其是原材料、物流、交通运输等产业，确保生产活动能够满足人们日益提高的要求。

总而言之，现代产业体系需要现代的基础产业，现代基础产业的核心是绿色创新，因为只有绿色创新才有可能使基础产业群在现代产业体系中的特征得以保证。根据以上几点，现代产业体系中的基础产业群应该立足于创新，着眼于可持续发展，这样才能更好地支撑区域绿色创新体系，有助于更快地建设现代产业体系。

## (二) 现代产业体系是绿色创新发展的空间

城镇化为工业化和农业现代化提供了基础设施、公共服务体系以及发展空间。随着城镇化进程的加快,各类工业园区的建设加速了工业布局向城市的集中。提升产业发展素质,也需要不断推动产业的集聚,获得集聚效益。发展强大的服务业体系离不开现代化城镇的平台支撑。城镇的规模成为服务业发展的门槛,因为城镇聚集了大量人口、资源、信息和产业活动,作为一个特定的生存发展空间,城镇蕴含了巨大的生产性和生活性服务需求,是服务活动产业化的最基本空间载体。发展现代农业,必须减少农民的数量,提高农业劳动生产率,引导农民向城镇流动,并且从事非农产业,稳步推进土地适度集中的规模经营,加快现代农业发展,加快发展城市的现代服务业,以支持农业现代化。

只有提高市场一体化和国际化水平才能完成工业化进程,加速现代产业体系的建立,推进农业的产业化和现代化。只有在市场国际化中实现新型工业和现代农业"引进来"与"走出去"的良性互动,提高中国工业、农业以及服务业的竞争优势,参与全球产业链分工战略,才能在更高层次上利用国内外两种资源和两个市场,完善区域开放格局,不断拓展新的开放领域和空间,促进经济发展方式的转变。

## (三) 现代产业体系是绿色创新发展的平台

即便是在经济较发达的地区,也会存在"市场失灵"的问题,仅仅依靠市场这只"看不见的手"很难使得资源配置达到最优。现代产业体系的构建也面临着"市场失灵"。市场这只"看不见的手"只有在完全竞争的条件下,才会充分地体现其通过调节供给和需求的关系来调节资源配置的能力。显然,现代产业体系并不能完全满足完全竞争的条件。有学者认为,自然分工使得比较优势成为可能,人们为了创造优势,则需要协同外部力量。所以,现代产业体系需要一个创新发展的平台,要进一步从主体产业、创新活动、深化服务、市场环境、政策引导等方面为现代产业体系提供一个绿色的创新发展平台。

1. 统一的研发与创新平台

建立统一的研发平台,有利于优势资源共享。公共的研发平台可以使得大型的科技器材、设备以及公共的科技实验室得到更高效的利用,为各种研发活动提供更全面、便捷的服务平台,并设立专业化的部门提供设计、监测、测试等技术服务。

2. 绿色产业支撑体系需要绿色的融资平台

"坚持节约资源和保护环境是我国的基本国策,关系人民群众切身利益和中华民族生存发展。"在引导社会经济资源配置、加速生态建设、促进经济与生态环境和谐发展的方面,金融市场作为市场经济的核心,发挥着不可忽视的作用。可以说,绿色金融与传统意义上的金融的本质区别在于前者能较好地处理金融产业与可持续发展的关系。一个良好的绿色融资环境对建立绿色创新体系、国家创新体系甚至国家层面的现代产业体系都起着不可忽视的重要作用。绿色金融强调的是对环保产业、清洁生产、生态化工业的扶持力度的大大增强，是金融业和环保产业的结合。它更为重视生态环境对人类社会和经济发展的平衡作用，同时也强调，在金融活动过程中，将符合节能、降耗、减排以及污染治理标准作为决策的重要先决条件，最大限度地减少资源、能源的损耗，增加对低碳、环保产业的创新活动的信贷支持。

3. 开放的市场交易平台

通过技术市场平台了解国内外消费者需求特征，不断开发用户特定的产品，在把握市场机会的过程中不断提高技术供给能力，使市场机会导向绿色创新。政府应为绿色创新提供一个风险投资基金的发展平台，鼓励投资者投资于服务本土的绿色创新风险投资基金平台。

4. 建立信息共享平台

信息共享平台指的是一条有机联系的服务链，一座联系数据拥有方和需求方的桥梁，包括信息源建设、传输网建设、人力资源建设、信息标准化建设以及信息安全建设。生产力促进中心、技术推广服务中心以及高新技术企业孵化基地的建设，为企业提供优质的基础设施和高效的公共服务，从而提高企业的自主创新能力和创新绩效，更好更快地促使科技创新成果的产业化。

## 二、基于绿色创新的现代产业体系的动力机制

### （一）创新机制——根本的动力机制

现代产业体系与传统产业体系的区别在于即使一个国家或地区不具备比较优势，人们也可以通过创新活动转化出比较优势。有的学者提出现代产业体系的关键就在于其创新机制的完善，它是建立在人人参与创新、创新优势转化和市场竞争力增加的基础上的。现代产业体系不能再依靠传统产业体系倚重的竞争手段来增强区域的竞争优势，取而代之的手段是创新活动，创新成为现代产业体系中生产要素的主要动力源泉。创新是社会、经济发展的重要推动力，同时创新机制也是产业体系发展的催化剂、润滑剂。学者 Reinganum 沿袭熊彼特的创新理论提出产业演化与产业结构升级的动因其实就是创新，熊彼特的"创造性破坏"本质上也是产业演进的过程。研发成功并产生创新，标志着产业发展达到一个新阶段，产业在一个全新的技术平台上进行新一轮的研发竞争。研究表明，在经济发展过程中，技术创新活动活跃的产业，往往对创新成果具有很强的吸收和融合能力，这在很大程

度上使其创新能力占据优势,创新产出的商业化、产业化速率要高于其他产业。于是,适应市场需求的能力越强,这个产业的发展就越迅速,规模就越大,影响就越广。如果这个产业又同时具有较强的关联性和辐射性,则往往会引发新的产业变革甚至产业革命,进而致使产业结构变化,使产业结构从根本上实现升级成为可能。基于区域绿色创新的现代产业体系建设的关键是提高企业的创新能力。创新性是其区别于传统产业体系的特征之一。创新是建立现代产业体系的第一驱动力,要建立现代产业体系,就要有大量资本的投入(包括资金、资源、人才、技术、设备等),需要以良好的基础设施(大型的研发器材、设备,高水平的技术实验室等)为依托,但真正能够有效推动传统产业体系向现代产业体系迈进的第一驱动力还是创新活动。创新很大程度上决定了现代产业体系的区域竞争力,创新活动需要开放性,开放就面临着竞争,建立在企业创新基础上的先进技术开发是企业提高核心竞争力的最有效手段。创新促进了产业的融合,产业融合是现代产业体系的重要特征之一。三次产业间以及各产业内部的边界趋于模糊,产业的融合是现代产业体系的发展趋势,这也集中体现了高新技术对产业发展的决定性作用。创新使得现代产业体系的可持续发展成为可能。现代产业体系是一个可持续发展的体系,并具有低污染、低消耗、节能、减排的特征,强调减少对生态环境的影响,为产业的可持续性提供有力的支撑。

## (二) 学习机制——实现保证机制

学习不仅是获取知识的渠道,而且是更新知识的基本途径,只有通过学习,才能更加有效率地工作,通过学习型个人、学习型企业、学习型区域来实现区域绿色创新。对每一个现代产业体系中的主体来说,要通过学习来适应不断变化的产业环境。知识无论在现代产业体系中还是在区域创新体系中都是最重要的基础资源。所以"学习"是该体系中最重要的活动过程。当现代产业被认为是一个信息交互、逐渐演进的过程,而不是一个均衡、静态的系统时,"学习"便成为区域绿色创新体系和现代产业体系的重要环节。根据先前的探讨,现代产业体系是建立在创新活动基础上的,而创新活动又是以"知识"为核心来开展。知识在现代产业体系与区域创新体系中的作用十分相似,其核心内容和关键目标均是产业技术、知识在产业或企业内部的流动,而这种流动将产生乘数效应,使得有限的资源得以发挥更大的效用。所以,现代产业体系必须以知识的创造、转化、应用以及扩散为核心内容,并通过知识在产业体系中的流动,产生"知识溢出"效应。对现代产业体系来说,流动分为知识的流入和流出。知识的流入是指产业体系从外部引进知识或技术成果,外部技术资源流入体系,这使得该体系内的最短缺的知识资本在一定程度上得到了弥补,这一点可以充分利用现代产业体系的开放性特点来吸引知识的流入。知识的流出是指体系内产业主体的知识或技术成果向外部转移、传播、辐射。研究表明,从长期来看,知识的流出是有利于该系统的。但是,应该清楚地看到,对整个产业体系来说,除了那些可以言传的知识之外,那些不能言传的知识也是产业体系演进的重要基础,那些可为人们所共同利用的知识(可以语言相传的知识)以及区域专有知识等不可言传的知识共同构成了产业体系的知识基础。所以,现代产业体系的学习机制体现为知识性,学习的实质是使知识繁殖、扩散,也就是通过学习的过程使知识流动,创造更高的产业价值。现代产业体系的目标是使满足产业可持续发展要求的知识产生、扩散以及应用,创造出其应有的产业价值。

有学者认为,从现代产业体系的可持续性出发,产业体系内部的各个行为主体的基本任务实质上就是创造效用。体系内的产业群就是创造高质量的产品和服务,从而满足人们日益增长的需求,同时把对环境和资源的损耗降到最低。大学和科研院所的基本任务就是创造知识,并且把这种知识用于物质财富的创造之中,推动人类物质文明与精神文明的共同发展。政府的基本任务则是引导全社会的基本价值取向,引领现代产业体系的发展方向,担负各种资源、能源管理的责任,使整个生产体系实现可持续发展成为可能。外在支撑体系通过沟通其他主体和监督其他行为主体来实现自己的经济价值,为现代产业体系提供有力的保障。正是这种对"知识"的需求带动着现代产业体系的形成与发展。

(三)融合机制——组织协调机制

产业融合是在信息技术等高新技术迅速发展的大背景下,为提高生产率和竞争力,不同产业或同一产业内的不同企业通过相互交叉、相互渗透融为一体,形成新的产业或新型产业形态的动态发展过程。产业融合是"产业结构融合化"的简称,有的学者也称之为"产业结构重叠化"或"产业边界模糊化",但其核心内容都大致相同。由于技术的进步或者管制的放松,发生在产业边界和交叉处的融合改变了原有产业或产品的特性以及市场需求,产业体系内的企业合作、竞争关系发生改变,从而导致产业界限模糊甚至重新划分产业界限。传统的以单一技术为基础的产业界限在产业融合中越来越不清晰,原有的以单一知识及技术划分的产业标准遇到了巨大的挑战,产业融合已经成为当今世界产业结构变化势不可挡的潮流与趋势。在现代产业体系中,由于产业的不同,产业融合的演进方式也不同,但最终目的都是促进整个产业体系结构的高度化、合理化。

产业融合主要有三种方式:①渗透融合。渗透融合是指高新技术产业向其他产业渗透,并逐渐形成一个新的产业,多见于机械电子、航空电子、电子商务等新型产业。②延伸融合。延伸融合是指通过产业间的互补或者延伸实现的产业融合,这种融合多见于高新技术产业链的延伸部分,延伸融合往往体现在现代服务业逐步向第一产业或第二产业延伸方面,例如,作为第三产业的服务业正加速向第二产业的基础研究、生产过程中以及生后的信息反馈延伸融合，尤其在金融、法律、培训、仓储、运输等方面，这导致第二与第三产业之间的融合越来越频繁。③重组融合。重组融合通常发生在具有紧密联系的不同产业或者同一产业内部的不同行业，主要是指那些原本相对独立的产品或者服务在同一标准元件束或集合下通过重组整合成为一个全新整体的过程。在现代产业体系中，重组融合多见于信息技术产业链的上游产业和下游产业的融合，通过信息业务的融合交互与重新整合有效地提高了融合产业的生产绩效，同时这种融合也体现在信息产业与夕阳产业的融合上，使夕阳产业凭借信息产业的数字化优势、智能化优势、网络化优势重新获得市场机会。

在区域绿色创新体系中，资源不仅来自企业内部，还来自企业外部，即更多资源、更低成本、更大的利润空间应该来自企业外部，所以要跳出企业做企业，不仅要经营企业，更要经营社会，在经营社会中寻求更大的绿色空间。利润空间来自社会，企业理应回馈社会，注重履行社会责任，以实现绿色低碳发展，提高生态文明水平。

### 三、基于绿色创新的现代产业体系实现模式

#### （一）产业层面的融合化模式

从产业融合的表现特征来看，产业融合就是发生了产业边界模糊化，是对技术边界、业务边界、运作边界与市场边界构成的固定化产业边界的一种颠覆性改变。因此，学者们往往从边界这一基本概念探讨产业融合的模式。突破产业分立的界限后，产业间更强调协作分工和产业要素在更大范围内的优化配置，追求系统效应。因此，产业融合是指社会生产中分工所要求的协作关系，它对产品的开放性、标准化程度的要求越来越高，对技术合作与资源共享的需求日益迫切，创新技术的扩散促使不同产业之间形成了共同的技术基础，技术融合由此产生，任何一种产品都是多种产品与技术的集成产物。

融合型产品的形成使不同产业具有相同的市场基础，促使市场出现融合现象，各个产业之间的传统边界趋于模糊，甚至消失，在技术融合和市场融合的基础上产生了产业融合的现象。产业融合是一个不同产业或同一产业内的不同行业通过相互交叉、相互渗透逐渐融为一体，形成新产业属性或新型产业形态的动态发展过程。也就是说，产业融合强调产业边界的位置，并以形成新的产业形态作为其根本标志。例如生态农业旅游就是充分利用农业资源开发出的主要包括农村独特的田园风光、农事劳作以及农村特有的风土人情等内容的，具有极大参与性的一种旅游活动。发展生态农业观光旅游是促进经济持续、快速、健康发展的新举措，是加强城乡交流、提高农民整体素质的新思路，是调整农业产业结构、构建人与自然和谐环境的重要一环，是建设社会主义新农村、实现农业现代化的重要

因素。在不同的技术、产业发展阶段，绿色创新的模式并不是固定不变的，绿色创新从绿色产品转向绿色工艺创新，激进型创新让位于渐进型创新，绿色创新也从"内涵"更多地转向"外延"，在很大程度上促进了基于绿色技术创新、组织创新、制度创新的产业融合，例如生态技术与工业、农业、建筑业、商业等领域实现了产业融合，形成了绿色低碳工业、绿色低碳农业、绿色低碳建筑业以及绿色消费等。

### （二）区域层面的生态化模式

由于不可持续性问题的影响，传统区域层面上的发展模式必须有所改变，这也迫使我们用一种新思维、新理念去推动现行的区域产业发展向环境友好、产业生态转型。产业生态化包括三个层次，即企业层次、区域层次和国家层次。企业只是集群中的单一个体，本位主义过强，无法自发成为集群生态化的推动力。国家层面无法考虑区域的特定情况，不能做到量体裁衣，只能成为集群生态化的辅助因素。所以产业集群生态化更多体现的是一种区域经济的优化，对产业集群生态化的操作层面设计也是以区域层次为主。

传统的企业群只是在地理区位上的集中，与周围生态环境的适应性比较差，可持续发展能力严重不足。从产业生态学的角度来看，须建立从自然资源、产品到再生资源的新经济发展模式。其实质是通过企业间的物质、能量和信息交换，建立产业生态系统的"食物链"和"食物网"，形成互利共生网络，实现产业系统内"生产者—消费者—分解者"的闭路循环，实现物质循环和能量多级利用，由此形成企业间的工业代谢和共生群落关系，建立一种新型的生态化产业群落。

1. 企业内部清洁生产模式

《中华人民共和国清洁生产促进法》指出，清洁生产，是指不断采取改进设计、使用清洁的能源和原料、采用先进的工艺技术与设备、改善管理、综合利用等措施，从源头削减污染，提高资源利用效率，减少或者避免生产、服务和产品使用过程中污染物的产生和排放，以减轻或者消除对人类健康和环境的危害。这也就是要求每个企业都须有"消化"污染排放和"吸收"垃圾的功能，最大限度利用清洁生产技术，减少废弃物和污染物的产生与管末排放，促使产品从生产到消费的过程与生态环境相适应，努力实现企业内的清洁生产和闭环生产。充分利用可再生资源或清洁型能源；协同组织原料内部循环封闭生产，提高科学管理能力，在整个生产过程中最大限度地减少原料、资源、能源的消耗量，尽可能减少污染环境的废物产出；大幅提高产品耐用程度、包装环保性和回收方便性；对不得不排放出的外部污染物，实施统一的"三废"利用措施进行管末处置。

2. 生态工业园模式

生态工业园，被看作生态发展理念在区域层面的实践形式。它通过模仿自然生态系统，构建企业之间共同协作、相互依存的关系，最大限度地利用资源和减少对生态环境的负面影响。生态工业园这种新的区域工业发展模式将经济发展和生态环境保护有机结合，其目的在于区域经济、社会、生态的可持续发展。生态工业园实质上是以工业生产为主要职能的地域性综合体，是一种以区域发展为基础的产业生态开发模式。在一定的区域内，通过重组或再造一个新的园区，寻求更高效的或者更可行的商业运作模式，以经济持续发展和环境改善为根本目标，最终实现本地经济、社会与生态环境的协同发展。有学者指出，如果设计者在前期设计、地域、产业以及工厂选择之初就着眼于其潜在的协同与共生关系，那么对工业园的长期发展将产生决定性的影响。生态工业园被定义为，在一定区域内的各企业相互协作，共同、高效地分享区域内的各种资源（包括信息、原料、能源、基础设施等），在经济和区域发展两方面实现经济效益、环境效益以及各类资源合理利用的综合提高。Kristy 提出，生态工业园应具有地域产权，能够独立地管理和发展园区，最终实现环境、经济与社会的和谐发展。作为区域内制造业与服务业的共同体，生态工业园通过加强能源、水资源以及原材料这些基本生产要素与环境管理之间的合作来实现生态环境与经济发展之间的双重优化与和谐发展，区域内企业获得的集体收益往往要高于单个企业实现最优化管理所达到的个体收益。简单地说，生态工业园的核心目标：在提高区域内企业经济效益的同时，实现生态环境影响的最小化。其途径包含对园区基础设施和工厂（车间）翻新（或新厂）的绿色设计、清洁生产、污染防治、高效能源以及企业内部协同合作。

3. 环境层面的科学发展模式

生态环境恶化是科学技术本身的落后所致，是科学技术产生的副作用所致，是科学技术的滥用所致，是经济主体的急功近利所致，是科学技术的全面效果具有不确定性所致。科技水平的高低在很大程度上影响着生态环境质量的高低，科学技术的进步会促进生态环境质量的改善，科技进步在可持续发展体系中具有核心地位，科技落后或科技的滥用也会导致生态环境的恶化。

科技是人类环境意识觉醒的物质基础。随着科学发展、技术进步，人们对生态环境的觉悟也逐渐提高。随着对生态环境科学研究的逐渐深入，这门系统科学也从根本上改变了世界的科学版图以及当代学者的思维方式，人们逐渐意识到人口、能源、资源、生态、经济以及社会是一个不可分割的有机整体，是一个庞大且复杂的系统。因此从整体出发，要将生态环境建设与资源开发、经济发展、社会进步协调统一起来，同步发展，这也正是科学研究的结果。同时科技还为人类环境意识的觉醒提供了物质保障。当满足了最低的生存需要的时候，人们就会追求更高层次的需要，如对生态环境的需要。温饱需要和其他需要的满足都依赖科技的进步。只有科学技术进步了，人们的生存条件才会改善，人类的生活水平才会随之提高。

以绿色技术为支撑的东北地区可持续发展主要表现在以下几方面：

第一，对东北三省境内流域的生态保护与合理开发利用绿色技术，主要包括：江河源区的生态安全与保护技术；高寒地区生态建设技术；山地、丘陵区水土流失防治技术；农田蓄水保产、节水高效的生态农业生产技术。

第二，东北地区的风沙区综合防治技术的开发，主要包括：固沙及沙地利用技术，如速动流沙生物固定技术、沙化草地更新与复壮技术、沙土的培肥改良和泛风农田的风蚀防治技术等；防风阻沙、护牧、护林建设配套技术，如高效用水与节水造林技术等；荒漠绿洲过渡区的可持续利用技术等。

第三，东北地区中西部缺水地区的水资源安全保障技术，主要包括：人工增雨技术及相关器材；干旱农业节水、盐渍化土地改良治理技术；西部及北部地区水资源可持续利用战略；区域内水资源综合调控、合理利用模式与技术等。

第四，受污染生态的综合修复、预防技术，主要包括：湖泊内源污染控制与治理技术；松花江水体污染预防技术及其机制；农产品安全及内源污染控制技术；土壤污染的修复与控制等。

第五，资源型城市和地区矿山土地复垦与生态重建技术，主要包括：矿山土地复垦工艺和技术，如土壤重构与培肥技术、边坡地水土流失防治技术等；以矿山土壤污染生态修复技术为主的污染矿山土地的生态建设与利用技术等。

# 第九章 区域经济协调发展

劳动地域分工理论与经济地域运动理论是区域经济的基本理论，劳动地域分工与经济地域运动是区域经济地理事物形成发展的两个相互联系的内在规律。

## 第一节 劳动地域分工理论概述

劳动地域分工，亦称生产地域分工、产业地域分工、经济地域分工等。劳动地域分工是指人类经济活动按地域进行的分工，即各个地域依据各自的条件，着重发展自身的优势产业部门，以其产品与外区交换，又从其他地区进口其所需要的产品。这种一个地区为另一个地区生产产品并相互交换其产品的现象，即劳动地域分工。

### 一、对劳动地域分工的基本认识

#### （一）分工是人类社会经济发展的固有现象

分工是人类社会经济发展自始至终存在的永恒的重要现象，是一条重要的社会经济规律。人类在其发展演变过程中，为了生存就需要劳动，而劳动需要依靠分工合作这一集体力量来进行。人类最早的分工是自然分工。在早期的原始氏族社会内部，男女分工较明确，男子负责食物的获取及保卫家园，如捕鱼、狩猎、进行战争，女性则管家、制作食物和衣服。这即是母系社会的分工。由于进行了原始的自然分工，人类才能在最低的生产力水平条件下，维持最低的生活，并促进了社会生产力的缓慢发展和早期社会分工的出现。

随着生产力的发展，各个原始部落开始有了某些相对剩余物，又由于各地区自然条件不同，山地、平原地区以采集、狩猎为主，临海、临河区域则将捕鱼作为获取食物的主要途径，这样在不同公社之间便开始了原始的产品交换。不同的公社基于自身环境的优势获取到不同的生产生活资料。这样的自然差别，引起了不同公社之间的产品交换。从此，就出现了以产品交换为前提的早期部门分工与地域分工，人类社会逐渐地由自然分工进入社会分工阶段。

在原始氏族社会后期,开始陆续地实现了三次社会大分工。首先是畜牧业的分离和农业部门的形成,出现了畜牧业和农业两大部门,实现了第一次社会大分工。其次,又有手工业从农业大部门中分离出来,实现了第二次社会大分工。在原始氏族社会向奴隶社会过渡时期,又产生了商业,出现了商人和高利贷者。最后,在商业和手工业比较集中的地方,开始形成早期的城市,这样就实现了第三次社会大分工。

三次大分工推动了社会生产力的发展,随着社会生产力的发展,又要求新的分工。到了资本主义萌芽阶段,手工业内部的分工日益明显。例如,在我国的封建社会后期,手工业部门已有"三百六十行"之说。以大机器生产为标志的产业革命,加剧了部门分工的进程。几次产业革命都促进了部门分工的大发展,乃至形成今天这样错综复杂的部门分工的局面。部门大分工推动了企业内部的分工和现代城市像雨后春笋般的发展,更带动了地域分工的不断深化。即便到了知识经济时代,部门分工与地域分工仍将不断深入下去,只不过其内容与形式有所变化而已。

(二) 劳动地域分工是劳动部门分工在地域上的体现和落实

劳动部门分工即人类经济活动按部门所进行的分工。目前,世界各国对众多产业部门的划分方法不一,一般分为第一产业,包括农业、林业、牧业、渔业等;第二产业,包括采掘业、加工业、建筑业、电子工业等;第三产业,包括交通运输业、商业贸易、科技文教、金融、通信信息、旅游、服务。有的还提出第四产业,即高科技领域。今后,随着科技革命的不断深入和生产力的进一步发展,部门分工还将进一步深化下去。

劳动地域分工是劳动社会分工的空间表现形式。产业的部门分工必然在不同尺度的空间关系中表现出来。在人类的社会物质生产过程中,各个地区遵循比较利益的原则,把各个产业部门和企业落实在各自有利的地域上,实现地区之间的分工。地域分工能够超越自然条件的限制,如某一国家或地区不能生产某种产品,须由其他国家和地区输入或降低生产成本,实现地区之间的分工。

劳动部门分工是劳动地域分工的基础,没有劳动部门分工,也就不会有劳动地域分工,有了部门分工,就必然要把各个部门落实在具体地域上。随着生产力的发展,部门分工不断精细,地域分工不断深化,从而进一步推动了生产力不断向前发展。

(三) 劳动地域分工是人类经济活动的内在因素

分工与人类经济活动(特别是产业活动)密不可分,生产需要分工,分工又推动生产和人类经济活动的发展,因此,分工是人类经济活动领域的重要内容。

人类经济活动包括多方面的内容，并从许多方面表现出来，它主要通过生产技术领域、管理领域和分工领域等方面促进社会生产力的不断提高和社会经济的不断发展。

人类经济活动的技术领域，主要是通过能源动力的不断变革、生产工具的不断创新和科学技术的不断进步来促进社会生产力的不断提高。技术领域是人类社会经济活动的首要领域，从而体现了科学技术是第一生产力的基本原理。人类主要依靠科技进步，带动能源动力和生产工具以及交通运输工具的不断变革，持续不断地把生产力发展水平从一个阶段推向另一个新的阶段。

人类经济活动的管理领域包括生产管理、经济管理、技术管理、环境管理、行政管理、部门管理和地域管理等诸多方面，通过不断提高管理水平及管理规范化和现代化的手段，来不断提高人类社会经济活动的社会、经济、生态效益和社会劳动生产率。

人类社会经济活动的分工领域也是一个十分重要的领域。人们通过企业内部分工、部门分工和地域分工，实现部门专业化与部门的优化组合、地域专门化和地域的优化组合相统一的合理的产业布局，最大限度地节约社会劳动，促进商品的流通与交换，加速世界经济的一体化进程，从而极大地提高了社会劳动生产率，促进了产业的迅速发展。

### （四）劳动地域分工促进生产力的发展

在人类社会经济（产业）活动中，提高社会生产力的途径是多方面的，而劳动地域分工则是其中的一个重要方面。

在前资本主义社会，自给自足的自然经济占主导地位，劳动部门分工和劳动地域分工都不发达，各个地域几乎都生产相同产品，即使生产不同产品，也主要是为了满足当地的需要，而地域之间的经济联系很薄弱，生产力水平较为低下。到了资本主义时期，由于部门分工的大发展和地域分工的不断深化，部门专业化和地域专门化已成为社会经济的普遍现象，各个地区都可以充分发挥自己的优势，集中生产一种或几种产品，以其产品与其他地区交换。由于择优地进行分工，使生产向优势区位集中，因此，可以最大限度地节约社会劳动时间，成倍地提高社会劳动生产率。

分工与生产发展的关系：生产要求分工，生产必须分工，分工又必然推动生产的发展，生产的发展又要求新的分工，即沿着生产—分工—生产发展—进一步分工—生产再发展的模式，不断向前发展下去。分工的发展水平必然反映在生产力的发展水平上。

### （五）劳动地域分工推动世界经济一体化形成发展

分工与联系是人类经济活动过程中紧密相连的两方面。分工是联系的基础，分工程度越高，规模越大，地域间的联系也越紧密。在前资本主义后期，首先是在一国之内，形成

"小地方市场之网",在资本主义迅速发展时期,城市体系、经济区体系、国内市场体系,即国内分工体系逐渐形成。随着地域分工在世界范围的扩展,形成了世界市场体系和全球的国际分工体系,并形成了错综复杂的世界经济地域系统。

### (六)劳动地域分工呈现新形式与新特点

随着新科技革命的发展,部门分工不断细化,综合集成趋势也越发明显。部门分工深化主要表现在产业链的延伸及新部门的产生上。伴随着电子通信技术的广泛应用、现代物流业的兴起,多部门的联系与集成得到实现。

地域分工出现了许多新的地域组织形式,并具有许多新特点。跨国公司是新形势下出现的新事物,对国际地域分工与跨国公司总部所在国家的地域分工均有深远的影响。区域集团化的新发展,以欧洲联盟与东南亚国家联盟的迅速发展最为典型。随着信息技术的发展和信息流动与产业的结合,网络地域系统将会成为经济地域系统中新的地域组织形式。

## 二、劳动地域分工的经济地理内涵

劳动地域分工是整个人类社会,尤其是资本主义社会的重要社会经济现象,是国内贸易和国际贸易的重要理论,揭示了当代产业分布、经济网络结构和经济地域系统形成发展的客观规律性,包含着十分丰富的经济地理内涵。

劳动地域分工的经济地理内涵可以表述为:社会生产力是劳动地域分工形成发展机制;各地区自然、经济、社会诸条件的差异是劳动地域分工形成发展的前提;获取更大的经济、社会、生态效益是劳动地域分工的最终目的。产业、产业部门结构和产业空间结构是分工的主要物质内容;劳动地域分工形成的纽带和动力机制是经济地域运动,劳动地域分工的表现形式是经济地域与经济地域系统。

### (一)劳动地域分工形成发展的动力机制和利益取向

社会生产力是劳动地域分工形成发展的根本动力,劳动地域分工又反作用于社会生产力,两者相互联系、互为作用,共同促进社会经济的发展。而劳动地域分工的动因及其追求的目标,则是获取最大的经济社会效益与生态效益。

在不同的社会经济形态条件下,劳动地域分工形成发展的动力机制和利益取向是不同的。

人类社会分工的动力是生产力,其中最为主要的是发明与科技创新。在资本主义社会以前的人类社会发展的上百万年的过程中,由于生产工具变革十分缓慢和停滞不前,分工发展十分缓慢。火的发明改变了人类的生活条件,但对生产条件改善甚微。铜的应用初步改变了农业和手工业条件。铁器的应用是农业社会生产力发展的基础，在漫长的农业社会中，由于没有其他重大的技术创新，农业社会生产力长期停滞不前。蒸汽机的发明，电力的应用，核能的应用，由此而来的大机器生产和电子计算机的应用及交通运输工具的不断变革，使近300年的工业社会发生了天翻地覆的变化，从而实现了部门与地域的大分工。到了知识经济社会，这种分工还会以新的形式向前推进。

在生产力的带动下，人类社会的分工，不断地由简单到复杂，由低级到高级，分工的利益取向不断扩大，最后实现经济、社会、生态的协调发展。

### （二）部门分工是劳动地域分工的基础

部门分工是社会分工的基础，也是劳动地域分工的基础，资源的开发和地理环境的变化与部门分工的发展状况直接相关。

回顾人类的发展史，就是一部部门分工的历史，从自然分工到三次社会大分工，进而到产业革命之后的部门大分工，直至形成当今世界错综复杂、五花八门的部门分工系统。

能源动力的变革、生产工具和交通工具的变革是部门分工的原动力，纵观科技和生产力发展及其推动部门分工的发展状况，可以看出：

1. 发明与科技创新是部门大分工的根本动力

能源动力变革是推动力，进而带动生产工具的变革和交通工具的变革，在此基础上，带动了部门分工。

2. 部门分工的内容与水平直接受能源动力变革及其状况的制约

前资本主义时期，能源动力为人力、兽力和水力，除生产工具和交通工具与此相适应外，其主要生产部门为农业、畜牧业、手工业和主要以水力带动的工场手工业。第一次科技革命则以蒸汽机的发明与利用和煤铁的大规模开发为标志，带动了现代纺织工业、煤炭工业、钢铁工业和机械工业部门的形成以及蒸汽火车、轮船等现代交通工具的出现。第二次科技革命以电力、内燃机为主，从而带动了电力机械和内燃机械等生产工具的出现。在此基础上，才能出现内燃机车、电力机车、汽车、飞机和内燃机船舶等现代交通工具。这样必然促进石油工业与天然气工业、电力工业、有色金属工业、化学工业、汽车工业、船舶制造业、飞机工业、现代农业（农机工业的带动）和食品加工业等部门的形成和发展。其他阶段的情况与此同理，在此不再赘述。

3. 第三产业状况直接受生产力发展水平与部门分工状况所制约

前资本主义时期，只能形成商业与饮食服务业。到第二次科技革命时期，众多新生产部门必然促进航空业、公路运输业、远洋运输业、通信业、旅游业、金融保险业和科技教育等新的第三产业部门的形成与发展。

能源动力、生产工具、交通工具、主要生产部门与非物质生产部门的形成与发展是渐进的，几次科技革命则是质的飞跃，把发展推向一个新的阶段。总之，生产力的发展和部门分工的深化，就是在量变与质变过程中向前发展的。需要指出的是，生产力与部门分工的发展具有叠加式和继承性特点，新的生产力和主要部门的形成并不意味着已有的消失，而是继续发挥作用。在当今的后进地区，前资本主义时期的生产工具与生产部门的存在就是很好的说明。只有在社会经济不断发展，旧的生产工具可能被逐渐淘汰的时候，老的生产部门才会不断地运用新技术进行武装，并改变其面貌。

### （三）地理条件与社会分工

地理条件包括自然条件、经济条件和社会条件，即社会分工的地理环境和资源环境。地理条件差异是社会分工（包括部门分工和地域分工）形成发展的基础。社会分工与地理条件两者同属社会历史范畴，是一个动态概念。如前所述，社会分工的水平和内容随着生产力的不断发展而不断提高和复杂化，而生产力的不断发展和部门分工的不断深化（新部门的不断形成），对地理条件又不断地提出新的要求，许多新的资源陆续投入社会分工中去，地理条件（包括资源条件与地理环境）也在不断地被改变着。

在原始氏族社会末期，当人类社会由自然分工进入社会分工阶段，自然条件的地域差异则是早期地域分工的自然物质基础。那时，由于原始氏族部落各自所处的地理条件不同，有的以牧业为主，有的以农业为主，因而各自的剩余产品不同；这样才实现了不同地域、不同产品的早期地域分工与交换。

在农业社会，社会分工的地理条件，主要是农业自然条件，其中土地、气候与水资源是地域分工的主要条件。此外，还投入了区际商品交换的铜、铁、金、盐等矿产资源。原始的交通条件和一定数量的人口条件，也为地域分工提供了前提。农业社会对自然环境的破坏，主要来自毁林开荒及其造成的水土流失。

工业社会是部门大分工和资源大开发的社会。以蒸汽动力变革为代表的产业革命，带动了煤、铁资源的广泛开发和棉花种植业与养羊业的发展；由于工业城市雨后春笋般的发展，带动了建材原料的开发。以电力和内燃机的广泛应用为代表的第二次科技革命，带动了石油、天然气、铜矿、铝矿和化工原料的开采，以及煤、铁、森林资源等的进一步开发。以原子能和计算机为代表的第三次科技革命，把有色和稀有金属矿的开采推到首要地位；由于经济的快速发展，上述工业资源的开发也有增无减，农业用地也在不断扩大。工业大发展和资源的过量开发，造成了全球性的环境、城市与资源问题。

第四次科技革命以信息技术革命为标志，将改变工业社会的生产方式，信息产业将成为首要的产业，新能源、新材料、生物工程与海洋工程等将会形成新的重要产业部门。

总之，人类进入工业社会以后，由于社会分工和商品经济的发展，工业资源对社会分工的影响不断扩大，而每次科技革命都使一些新的矿产资源投入劳动地域分工中去。位置与交通信息条件，人口与劳动力条件，尤其是高素质的劳动力以及经济条件与社会条件等，对社会分工的影响日益增强，而自然资源的影响作用将会不断减弱并具有新特点。

社会分工不是一个纯抽象的经济学概念，而是一个与地理条件紧密结合、包含丰富地理内涵的动态的物质实体。

### （四）不同时期的劳动地域分工

劳动地域分工是劳动社会分工在地域上的体现与落实。在科学技术及生产力发展的推动下，部门分工主要体现在产业部门的增多和部门联系的日益密切上；地域分工主要体现在地域专门化趋势上。

1. 前资本主义的地域分工

早期的地域分工是从原始氏族社会末期开始的，由于各部落所处的自然条件不同，位于森林地区、临近河流地区以及地处草原地区不同部落间的产品在出现剩余之后开始交换，从而为三次社会大分工提供了基础和条件。

在奴隶社会时期，已经出现了农业、畜牧业和手工业三大部门和早期的城市。这一时期地域分工的特点主要体现在农业地区、牧业地区和手工业所在的城市三者之间的分工与地区交换方面，也反映在各地方（行省）向中央纳贡的地域分工关系上，这些贡品主要是手工业品。

封建社会是典型的农业社会，是一个以自然经济为主的自给自足的封闭的社会经济。由于技术创新有限，生产力变革缓慢，其部门分工与地域分工进展也较缓慢。畜牧业和手工业对农业的依附还很大。由于封建社会维持着自给自足的自然经济，商品交换不发达，只有铁制农具和食盐等生产生活必需品才是广泛交换的商品。

封建社会的地域分工不发达，各个地域几乎都是由经济内容相同、封闭的经济单元所组成。各个单元主要是由城镇或乡镇、手工业作坊及其周围的广大农村所组成，各个单元之间很少有分工与联系。

2. 三次科技革命时期的地域分工

第一次科技革命时期，近代纺织工业、煤炭工业、钢铁工业、机器制造业等部门出现，近代工业城市发展，从而把地域分工推向一个新阶段。

在此期间，工业主要向煤炭产地集中，具有工业专门化的城市大量涌现，地域分工的范围不断扩展，分工的程度不断深化，资本主义工业区、农业区和综合性的经济区不断地形成和发展起来。

第二次科技革命，电力和内燃机广泛应用，电力工业、电机工业和有色金属工业部门、电力机车和电力船舶制造等部门形成。汽车、拖拉机、飞机、内燃机车与内燃船舶等制造部门，基本化学和煤化学等新兴工业部门得到发展。拖拉机等现代农机工业、化肥工业和石油动力燃料则使农业实现了革命。

在上述部门分工的基础上，这一阶段地域分工的主要特点：工业进一步向电力中心、资源产地和交通条件优越的地区集中，工业集聚是主要趋势，商品性农业发展很快，农业地域专门化迅速推进；综合性经济区发展很快，经济区系统在一些国家开始形成，由于地域分工的深入发展，在一些特大城市及其周围地域开始出现城市群，特大城市与周围地域之间已经形成经济有机体。

第三次科技革命的特点是原子能和电子计算机的发明和广泛应用，如原子能工业、宇航工业、计算机、生产自动线、电子工业以及合成化学工业等新兴工业部门的形成与发展。以信息产业为代表的，具有高技术含量的第三产业发展方兴未艾，从而把地域分工又推向一个新的阶段。

这一时期地域分工的主要特点：

在已有的能源动力基地与非能源动力基地之间、原材料基地与非材料基地之间和产品加工区与消费区之间的分工的基础上，半成品与零部件的地域分工发展十分迅速，尤其是高技术产业上游部门与下游部门在分布上的分工更为突出。这样就进一步加强了世界经济联系，推动了世界经济一体化进程。

跨国公司的出现和发展推进了国际地域分工的发展。跨国公司之间及其内部的地域分工加强了，在推动世界经济一体化方面发挥着重要的作用。

信息技术参与人类的经济活动，使地域分工呈网络化发展趋势，缩短了经济空间的距离，形成了网络结构的地域分工模式。

第二次世界大战后，由于工业化和城市化进程的加速和高速铁路、高速公路和高速大型船舶的出现，在劳动地域分工组织形式方面，除经济区、城市群等进一步发展外，又出现了经济地带、城市地带和多国合作开发区（在西欧、北欧、东南亚与东北亚）等新的地域组织形式。

在当今世界上，已经存在经济区系统、经济地带系统、城市地域系统、规划区系统和地缘经济地域系统在内的世界经济地域复合巨系统。

# 第二节 经济地域运动理论阐释

## 一、经济地域运动的内涵

经济地域运动是指经济地域系统的成分、结构、功能规模、等级、性质等在不可逆时间序列中有机的空间演变过程。

劳动地域分工理论从分工的视角对经济地域系统形成发展的客观规律进行了阐释;经济地域运动则从经济地域要素流动的视角着重说明了经济地域系统形成发展的客观规律性。前者从纵向上,后者从横向上揭示了经济地域及其系统的时空变化的内在规律性。

## 二、经济地域运动的基本要素

经济地域运动的基本要素是指人类社会经济活动所必需的物质要素,直接参与经济运行,促进社会经济发展。

土地与建筑物、人口与劳动力、生产资料与生活资料、资金、科技、信息与管理和文化观念等因素都属于经济地域运动的基本要素。

### (一) 土地与建筑物要素

土地包括农业用地、森林与林业用地、牧业用地、养殖水面、城市用地、矿业用地、工业用地和交通用地等。土地是经济地域运动的基础,人类的产业活动都须在土地上(包括一些水面)进行,通过诸要素的地域流动组合,有的土地上产业密集,有的则产业稀疏,形成不同价值和级差地租的局面。

土地虽然不能移动,但通过物质要素地域流动所形成的各种经济(产业)形式,随着其产业的不断密集,其所承载的土地价值也不断增值。

建筑物是不动产,其使用价值受可流动要素的组合状况所制约,房地产开发与价值的不断攀升则是强有力的说明。

### (二) 人口与劳动力要素

人口是人类经济活动的主体,是生产力最活跃的因素,人口既体现经济活动的源头(生产),又体现其活动的结束(消费)。即经济活动由人进行,其最终目的还是为了人自身的消费。

在经济地域运动过程中，人口与劳动力也是最活跃的主导因素。人的流动，带动区域开发、区域成长与区域消费。人口劳动力集科技、观念、素质于一身，其流动不只体现在一般人口与劳动力的流动上，也体现在科学技术、文化、观念和人口素质与管理经验的流动上。

体现不同职业和水平的劳动力，在流动组合形成企业、部门或城市等过程中，起到劳动力、科技人才和管理人才的作用。随着科技要素在区域发展中作用的日益突出，人才的流入与流出对区域经济的影响日益加大。

### （三）生产资料与生活资料要素

生产资料要素与生活资料要素是经济地域运动中物质流动量最大的两个要素。生产资料体现在生产这一侧面，包括生产工具、设备、能源、原材料、生产资料产品以及农业中的种子、农机具、肥料和种畜等。生产资料的地域流动与组合是社会生产力发展的基本要素。工业企业只有靠设备、能源和原料才能维持正常的生产活动，农业需要依靠农机具、肥料等从事农业活动。

生活资料也是大宗物流，主要是为满足人类多方面的需要与消费。生活资料主要包括粮食、肉蛋奶、蔬菜与水果、衣物与鞋类、其他轻工电子产品、燃料、电力，以及文化娱乐产品等，总之，是为满足人类衣、食、住、行、娱等各方面需要的产品。生活资料在经济地域运动中，尤其为了达到人类的消费目的，而发挥着重要作用。

总之，生产资料与生活资料是经济地域运动中流动量最大的要素，也是构成人类经济生活的物质基础。

### （四）资金要素

人类的经济活动离不开资金，它是人类经济活动的保证条件。资金要素在人类社会经济生活中的作用与日俱增。农业社会土地与劳动力条件作用突出，资金要素数量有限，作用不大。到了工业社会，资金需求量迅速增加，其作用日益提到首要地位，发展高新技术产业更需要庞大的资金支撑。发达国家资金剩余，亟须输出资金，使其增值，发展中国家为了进行经济建设，急需资金，需要国外投资。近些年来资金流动速度明显加快，成为左右世界经济的重要力量。

在未来知识经济时代，资金将与科技一样，在经济地域运动中起主导作用。

### （五）科技要素

科技要素的作用随时间的推移而不断增强，在目前的经济地域运动中，科技要素代表社会经济的发展方向,成为区域创新的首要力量。科技要素具有自己的特点,其作用主要体现在三方面:首先,体现在人才方面,即与人的素质、文化水平联系在一起;其次,体现在科技含量高的设备仪器上;最后,体现在科技信息方面。上述方面的流动均体现了科技要素的流动。人才的集聚、先进的生产设备和便达的科技信息则是区域创新的首要条件。科学技术在经济地域运动中的地位,反映在区域经济的发展速度与发展水平上。

### (六)信息与管理要素

信息与管理体现了新时代的特点,信息主要是通过计算机网络实现的。另外,还有许多其他通信手段。信息包括科技信息、商业信息、生产信息、流通信息、消费信息和金融信息等。这些信息都是由信息源流向信息需求地。信息流动十分快捷,它对产业、经济地域的成长起着重要的促进作用。

管理与信息和人才联系在一起,人才的流动与信息的流动反映管理经验的流动,管理水平的高低与经济活动质量的好坏呈正相关。

### (七)文化观念要素

文化观念受地理环境、民族状况和人的素质的直接影响。先进的文化观念和民族文化传统对区域经济影响很大;先进文化的流出对后进地区的开发起到带动促进作用,而后进文化观念对区域开发的阻碍与滞后作用不容低估。文化观念流动主要表现在人的流动和通信信息的传播上,文化交流与旅游活动的频繁则可加速文化观念的流动与交融。文化观念的不断进步则是社会经济不断发展和经济地域系统不断高级化的重要前提。

## 三、经济地域要素流动

单项的、静止的要素不能构成产业,其只有经过流动并与其他要素组合才能形成产业并创造价值。

在经济地域运动中,基本要素可以概括为几个要素流,即人流、物质流、能源流、资金流、技术流、信息流和文化流。这些要素的流动呈现出一定的轨迹,受市场需求及政府宏观调控作用(体制、政策、法律)以及地理环境和运动载体的影响与制约,物质要素的流动组合均要落实在具体土地上。

### (一)要素流动轨迹

人类活动的经济地域运动的内容、范围、程度是不断复杂、扩展与深化的。

在原始社会,地域流动的主要物质内容是原始生活资料,它实现了部落之间简单的产品交换，其运动的载体是人本身（肩扛、人挑），受自然条件的严格限制，人类活动的地域范围极其狭小。

自原始社会后期至封建社会后期，农业、手工业、城镇与商业是其社会经济的主要内容。地域流动的主要内容仍以生活资料为主，少量的农业生产工具、贵金属和奢侈品在一定地域范围内流动。畜力、车、船乃至人力本身成为地域流动的载体，地域流动的范围比以前扩大了。地域流动的主要形式：一是农民和简单农具与土地的结合并从事家庭手工业，其经济活动的范围则在农户周围；二是游牧民族与广阔草原的结合，逐水草而生，其活动范围较前者要广阔；三是农民与手工业作坊和城市商业的结合，以获取必要的生产工具与手工业品，由于经济条件和交通条件限制，这种活动是有限的；四是少数商人乃至传教士的活动地域范围较广，成为传播文化、传授技术、推销产品的主要力量；五是战争成为人口大规模迁移的重要力量，对宗教文化的传播和生产方式的变化影响很大。这一时期，自然条件对经济地域运动的阻碍还是很大的。

工场手工业在人类经济史上开辟了水力时代。工场以水为动力，用水路运送原料和产品，工场分布在河流两岸，水路与近海成为运输的主要通道，经济地域运动的范围更加扩大了。

产业革命开辟了蒸汽动力时代，使经济地域运动的物质内容、载体和运动方式都发生了很大变化。这一时期，经济地域运动轨迹的特点：①蒸汽火车的出现带动了煤铁工业的发展，铁路修筑热潮带动了人口大规模迁移和新区开发以及诸多工业城市的出现；②蒸汽轮船的出现推动了远洋航运，促进了向新大陆移民高潮的形成，为工业国提供了棉花、羊毛与粮食生产基地；③诸要素流迅速向城镇流动，促进了工业的发展和人口的不断集中。

第二次科技革命进一步加快了经济地域运动的速度，主要是由电力和内燃机动力使地域内容增加和运动载体速度加快造成的。具体表现在：石油与有色金属的大规模开发带动了许多新的工业部门的形成与发展；工业开发的广度和深度都增强了，形成了一批企业，并使企业规模不断扩大；诸要素进一步向城镇、新的工矿开发区与农业开发区集中；出现了城市群、大的能源基地、原材料基地和农业基地。

第二次世界大战后，以原子能与电子信息应用为代表的第三次科技革命把经济地域运动推进到一个新阶段。

1. 经济地域运动的内容日趋复杂化与多样化

首先，能源、原材料、粮食与矿建材料和木材等大宗物流，在数量上继续增加，流动更为频繁，仍不失其在物流中的基础作用。但是，技术含量高和高附加值的产品和零部件的流动更为频繁，质量不断提高，其产值增长十分迅速。

其次，金融资金的流动速度明显加快，其流动量大幅度增长，在世界经济和区域经济中发挥着主导作用。资金流动对发达国家和发展中国家都是非常需要的。

再次，科技、信息与管理经验的流动速度加快，其作用明显增强。技术更新、知识更新的速度明显加快，信息网络促进了其传播速度。它们已成为经济地域运动和区域发展的创新力量。文化观念的流动具有不可低估的作用。

最后，人口在地域流动中的作用明显增强。人口集科技、信息、管理经验和文化观念于一体。世界范围的旅游也加速了人的流动。人口的流动即生产力的流动，尤其是人才流动，对各国经济影响很大。

2. 经济地域运动的载体更加多样化

除传统的载体（各种运输工具包括管线）以外，网络传输在地域运动中的作用日益突出，主要体现在非物质要素在地域流动和经济地域系统形成发展中的作用明显增强。

人的载体作用增强了，人的流动不只是生产者和消费者的移动，更主要的则是知识的流动和信息的流动。

3. 要素流动地域组合形式的新特点

第二次世界大战以后，由于科技革命和社会经济的迅速发展，要素流动速度的不断加强，全世界已经形成十分复杂的经济地域巨系统。

就世界范围来看，已经形成经济地带系统、经济区系统、城市地域系统。城市地带与城市群迅速发展，产业集聚与人口集聚都在加强，与此同时，分散化也在发展。

地缘经济地域系统与网络地域系统是世界经济地域系统的新发展与新事物。以前，虽然也存在零星的跨国经贸区，但是，现在已形成一个世界地域系统，大的如欧盟与东盟，小的如两国之间的地缘经济区。网络地域系统还处在形成发展过程中，许多内容有待深入研究。

跨国公司与物流系统是经济地域运动的新形式，把物质生产领域与非物质生产领域集合于一体，进行全世界范围的资金、技术、信息、管理与设备流动，成为推动世界经济一体化的一股重要力量。

（二）要素地域组合的新形式

要素流动是一个过程，某种要素只有与其他要素结合或到达消费者手中，才能形成产业或实现产业的目的。要素地域组合的形式，随着生产力的不断发展由简单到复杂，类型多种多样。

随着科技革命的不断深入和生产力的迅速发展，要素流动速度的不断加快，其流动组合反映出许多新的特点：其一，非物质要素的流动速度明显加快；其二，物质要素与非物质要素的组合出现了新形式，如高技术园区、现代物流园区、跨国公司和循环经济园区等。

高技术园区代表世界各国各地区科学技术新的发展方向，如美国的硅谷、我国的中关村。它将高新技术研发、科研机构与高等院校集聚于一体，相互密切联系，互为促进，推动生产力迅速向前发展。

现代物流园区以通信信息产业为龙头，集交通运输、电子商务、中介、仓储、销售和加工包装等于一体，对区域经济的发展将起到越来越大的作用。

跨国公司形成时间较早，还在不断地向前发展，既包括生产型，也包括非物质生产型，如商贸、科技等。其地域组织形式如总部、研发、生产、组装等，均随着经济、社会利益的变化而变化。

产业集群一词应用广泛，而循环经济园区则是新形势下的新的产业集聚，其核心是在一定地域范围内不断延伸产业链，实现对资源产品的加工与深加工，最终做到零排放、零污染，实现循环经济。

### 四、经济地域运动的影响与制约因素

（一）影响因素

生产力是经济地域运动的总动力。生产力的发展与经济地域运动密切相连。有了早期生产力的初步发展，才出现早期的分工与经济地域运动。随着生产力的发展，分工与地域运动的水平不断提高且日益复杂化，而分工与地域运动的发展反过来又促进生产力水平的不断提高。

地域间的自然、社会、经济条件的差异以及由此而导致的地域分工，是产生经济地域运动的直接原因。没有地区差异以及由此而导致的以产品和商品交换为前提的地域分工，就不可能产生生产力诸要素的地域流动，即经济地域运动。分工越深入，地域间的流动越频繁，流动的力度也就越大。

区域引力与排斥力（即极化与扩散）是产生经济地域运动的具体原因。经济地域运动就是在两种力量的作用下产生的，并不断地向前发展。

经济利益是经济地域运动的驱动力，如生产成本、运费和利润等，但是，随着社会经济的进一步发展，社会效益和生态效益将成为经济地域运动追求的重要目标。

（二）制约与障碍因素

经济地域运动是应按一定规律向前发展的，但在运行过程中要受许多因素的制约与阻碍。

1. 自然条件的阻碍

人类的社会经济活动一开始就受到自然条件的阻碍,这种阻碍随着能源动力、生产工具和交通工具的不断变革而不断被征服。但是,到目前为止,在经济地域运动中,自然条件的障碍仍然明显地存在着,主要表现在:

(1) 影响地域运动的内容

原材料基地、能源基地、粮食基地和林业基地等,影响世界大宗物流的流量、流向等;自然资源的地域组合状况直接影响要素流动组合形式,如资源型地域物流的状况与加工型地域的物流状况是迥然不同的。

(2) 自然条件影响运动载体的种类和力度

例如,陆地和水域其交通运输工具的种类不同,平原与山区载体的运动速度与力度均不同,山地或沙漠地区流动的阻力是很大的。

2. 生产力发展水平的影响与阻碍

生产力发展水平低的地域,其物质流动的内容多为初级产品和劳动力等低层次的内容;发达地区地域运动的主要物质内容则多是高附加值的机械与零部件、高频率科技信息流动等。由于生产力发展水平的限制,高水平的物质流流向后进地区往往受到阻碍,主要是由于后进地区还不具备接受高科技设备、先进管理人才和先进科技信息的经济基础和条件。因此,在不同的生产力发展水平的地域之间的物质流动将是一个渐进的过程,除个别有条件的地区有可能跳跃式的流动外,一般的将受到生产力发展水平的限制。

3. 流动载体的阻碍

载体是地域运动的保证,载体的状况与地域物质流状况呈正相关。有些地域资源十分丰富,但由于交通条件落后而得不到开发;有的是产品很丰富,但运不出去。由于交通、通信、信息条件落后,直接阻碍物质流动,严重影响区域开发。载体条件落后直接增加运输成本,使产品缺乏竞争力。

## 五、经济地域运动规律

(一) 非均衡运动是经济地域运动的总规律

非平衡发展(不均衡发展)是世界各国各地区的经济发展史和当今世界经济的发展态势和规律。奴隶社会及封建社会强国,如古埃及、古希腊和古罗马等,在各自的发展过程中都逐渐衰落下来,被一些后起的资本主义国家所超过;而资本主义强国如英国、德国、日本、美国的国力强盛度排名不断更替,充分说明世界经济始终是沿着不平衡规律向前发展的,就一国的情况而言也是如此。例如,美国首先从东北部13个州开始发展,进而向西推进和向南发展;俄罗斯经济从其欧洲地域的中北部发端,不断地向南和向东推进。

自然、社会、经济、技术等条件梯度,促进了诸要素的流动,各要素的地域差异是经济地域运动的不平衡性的原因。自然条件是经济地域运动的自然物质基础和空间场所,自然条件有好有差,自然资源的赋存状况有优有劣,因此,要素的流动主要是向自然条件和资源赋存丰富的地区集聚。

经济条件反映了生产力发展水平,是经济地域运动的经济基础,一个地区的经济基础、基础设施状况、交通、通信状况等折射出其经济条件。经济条件的差异集中反映在国内生产总值和人均收入的差别上。由于经济条件的差异产生物质的地域流动,一些物质要素总是向经济条件好的地区流动。

技术条件作为生产力中最活跃的部分,对区域发展具有强大的推动作用。技术状况在地区空间分布呈现不平衡性,它从技术源向外不断扩散,用技术流带动物质流、人流与信息流。

社会条件是经济地域运动的社会基础,环境优越、文化开放的地域,也必然是诸物质要素流入的地区。

总之,只要有上述四者的区域差异就必然有要素的流动与组合,即产生经济地域运动,这种过程永无止息,推动着社会经济不断地向前发展。

非均衡的经济地域运动的总规律总是通过集中与分散规律、梯度推移规律、区域整体演进规律和经济地域一体化规律等具体规律表现出来。对这些规律的认识与把握,有利于我们正确认识经济地域及其系统形成发展的客观规律性,并为我们自觉地参与区域开发活动提供科学依据。

(二)集中与分散规律

集中与分散是经济地域运动中的基本规律,人类的经济活动始终沿着产业的不断集中与不断分散(扩散)的过程向前发展,使产业不断升级,使区域内容不断复杂化。

1. 集中与分散的推动力

要素的集中与分散推动经济地域的发展,其是由离心力和向心力相互作用的结果。当一个地区区位优势明显、交通便捷、经济基础雄厚,则会对经济要素产生吸引力,并向其集中,进而降低成本,增加产出和增加收入,在这种情况下,向心力则发挥着主要作用。相反,在一定地域内,当离心力大于向心力时,经济运动与经济要素的运动则会产生扩散效应。集聚效应使一个城市或一个地域经济实力增强,集聚过程达到一定规模时,扩散过程则起主导作用;扩散效应则扩展经济地域范围,缩小地区差距,带动后进地域的发展。如此循环反复,推动经济地域运动不断地向前发展。

2. 集中与分散的地域运动形式多种多样

首先分析集中的运动形式。集中多以不同等级的城市为据点，尤其是以中心城市为核心，各种要素流通过各种载体向城市集聚，从而使城市的经济实力不断增强，地域范围不断扩大。高度集聚的核心城市也称为增长极。在一个比较后进的地区，如果处在地理环境有利和位置、交通信息条件优越的地方，通过政策导向和人们的培育，大力吸引人流、物流、资金流，培育新的经济增长点，也会发展成为区域经济发展的核心和支撑点，人们称之为新的增长极。在一个较大的地域范围内，也有集中与集聚现象，如一个地区经济基础较好，基础设施完备，地理位置优越，具有较好的资源环境，那么它就可以从国内外吸引资金，从外区吸引劳动力和人才，吸引物流、能源流、科技信息流，从而迅速促进地区经济发展并不断地扩大地域范围。例如，我国东部沿海一些地方，尤其是上海和深圳地区，已成为我国经济发展的增长极。分散即扩散的地域运动形式也是多种多样，其不只是沿着主要轴线扩散，也是扩散效果最好的运动形式，很快又形成集聚效果，因此，又称之为点轴集聚。

其次，扩散沿着各种交通线路来进行，其扩散形式如前人所提到的，有墨渍扩散（大城市的向外扩张）、等级扩散、跳跃扩散和随机扩散等形式。由于经济地域的扩散运动，使一些核心城市及其周围地域形成城市群，在一些城市连绵带形成城市经济带等。

最后是面上的扩散。在核心城市扩散、轴线扩散的基础上，则在一个区域里形成网络载体。在其作用下，使要素流动达到对全地域范围的覆盖，从而实现面上扩散。这样的扩散，只有在发达地域才能实现。

（三）梯度推移规律

梯度推移是一种非均衡运动，是集中与分散运动的另一种表现形式。通过世界各国各地区经济发展呈现的由点到面、在地域上不断推进的规律，可以看出，地理梯度、经济梯度和技术梯度在经济地域运动中发挥着重要作用。地理位置和地理条件是地理梯度的反映，地理位置上有临海、近海、内陆或沿江的不同，地貌上有平原、高原、山地等的不同。地理位置的远与近和地理条件的好与坏对人类的经济活动的影响不同，人类的经济活动总是在条件最好的地区进行，进而再向其他地区延伸。我国的三大地形单元即为地理梯度的实例。

经济梯度则是经济发展水平不同的反映，不同的生产力发展水平和产业结构层次折射出不同的经济梯度。例如，一国通过要素地域运动，形成生产力水平与产业结构的高、中、低的经济梯度。我国东、中、西三个经济带即是经济梯度的具体表现。

技术梯度则是科技水平不同的反映，在科技源区与科技需求区之间存在这样的梯度差别。技术在生产力发展中扮演着重要角色,地理梯度与经济梯度最终反映在技术梯度上,表现在科技水平含量的高、中、低的档次上。技术梯度的形成也遵循集中与分散的规律,首先是诸要素向第一梯度层次地域集聚,集聚到一定程度和规模时,则向第二、三层次扩散和推移,形成技术推移的过程。

### (四) 经济地域整体演进规律

把经济地域作为一个整体进行分析,其自身也有运动规律,主要有要素流动演替规律、产业结构不断高级化规律和区域发展阶段演进规律等。

#### 1. 要素流动演替规律

诸条件、要素的集聚推动经济地域的发展。各要素在经济地域发展形成的不同阶段发挥的作用不同,在经济地域产业发展的初始阶段,基础要素尤其是当地的自然资源和普通劳动力的作用占主导,随着区域经济结构的优化,产业的升级,资金要素与交通条件在区域发展中起越来越重要的作用,之后则需要资金、科技、人才等更高层次的要素聚集。其演替的规律可以概括为:自然资源与基础要素(土地、能源、原材料)和一般劳动力—资金、熟练劳动力和区位与交通条件—资金、科技、人才—科技等这样一种发展模式。

#### 2. 产业结构不断高级化规律

产业结构是经济地域的主要内容。区域的产业结构有其自身的发展规律,与上述的要素流演替规律相配合,一般说来,在区域发展初期往往形成资源型与劳动密集型产业,随着当地资源的逐渐枯竭和产业的发展,资源加工混合型产业结构将占主导,此时加工工业有了进一步发展,已经发展成为劳动与资金密集型产业。区域经济进一步发展,由于资源枯竭和产业升级,其产业将发展成为加工型结构。

除由资源型逐渐发展成加工型的地域外,有些地域是在没有工业资源的条件下,主要依靠较好的位置和交通条件而发展起来的。初级的加工型经济地域是劳动、资金密集型产业,进而则发展成为资金、技术密集型,最后则发展成为技术、人才密集型高级的产业结构模式。

#### 3. 区域发展阶段演进规律

经济地域作为一个有机体,会经历形成、发展与衰退的过程,而且经济地域运动在不同的发展阶段上呈现不同的表现。

经济地域的发展要经历缓慢发展阶段、快速发展阶段、稳定发展阶段、慢速发展与衰落阶段这样一个过程,而且在不同发展阶段上有不同的表现。经济学家提出的"S"形曲线、倒形理论和区域经济发展阶段理论,阐释了区域发展阶段的规律。

在经济发展初期,区域原有的经济基础薄弱,要素流动也较缓慢,但总体上这一阶段经济持续增长，基础设施、产业基础和劳动力方面为经济的快速发展积蓄力量。

快速发展阶段：经过初始阶段，要素流活跃，各要素急剧聚集，区域走向迅速发展阶段，经济实力增强，对周围区域产生极大的吸引力，与外区的差距拉大。

稳定发展阶段：这一阶段上，虽然要素流动仍活跃，区域经济发展仍较稳定，但经济发展速度已减缓，对周围地域的吸引力也开始减小。周围地区经济开始发展起来，区域间的差距开始缩小。

慢速发展与衰落阶段：这时的区域经济已进入扩散阶段，要素的流动使区域以外形成一些经济增长中心，这些新形成的经济增长中心对要素流动形成吸引力，对本区域发展构成威胁。这一阶段的经济地域，若缺乏新的科技投入并使区域创新再持续下去，区域必将走向衰退过程。

经济地域的发展过程即区域创新的过程，实质上是科技不断投入的过程，是新产品不断开发，产业结构不断升级的过程。如果一个经济地域长时期缺乏科技投入和设备的技术更新，则必将走向经济的停滞和衰退。

## 第三节 区域经济地理的空间组织决策

区域经济地理空间组织是以区域为范围，将经济活动系统组织落实到地理空间中的决策过程，既包括对区域经济系统与地理环境系统相宜和谐结合的系统状态（目标）的设计，也包括针对"相宜和谐结合"过程、为实现这个目标状态而采取的一系列行动、步骤及措施等的统筹安排，这两方面内容正是区域经济地理空间组织决策结果（方案）的基本内涵。换句话说，这两方面的内容也是一定区域范围内的国民经济建设总体部署决策——区域规划的基本内容，目的正是处理好区域的社会经济发展与人口、资源和环境的关系，使区域自然社会经济系统协调可持续发展。

### 一、区域经济地理空间组织决策的内容

区域经济地理空间组织决策，是针对区域系统及其组成的定性、定量、定位和定时系列决策的集成。根据区域系统的层次结构性、动态性和组成要素的复杂性特点，可将区域经济地理空间组织决策体系归纳为区域发展战略、区域总体规划、区域专项规划和分区规划的集合。

区域发展战略为区域发展的全局性、长远性的重大谋划；区域发展总体规划是在区域发展战略制定的区域发展方向和目标下，对区域经济系统地理空间组织的整体部署；区域

发展的专项规划则是分别针对不同的区域系统组成要素，规划落实区域总体规划的各项规划指标和空间布局安排；分区规划则是对区域系统中某些重点地区、功能子区或行政子区，针对其不同特点和发展要求进行的专门经济活动集聚区地理空间统筹安排。从决策内容和空间范围来看，区域专项规划是针对整个区域范围中的某一组成要素所进行的决策，而区域分区规划则是对全区域内某一子区域系统的全部要素进行的规划决策。

（一）区域发展战略

区域发展战略是基于对区域经济发展全局的分析、判断而做我国区域经济协调发展理论与应用研究出的重大的、具有全局意义的决策与谋划。它着重分析构成经济发展全局的各个局部及因素之间的关系，通过发现区域优势及其地位、社会需求和区域发展的潜力从而做出相应的决策。其核心是确立区域在一定时期的基本发展目标和实现这一目标的途径。区域发展战略对推动区域乃至整个国家的发展具有重大意义，属高层次宏观决策。

1. 区域发展战略的基本内容

区域发展战略主要涵盖区域发展战略依据、战略方向与目标、战略重点和战略措施等内容。区域发展战略包括经济发展战略和空间开发战略两大部分，其中经济发展战略包括经济总体发展战略和部门、行业发展战略等内容；空间开发战略是对区域发展经济战略目标和重点在具体区域的空间安排，以构建合理的区域经济空间结构。

（1）区域发展战略方向与战略目标的确定

区域发展战略方向包括两方面的内容：一是明确整个区域的整体发展方向，一般体现为确定一个或一组迅速发展的主导产业部门或主导产业群，即确定合理的区域经济结构；二是确定区域开发的优势区位。

发展战略的核心是战略目标，是战略期限内区域发展的方向和预期达到的最佳程度。区域发展战略目标指示总的方向，因此应保持相对稳定性。战略目标按时限可以分为短期、中期和长期目标。短期目标一般在 5 年左右，中期目标一般在 10 年左右，长期目标通常为 20 年或以上。战略目标的制定要把握适度的原则，既要有一定的高度，即目标的实现必须是经过努力、付出一定的代价才能达到，又要具有现实性，即不能脱离实际，否则就没有指导意义。

（2）战略重点的选择

战略重点作为各个战略发展阶段的主攻方向，一般是发展中的先行部门或应突出解决的矛盾，或是发展中的关键部门或薄弱环节，如优势资源开发、优势产业开发、新技术的应用等。

各个发展阶段的战略重点往往有多个。依据不平衡发展规律，确定一定时期内着重建设的产业部门或地域是非常必要的。在一个发展阶段内，重点是长期存在的，而解决问题必须具备一定的人力、财力、物力条件，一个地区的发展水平再高，在特定时期内的条件毕竟有限，所以应重点选择一个突破口，作为区域经济发展的极核，集中区域的人力、物力和财力进行重点建设，以带动区域的全面发展。

区域战略重点通常表现为竞争中的优势领域、经济发展中的基础性建设、发展中的薄弱环节、经济转折时期的关键问题或扭转区域局势的关键因素等。

（3）区域开发战略措施的确定

区域发展战略措施是指为保证战略目标而采取的一系列主要途径、基本手段和方式以及相应的政策体系。区域发展战略措施通常包括实施战略的相应组织机构、资源分配、资金政策、劳动政策、产业政策及经济发展的控制、激励、协调等手段。

2. 区域发展战略模式

区域发展战略模式是区域发展及产业布局的直接指导依据。区域发展的理论模式，大体上可分为经济发展战略模式和空间发展战略模式。

空间发展战略模式是在分析区域资源、环境、区位条件等的基础上所确定的区域经济在地理空间的分布格局。一般有极核、点轴、梯度推进和网络等不同发展阶段的空间发展战略模式。经济发展战略模式从不同的角度则可划分为不同的类型，如从战略目标的选择角度可分为经济高速增长战略、变通经济发展战略；从实现战略的途径方面可分为初级产品出口战略、进口替代发展战略、出口替代发展战略、信息化发展战略。

## （二）区域总体规划

区域总体规划是以整个区域综合发展规划为基础，欲解决整个地区生产力综合配置问题，以协调区域经济、社会、人口、资源和环境等诸方面的关系，促进区域社会经济协调可持续发展。

区域总体规划主要内容包括区域资源开发利用、环境治理、产业结构调整与布局、居民点体系和基础设置等国民经济建设的总体部署和安排。它是在区域资源环境条件全面综合分析的基础上，结合区域经济发展的现状、问题及未来区域发展的需求，对区域如何发展给出一个全面、综合和系统性的回答，从而为区域发展的战略决策提供具体支撑，并作为区域发展的综合行动纲领。

我们可将区域整体空间作为研究范围、以区域系统所有要素为研究对象的相关战略和规划都归为区域发展总体规划范畴。据此可知，由不同部门主持的、各有侧重的区域发展战略、区域规划、区域国土规划、区域土地利用总体规划等都属于区域总体规划的范畴，它们是一个统筹协调、各有侧重的规划决策整体。在此以区域土地利用总体规划为例，具体说明区域总体规划的目标、任务与内容体系。

区域土地利用总体规划的任务是确定或调整土地利用结构和用地布局的宏观战略措施。其核心是确定或调整土地利用结构和用地布局，其作用是宏观调控和均衡各业（活动）用地，总体包括农用地、非农建设用地和未利用地，农用地又可进一步划分为耕地、林地、园地、牧草地等，非农建设用地包括商服用地、工矿仓储用地、公共设施用地、公共建筑用地、住宅用地、交通运输用地、水利设施用地和特殊用地等。根据不同的区域尺度范围和土地利用总体规划的总体要求，可选用不同层次的分类系统。

1. 目标与任务

土地利用总体规划的目标是在土地利用结构研究的基础上，根据区域发展战略目标对区域土地资源的需求、土地资源的供给状况、土地的人口承载能力和土地利用战略研究的成果，提出规划年所应实现的土地利用目标。

其任务可概括为三方面。

（1）土地利用的宏观调控

土地利用总体规划通过协调国民经济各部门的土地利用活动，从而建立适合经济、社会和市场发展需要的合理的土地利用结构，合理配置土地资源，有效利用土地资源和杜绝土地资源浪费，促进节约、集约利用土地。

（2）土地利用合理组织

土地利用总体规划主要是对区域各类用地进行合理布局，以保障科学、合理、有效地利用各类土地资源，防止对土地资源的盲目开发。

（3）土地利用的规范监督

土地利用总体规划是监督各部门土地利用的重要依据，其具有一定的法律效力，任何机构和个人不得随意变更，规划方案的修改与更新必须按法定的程序进行。

2. 内容

区域土地利用总体规划主要包括以下几方面的内容：

（1）土地利用现状分析

分析区域土地利用的特点及存在的问题分析规划期间可能出现的各种影响因素，提出规划应重点解决的问题。

（2）土地供给分析

通过对现状用地潜力及未利用地未来开发利用潜力的分析，分析区域外来土地供给的数量和空间分布状况。

（3）土地需求预测

依据区域发展战略目标，基于区域土地资源数量、质量、空间分布特点及土地利用效率，分析预测区域内各业各部门用地的需求数量和空间布局要求。

(4) 确定规划目标和任务

在区域土地供给分析和需求预测的基础上，通过综合协调，拟定区域土地利用总体规划的主要任务、目标和基本方针。

(5) 土地利用结构和布局调整

依据规划目标和用地方针，对各类用地进行科学合理的规划，确定土地利用结构和布局调整的方法、步骤。

(6) 土地利用分区

采用土地利用分区与土地利用控制指标相结合的方法，把规划目标、内容、土地利用结构和布局调整及实施的各项措施落实到土地利用分区上，有利于规划的实施。

(7) 制定实施规划的措施

区域土地利用总体规划要根据实现土地利用目标和优化土地利用结构的要求，提出相应的实施政策和措施，包括行政、经济、法律技术的措施。

### (三) 区域专项规划

区域专项规划既是区域规划编制体系的重要组成部分，也是区域发展建设的主要依据。概括地讲，区域专项规划是依据区域战略规划和总体规划或分区规划，对区域整体、长期发展影响巨大的建设项目或对区域要素中系统性强、关联度大的内容进行决策。

不同区域根据不同的自然资源和环境条件，以及社会经济发展的方向和重点，在区域总体规划的基础上，设立专项规划的内容和数目不完全相同，但基本上应包括区域人口规划、区域产业布局规划、区域基础设施规划、区域城镇体系规划、区域生态环境规划。

### (四) 分区规划

区域系统是一个综合复杂的大系统，不仅不同区域间具有明显的地域差异，区域内部也因为自然条件的不同、社会经济发展的历史有别，导致区域系统内部不同子区域系统呈现出不同的特性和发展要求。因此，为满足区域系统各子区域系统的不同要求，在进行区域总体规划的基础上，也可在区域系统内分不同子区域（功能子区或行政子区）进行分区规划。根据区域的实际情况不同，各区域在设计分区规划的数目和类型时各不一样，但一般包括四种基本的分区规划，即城区规划、开发区规划、旅游区规划、自然资源保护区规划。

## 二、区域经济地理空间组织决策方法

区域经济地理空间组织决策方法的选用应根据区域的范围、区域的自然经济特点及组织决策的目的与内容的不同而不同，常用的方法有综合平衡法、技术经济论证与多方案比较法、其他相关的计量分析模型法和公众参与决策法等。

### （一）综合平衡法

综合平衡法是区域经济地理空间组织的常用方法，是在系统分析的基础上，不断将系统分析结果加以综合形成整体认识的一种科学方法。

1. 综合平衡的基本含义

综合平衡的基本内涵包括：①要求生产与需求之间的相互适应（在数量和质量上），它反映了国民经济各部门之间的合理比例关系，要求相互协调平衡。这种关系通过国民经济的计划平衡表而确定。②要求国民经济各部门、各企业及每一个具体的建设项目，在地域的分布和具体地段的选择上，加强相互间的联系和密切配合。它反映了配置各物质要素的自然条件和工程技术措施的要求，意味着空间上的协调平衡，使各物质要素各得其所，并有机联系。③建设梯度和程序上的合理安排与密切配合。它不致使生产脱节、建设中断，而能尽快发挥投资效果，节约劳力、物力以加速资金的周转。

2. 综合平衡的具体内容

区域经济地理空间组织决策的综合平衡具体内容包括：①原材料的平衡，指来自工业的产品、矿产资源和农副产品等资源的分配要平衡，平衡的目的是为了研究各工业部门在本地区内最适宜的发展规模。②燃料平衡，根据充分利用本地区资源的原则，以本地区燃料构成需要量为依据，研究本地区燃料资源的余缺，各地提供的可能性和运输方式，拟定本地区能源工业发展的规模和措施。③电力平衡，首先分析负荷情况，计算电力需求总量，然后根据电力资源分布特点选择电源，研究供电方式，确定拟修建的电力系统工程。在水力资源丰富的地区，要优先开发水电，并研究水电与火电的配合比例、水电站规模、建设进度和工业发展的结合情况等问题。④运输平衡，根据工农业分布现状和未来发展趋势，研究货运量增长和货流方向，配置运输方式，规划交通运输工程，确定各运输枢纽的通过能力，合理组织运输能力，避免造成不合理运输。⑤建筑材料平衡，在重点建设地区，建筑材料的供需状况直接影响基本建设的发展规模和速度。需要统一考虑建筑基地规划，进行建筑材料的平衡。⑥土地资源利用平衡，从综合效益最高、协调和保证各业各类用地需求的角度，综合考虑区域用地在各业各部门用地的数量规模、质量和空间布局的平衡发展。⑦劳动力平衡，概略计算工业生产、基本建设和服务业所需劳动力的数量，研究可能由本区招收和由内外调剂的数量，计算全区人口发展的规模、城乡人口的大致比例，并以此分析本区各项建设事业发展的可能性。⑧食物的平衡，根据区域人口发展规模和速度，估算人口食物需求，研究本地区可能提供的食物总量及其调入、调出量，并进行供需平衡分析。

（二）技术经济论证与多方案比较法

技术经济论证和多方案比较法是区域经济地理空间组织的另一常用方法，其包括技术和经济分析两方面，二者相互联系、相互制约。应从多方面分析论证每个决策方案的经济合理性和技术先进性与适用性，并通过比较选择最优方案。

利用技术经济论证方法进行多方案论证的主要内容包括以下五点：

1. 产业布局不同方案的比较

根据发展产业的类型、数量、比例关系、空间分布及相关重大开发建设项目的规模、区位选择、关联产业的配套，以及与周围产业之间的关系等方面形成不同方案，并运用技术经济论证方法进行比较分析。

2. 资源综合利用的经济评价

评价时应把握如何充分合理地利用资源，区内主要企业所需大宗的原料、燃料是否得以综合利用，是否对工业副产品进行利用并对下脚废料进行回收，如何经济合理地利用资源，重要资源是否用于国民经济最急需的部门，如何在资源较缺乏的地区寻找新的资源、组织新的资源来源等一系列问题。

3. 有关专业部门规划方面的技术经济分析

包括对不同专业部门规划综合性矛盾的分析，如主要水利工程的综合经济效益分析、新建铁路线规划的技术经济分析等。

4. 土地合理利用及其经济评价

包括土地的自然条件评价及其原有利用情况的合理性分析，国民经济各部门对用地要求及其初步分配利用方案的比较，节约工业和城镇居民点用地、扩大农业用地的措施及其效果的分析。

5. 区域环境质量分析评估

包括区域环境质量的现状情况，引起环境污染的原因、污染源分布、危害程度等，区域环境质量发展变化的趋势，特别是区域经济开发后对区域环境产生的新影响，以及改善区域环境质量的方案和主要措施等。

技术经济论证要求从国民经济综合效益出发，不能单纯考虑技术经济条件，还要考虑政治因素，即应从政治上的需要，经济、生态上的合理性，技术上的先进适用性，建设上的可行性和国防上的安全性等几方面全面综合地考虑。

### (三) 计量分析模型方法

根据研究内容的不同,可将区域经济地理空间组织决策的模型方法分为五个基本的类型,即系统分析模型、系统预测模型、系统综合(设计)模型、系统优化与规划模型和系统决策对策模型。

系统分析模型包括研究系统要素本身变化规律的概率分析、统计特征值分析等计量模型方法;分析系统要素间或子系统间关系的相关分析、灰色关联分析、贴近度分析、相似性分析、回归分析等模型方法;研究系统要素空间变化规律的空间统计分析、趋势面分析等;研究系统结构特征的多样化指数、空间聚类分析、罗伦兹曲线、区位熵模型等;分析系统功能效益的模糊综合评判模型、生产函数模型、层次分析模型等。

系统预测模型包括分析系统演化规律的时间序列分析模型、重心转移模型等;推断未来变化趋势的回归分析模型、灰色预测模型、系统动力学模型、神经网络模型、进化计算模型等。

系统综合模型包括特尔斐法、情境分析法、案例比较法等。

系统优化与规划模型包括运筹学的线性规划、动态规划、目标规划、网络规划模型;控制论模型和模糊规划、灰色规划等模型方法。

系统决策对策模型包括单目标决策、多目标决策和矩阵对策等模型方法。

### (四) 公众参与决策方法

公众参与决策是指决策者聘请将来要执行决策方案或受决策影响的部门或公众的代表广泛交换意见,共同参与规划决策的过程。它不仅贯穿于问题的界定、目标选择、决策方案审定、方案审批等决策规划编制过程中,也贯穿于决策规划实施后所进行的决策规划方案的调整以及修编方案的决定等决策方案实施与管理过程中。

解决公众参与区域经济地理空间组织最根本的问题在于从"象征性"参与转变为全过程参与,也就是决策必须从调查形成初步设计方案开始,到决策方案确立的每一个环节都应该有公众参与的成分,只有这样才能实现决策过程的公开化、程序化、民主化和科学化四大目标。

公众参与是为了保证决策能更加充分地反映公众意志,维护公众利益,促进社会发展,根治寻租现象,实现民主决策的一项根本性措施。寻租活动就是非生产性追求利益的行为,是利用行政和法律手段阻碍生产要素在不同产业之间自由流动和自由竞争的办法来维护或攫取既得利益的行为。

1. 公众参与的内容

利用公众参与的方法进行区域经济地理空间组织决策,第一,要建立公众参与制度,培养社会大众的公众参与意识,并通过书本、讲座、专家咨询、媒体访问等多种形式,使公众真正了解区域经济地理空间组织决策的实质,形成公众参与的知识基础和氛围,增强公众参与规划的积极性。第二,要提供公众参与的机会,利用各种机会将决策的全过程向公众公开。第三,要对公众参与的结果进行反馈。如在决策方案形成时,对于公众参与情况要进行汇报与说明,要明确地告诉公众,他们提出的规划建议和意见哪些已被采用,哪些未被采纳,以及未被采纳的原因。第四,决策方案的确定不是单纯由政府或者规划专家确定,应当规定规划方案在广泛征询社会公众意见中获取一定的支持率时才能选定方案。第五,提供公众投诉的机会,尤其在方案执行阶段,公众可对不符合规划要求的行为进行投诉。

2. 公众参与的形式

公众参与决策的范围和深度受社会基础的影响,包括区域的民主化进程、公民素质及其民主意识。公众参与决策须经历一个从无到有、从不成熟到成熟的发展进程,在不同的阶段则需要不同的公众参与形式与之相适应。

在公众参与的初期阶段,应做好规划知识的普及和传播,培养公众的参与基础。公众参与的主体应以专业人士为主,尤其是高校和研究机构的相关专业教师、研究人员等。公众参与的发展阶段,可适当扩大公众参与的范围,由各阶层公众选出代表,参与决策过程。在公众参与的成熟阶段,公众参与规划立法,要求规划的审批应有对公共意见的处理目录。参与方式多种多样,可以有讨论会议、图形模拟展览会等,参与深度也从决策方案的编制阶段过渡到决策及决策方案的实施。

## 三、区域经济地理空间组织与决策优化

凡是决策都有两个基本的问题,即"最优"和"优化",什么是最优的决策、合理可行的方案(标准)?如何才能使决策(设计的方案)最优、实现决策优化?顾名思义,决策优化是指使决策趋于最优目标(结果)的过程或做法。决策优化要针对整个决策过程,应重点抓住三个主要的决策环节(决策三部曲),即决策背景分析、决策方案的排列组合(做法)和决策方案的分析评价(标准),切实、综合、全面地把握好、客观正确地落实好这些环节,使决策最优。

区域经济地理空间组织决策背景分析主要是针对区域系统,抓住区域系统(包括区域经济系统、区域环境系统)的结构性特征、开放性特征和动态性特征,综合全面地分析区域经济发展的条件、状态和水平,把握区域经济发展的优势和劣势、容量和潜力;分析区际间的分工与协作;把握区域系统的发展阶段及区域经济的发展趋势,为区域经济地理空

间组织因地制宜、因时制宜的决策提供科学依据。

区域经济地理空间组织的决策排列组合环节是为了找出所有可能的决策方案，尽可能综合全面地思考，使对系统未来状态的设计，既要有利于区域发展的优势发挥，又要针对系统薄弱环节解决系统现状存在的不合理问题，还要符合系统发展规律，考虑区域发展条件的动态变化，顺应区域发展的趋势，具有前瞻性。区域经济地理空间的决策方案是针对区域系统及其组成的定性、定量、定位、定时系列决策的集成，包括区域整体层次的决策，有全局性和长远性的重大谋划（区域发展战略决策）和区域经济系统地理空间组织的总体部署（区域国民经济建设的总体部署——区域规划）、区域经济要素子系统地理空间组织的专项规划（工业规划、农业规划、交通运输规划、城镇规划、旅游规划等）和区域经济空间子系统地理空间组织的分区规划（开发区规划、旅游区规划、工业区规划、主城区规划等）。无论是全局性的整体部署，还是针对子系统的规划以至项目（活动）建设的决策，都应讨论不同的目标设计、不同的经济要素组成（经济结构）、不同的用地选择、不同的集聚分区、不同的空间结构，以至每个活动要素（包括新增、改造、消除等方面）不同的位置、强度与关系（排列组合）的可能性。这个环节应把握在排列组合尽可能全面的基础上，突出反映优势和特色的主要排列组合方案，为下一步决策方案的比较分析和综合评价奠定基础。实际上，在这个环节中已交织着分析评价选择的过程，经过这个过程，筛选出若干主要的待选决策方案。

区域经济地理空间组织决策方案的分析评价环节，目的是通过比较分析、综合评价方案，从中优先抉择出合理可行的优秀方案。用什么标准来衡量和优选出决策方案，是这个环节的核心问题。一般来说，综合效益、特色及对环境的影响是衡量决策方案优化与否的标准的主要方面。综合效益是指所设计的方案能使区域系统在协调发展、可持续发展、平衡发展的基础上所产生的社会效益、经济效益和生态效益的集成。特色是指所设计的方案能使区域系统具有区际特色，使区域系统在充分发挥优势的基础上形成特色。近年来，区域经济地理空间组织决策中越来越重视从资源环境可持续发展的角度对各级各类规划决策进行环境影响评价，主要包括规划（战略）环境影响评价和项目环境影响评价。因此，这个环节应把握在综合效益、特色评价和环境影响评价的基础上，比较各待选决策方案，从中优选出合理可行的决策方案。规划决策方案批准确定之后，区域经济发展进入规划决策实施阶段，即在区域经济地理空间组织决策规划的指导下，各地区实施各项经济建设。尽管在一定时期内，规划决策方案具有一定的前瞻性和稳定性，但社会经济的发展是不完全以人们的意志为转移的，规划决策工作应是在规划决策实施的监测与评估基础上不断研究、不断修编、不断完善的动态过程。

# 第十章 区域经济发展的空间过程与产业布局

区域经济的发展首先表现在区域内各经济要素、经济主体的地域分布与空间运动上。掌握区域经济空间运动的规律，合理引导区域经济发展要素流动，不仅有利于选定恰当的区域开发模式，也有利于区域整体经济的协调发展。

产业布局是实现产业在空间上合理分布的过程。在空间上凝聚企业的力量，会产生劳动力、资金、技术等方面资源的聚集，从而逐步构建出具有网络联系的产业集群。产业布局受到诸如自然、市场、技术、社会、行为等多种因素的影响。

## 第一节 经济活动的基本特征及类型概述

### 一、经济活动的概念解释

以生产为主体的人类经济活动，包括生产、流通、交换和消费的整个过程，是由物质流、商品流、人口流和信息流把农场、矿场、工厂、乡村和城镇居民点、交通运输站点、商业服务设施及金融等经济中心连接在一起而组成的一个经济活动系统。这一系列经济活动都是在具体的区域内进行的，因此，研究各种尺度下区域内经济活动、经济活动体系及其运动发展过程，便成为经济地理学研究的特定领域。

人类在生产生活的过程中，伴随着诸多类型的行为活动，既有政治活动，又有经济活动；既有社会活动，又有文化活动。在这些活动中，经济活动是最为主要的方面。正是由于这些经济活动的不断作用，社会才不断向前发展，人类才不断进步。在人类社会经历三次社会大分工和三次科技革命之后，开始向新的产业方向迈进。在经历了农耕文明、工业文明之后，开始向信息文明社会迈进；社会形态也随之由农业经济、工业经济不断向知识经济时代迈进，进而进入农业经济、工业经济和知识经济并存的时代。

经济活动在现代经济学中被划分为微观和宏观两个层次。以个体的价格，市场的行为为约束，并且在经济活动的整个过程环节中以资源的具体利用为主，这是微观经济活动的主要特征。微观经济活动与之不同，它是以总资源的利用，国民收入以及几个指数决定其活动的构成部分。经济地理学面对的是这两种经济过程，地方政府对区域经济活动进行监管，并不断建立完善体系并对之进行优化的过程，属于宏观经济的构成，而经济活动个体的地理空间组织则属于微观经济过程。

## 二、经济活动的基本特征简述

为正确地选择经济活动的空间位置，确定适宜的经济活动强度、等级与规模，建立和谐的经济活动联系，必须从经济活动自身组成与发展过程、同类经济活动的安排及不同经济活动分工与协调等尺度层次上和经济活动的目的、需求等方面，综合考虑经济活动特征，实现经济活动系统的优化与地理空间组织。

### （一）经济活动利益最大化

经济活动的利益最大化特征是指经济活动总是以追求最大利益作为活动的目标，相应的经济活动地理空间组织也应为实现这一目标来展开。这里的利益是一个综合的概念：经济利益、社会利益和生态利益。例如，大部分的公司或企业进行生产经营活动的目的，就是要不断追求经济利益的最大化，进而不断扩大生产经营的规模，寻求更大的发展前景。而城市的道路交通以及一些基本的公共设施建立，则是为了追求综合的社会效益。退耕还林、封山育林则是以追求生态利益为其主要的追求目标。

从区位理论的发展过程也可看出这一特点，从最初始的以成本最小化为最基本的空间目标，到如今市场经济环境条件下，科技的飞速发展，已然使得以市场为研究的中心理论占据主导因素。现在企业的经济活动不仅是要追求经济利益的最大化，同时追求社会利益、生态效益以及多种利益的综合最大化，进而产生了现代的行为区位理论。

在进行经济活动的布局与安排时，应该以追求最大的经济利益为目标，同时，结合这些经济活动，不断权衡各方面的利益，进而逐步实现综合效益的最大化。

### （二）经济活动的生产、流通、交换和消费间的统一协调

只有不断保证经济活动过程的各个环节、各个过程之间的相互协调、整体统一，才能使经济实现快速良好的运转。经济活动过程中的任意一个环节出现问题，都会导致经济活动的不经济，或者使得经济难以为继。

所以，在进行经济活动的地理空间组织时，不仅要将原料、材料以及市场需求考虑进去，还要对其他因素进行综合考虑，比如生产、流通、交换以及消费等，唯有如此，才能获得较为长远、均衡的发展态势。

## （三）经济活动部门分工

经济活动部门分工特征是指不同经济活动类型之间及同类经济活动的不同部门之间，存在着数量、质量和空间分布上的相互联系和相互制约的关系。

部门分工首先表现在不同经济部门之间分工与协作的关系。如第一产业、第二产业和第三产业经济活动部门之间的数量比例、质量和空间格局上的联系与限制关系。在国家的国民经济与社会发展战略规划编制中就能看出这种部门间的分工与协作关系。在数量上，它限定了未来一定时期内各产业之间的比例关系；在质量上提出了不同产业部门的发展质量要求；在空间上，大体确定了各产业的分布格局。

部门分工的第二层含义表现为同类经济活动的不同部门之间存在的数量、质量和空间上的相互联系与制约关系。如第一产业经济活动内部存在的农、林、牧、副、渔等不同部门之间分工与协作；第二产业经济活动内部存在轻工业和重工业不同部门之间的联系与制约关系。

当然，经济活动部门内部还存在不同的更低一级经济活动组织之间的分工关系。如在第一产业的农业部门内部存在如粮、棉、油等生产部门之分，它们之间也存在着紧密的相互联系和相互制约的关系。

因此在进行经济活动空间组织时，应充分顾及不同尺度层次的经济活动部门分工的特点，实现各行业各部门的协调发展。

## （四）经济活动的规模经济与规模不经济

经济活动的规模经济存在两种情形：一种是由于经济活动规模的扩大，导致平均成本降低，而产生规模经济效益，即通常所说的规模经济现象。还有一种情形就是，随着经济活动的规模不断扩大，平均成本不仅不会降低，反而会出现不断增加的态势，这就是我们通常所说的规模不经济现象。

规模经济的产生，究其原因，首先是由于经济活动的"不可任意分割性"，经济活动的顺利进行，离不开相当数量一定规模的生产设备；其次，经济活动的附加利益效应，是由于设备与生产活动在规模数量达到一定程度之后产生的协同作用的优势。这种优势具体表现为以下几点：

由于经济活动规模扩大能带来经济活动效益的提高，随着对较多人力和机器的使用，企业内部的生产分工能够更加合理、更加精细，有利于实现标准化、专业化和简单化生产。这不仅提高了劳动生产力和降低了成本，而且可以降低管理人员在企业职工中的比例，并使工人的劳动熟练程度迅速提高。

企业规模的扩大使企业有可能利用专业化的机器设备与工具及先进的技术和生产要素进行生产，从而大大降低生产成本和单位产品的投资量，而较小规模企业可能无法利用这样的技术和生产要素。

企业规模扩大后，有可能充分利用副产品和节约原材料，或增加产品品种，增加产值，从而降低单位产品成本。

企业规模扩大后，有可能享受采购和推销方面的便利，大规模的采购与储备分摊了单位产品的购销费用，并可以使企业的经营活动具有更大的灵活性和应变力。

规模经济能在更大的市场中分摊广告费用，人数较多的技术培训和管理费用的分摊，声誉效应和商标保护伞等都可以节省成本，从而形成规模效益。

因此，在进行经济活动空间组织充分利用规模经济效应的同时，也应根据规模经济的形成机制，避免规模不经济的现象。

（五）经济活动集聚与分散

经济活动的集聚，就是为了节约成本，与此同时，提高经济活动的效率并对环境进行保护。通过经济活动的集聚，最终会使经济活动在技术上、生产上、经济上有进一步的联系。

经济活动集聚不仅是一种空间现象，这种集聚现象，更是一种经济、社会和文化等多方面、多层次的复合。这种集聚现象，既受到低于历史发展的影响，更会因为本地企业之间的竞争及合作的关系而不断改变。实践证明，地理位置的靠近，并不能直接导致创新的发生，也并不会发生信息和知识的扩散。处于该区域的各个经济活动的主体，要有共同的创新文化，有相同的产业认同感，并不断对其创新网络进行完善，这才是真正意义上的经济活动集聚。

经济活动集聚现象通常发生在区域开发建设的早期，当经济活动集聚达到一定程度后，经济活动布局就有向外分散的趋势。空间集聚地域经济活动的有效运行，需要与其运行相适应的正确的位置，相对合理的活动强度，以及相互协调的关系，但是当这些活动的强度与关系超出了最佳的临界值时，就会出现空间经济活动扩散的趋势。换言之，空间扩散是指在集聚地区的经济活动过度集聚而出现空间集聚边际负效应时产生的。如各种工业开发园区在建设的早期阶段，以其优惠的产业政策、良好的基础设施条件，吸引了大量工业企业前来投资办厂，这些企业在建设的初期都能取得较好的经济效益；到了后期，由于过多的企业迁入，超出了环境容量和资源承载力的限制，从而出现了外部不经济现象，并最终迫使部分企业转产或迁出开发园区，形成经济活动的空间扩散。

因此，在进行经济活动区位选择及区域经济活动体系建立的过程中，一方面要充分利用集聚经济规律,尽量靠近与之有原料、产品、经济、技术、劳动力等方面经济联系的经济活动或增强与之的经济联系,以取得尽可能多的集聚经济效益;同时,也要研究集聚的强度与规模,避免集聚的不经济现象的发生。

### (六) 经济活动的空间形态

由于经济活动自身生产和经营的特点及其对不同区位条件的需求,导致不同的经济活动在地理空间组织中呈现不同的空间形态,具体表现为点、线、面等空间形态。不同的空间形态特征往往代表了不同的经济活动强度、联系与空间扩展等特点。如点状分布经济活动,往往经济活动强度较大或集约程度较高,经济活动内部联系紧密而与其他经济活动之间联系相对松散,空间扩散一般成点群分布特征。

因此,掌握经济活动空间形态特征,了解不同形态经济活动对空间布局的要求,把握经济活动的位置、强度与关系特征,有利于实现经济活动合理的空间组织与优化安排。

### (七) 经济活动的区位指向性

经济活动的地理空间组织受客观规律的制约,它既受社会经济规律的制约,也受自然规律的制约,具有自然、技术、经济结合的特点。

各种影响因素对各类经济活动的影响是不同的,有些表现为主要的,有些表现为次要的;主要的影响因素在经济活动地理空间组织中往往起主导作用。各经济活动主体在最大利益的驱使下,往往有向对经济活动最有利的区位或满足最主要条件需求的区位集聚或靠近的特点,表现为经济活动的布局往往受主导因素的影响,即经济活动的地理空间组织呈现出不同的区位指向性特征,如原料地指向、市场指向等。

## 三、经济活动的分类

经济活动分类是经济结构和区域布局继续优化布局研究的基础。研究区域经济结构即由一定关系将区域经济各组成部分连接成为的整体,首先要明确按一定的原则将经济活动加以分解和组合,即经济活动分类,然后才能开展相应的结构和相互联系的研究。

### (一) 按经济活动区位指向特征分类

根据经济活动的区位指向特征,可以将经济活动划分为:自然资源指向型经济活动、资金指向型经济活动、劳动指向型经济活动、技术指向型经济活动和市场指向型经济活动等。

资源指向型经济活动,一般是指在其生产的过程中,对自然资源的消耗量较大的经济活动。这些经济活动的布局，最好是接近资源地，这样方便获取资源的过程。不过随着技术的不断进步，现代交通条件的逐步改善，这种情况也在不断发生变化。

劳动指向型经济活动是指需要使用大量的劳动力来进行生产活动的经济活动，一般是属于生产技术装备程度较低的活动。此类经济活动多属于与人民生活密切相关的部门，多属于轻工业部门，在这些部门的劳动力和资本的投入比例中，单位劳动占用劳动力较多，产品的成本中，劳动者一部分所占比重较大。我国是一个人口众多的国家，这种投资少、回收快、单位投资吸收劳动力较多的活动比较常见，与此同时，该种经济活动还具有生产设备简单、技术操作容易、生产者的文化素质不高但是要求劳动者掌握熟练的工艺技能等特点。随着科学技术的发展，区域经济实力的不断增强，这一类的经济活动会逐步向资金密集型和技术密集型的方向转化。

资金指向型经济活动是指在各项生产技术装备程度较高的情况下，每一个劳动力占用的资金，或者说生产单位产品所需要的资金占用较多。一般而言，资金与劳动或者资金与产量的比率目标是衡量资金指向型的经济活动的首要的比率指标。这一类经济活动由于在初期投入较大，生产工艺比较复杂，并且产品对于原材料的消耗比较大，因而单位投资对于劳动力的消耗相对较少，所以劳动生产力较高。现代科学技术的发展，使得产品在生产过程中的机械化、自动化的程度提高，越来越多的传统企业，也逐渐摒弃原来的劳动指向型活动，转而向资金指向型转化。

技术指向型经济活动，又称知识密集型经济活动，这是一类广泛运用现代先进的科学技术进行商品生产的部门活动。技术指向型的经济活动，综合运用了多个学科的先进研究成果，科研人员所占比例较大，同时对于职工的文化水平以及相应的科学技能要求较高，对于劳动力以及原材料的消耗一般较少。一般是在与科技中心比较接近的地方进行选址，该种经济活动的规模与水平反映了一个区域或者国家的现代化水平。

市场指向型经济活动，通常是指产品不宜保存、难以运输或产品运输费用占整个生产成本份额较大的经济活动。如食品工业、鲜活产品加工工业等，由于不宜长距离运输而一般布局于城市生活区周围。

另外，还有一些经济活动对资源、劳动力、技术、资金和市场等的条件都有一定要求，而无须特别突出对某条件的需求会随时间发生变化，这类经济活动从区位指向的角度可称为不定指向型经济活动。

（二）按经济活动空间形态特征分类

在以上传统经济活动分类法的基础上，为更好地利用空间经济学的相关理论和空间分析相关技术方法，从定性、定量和定位的角度综合分析经济活动的空间布局，将经济活动按其空间分布形态分为：点状分布经济活动、线状分布经济活动和面状分布经济活动。

点状分布经济活动是指经济活动的分布通常表现为空间点或点群。具体包括制造业、金融业、房地产业、保险业、商业性服务业和旅游业等。在进行这类经济活动的空间组织时，即可利用其点状空间分布特点，分析其与其他经济活动的空间经济联系。这类经济活动一般用地规模不大，集约利用强度高，与其他经济活动联系紧密且在空间上接近。

线状分布经济活动指经济活动布局通常表现为空间线或网络。具体包括运输业、电力、煤气、供水等。这类经济活动由于其线状分布特点，具有一定的用地规模且对区域其他经济活动的布局具有重要的影响，通常是联系相关经济活动的桥梁和纽带，它是区域经济活动组织的重要组成部分，对这类经济活动布局的合理性将直接决定着区域经济空间布局的合理性。

面状分布的空间经济活动主要是指农业经济活动，具体包括种植业、畜牧业、林业和渔业，当然其他部分占地规模较大的矿业、旅游业等也可归入其中。该类经济活动的主要特点是用地规模较大、集约程度相对较低，其经济活动的空间组织多考虑的是区域自然条件因素的影响。

经济活动的空间分布形态分类法主要是为经济活动空间组织服务的，其分类也不是绝对的，同一经济活动在不同的空间层次表现为不同的空间分布形态，如某一风景旅游区的开发活动，在全国或大的区域层次上的规划表现为点状分布（风景旅游点），而在具体的旅游区甚至该地区的规划层次上，它表现为面状分布特点。因此利用该分类方法进行经济活动的空间组织时要根据研究空间的尺度或层次特征具体考虑。

## 第二节　经济活动之间的联系

在利益最大化目标的驱动下，经济活动具有一种空间集中的向心力。这种经济活动的集中倾向并非主要以空间位移来表现，而主要是以经济活动的空间组织和联系的变化来表现。不同的经济活动联系方式和强度，是最终形成不同的经济空间结构的主要方式；它是经济活动空间布局决策和调控的重要研究内容。

经济活动的联系是指经济活动之间在产品、劳务、资金、技术和信息等方面的交流，以及在此基础上形成的依赖性、参与性、互补性等关联关系。经济活动的联系首先表现在经济活动作为生产、交换、流通和消费过程的统一，其次为不同经济活动过程之间的关联关系。

## 一、经济活动联系的主要方面

根据经济活动所需条件,可将经济活动间的联系分为产品或劳务联系、生产技术联系、价格联系、劳动就业联系、投资联系、用地联系和公共物品间的联系等主要方面。

### (一) 产品或劳务联系

在社会再生产过程中,每一种经济活动都不能脱离其他经济活动而独立存在,经济活动间或多或少地需要相互提供产品或劳务,这种联系就是产品或劳务联系,表现在空间上为经济活动间的产品或劳务空间联系,它是经济活动间最广泛、最基本的空间联系之一。如种植业向农产品加工工业提供原料,钢铁工业为建筑业和机械制造业提供钢材,机械制造业为采掘工业提供机械设备等,都属于产品或劳务联系。

### (二) 生产技术联系

每一种经济活动都有自己特定的生产技术上的要求,这种生产技术上的要求使其不是被动地接受其他相关产业部门的产品或劳务,而是依据本产业部门的生产技术特点和产品结构特征,对所有相关产业的产品和劳务提出各自的产品质量和技术性能。因此,这就造成了在经济活动之间的生产工艺、操作技术等方面存在必然的联系。生产技术作为经济活动联系的重要依托,其发展变化不仅直接影响到经济活动之间的产品或劳务的供求关系,而且会使某一经济活动在生产过程中与其他产品和劳务的依赖程度发生变化。

### (三) 劳动就业联系

社会化的大生产使经济活动产业间的发展相互制约和相互促进。一种经济活动的发展依赖另一些经济活动的发展,一些经济活动的发展也可导致另一些经济活动的发展。相应地,该经济活动发展时,会增加一定的劳动就业机会;而该类经济活动的发展带动的相关经济活动的发展,也就必然使这些相关产业增加劳动就业机会。这种各类经济活动发展反映在就业上的"关联效应"是客观存在。

### (四) 投资联系

一类经济活动或产业的发展必须依靠物质资本。经济联系一方面对人力资本提出要求,经济活动间在人力资本的配置上相互作用和影响;另一方面,在投资上也提出了相应的要求。加快一国的经济发展,不可能依靠加快某一产业的发展来实现,而必须通过相关经济活动的协调发展来实现。

### （五）消费市场联系

经济活动之间由于共同的消费市场而发生的吸引和排斥关系。当某些产品或服务还处在供不应求或水平较低的状态时，这种共同的消费市场往往能带来经济活动的集聚；相反，当当地市场处在饱和状态或供大于求时，这种具有共同市场的经济活动就具有相互排斥的现象。

### （六）用地联系

经济活动之间的用地联系是指由于不同经济活动对用地条件的特殊需求，导致这些经济活动在用地选择方面存在吸引或排斥的现象。如旅游业经济活动由于对用地及周围的景观有较高要求，导致其对采掘业经济活动用地、钢铁冶炼工业等用地之间存在排斥关系。商业和金融业由于对城市中心繁华地段有相同的追求，导致它们在用地选择上存在合作与竞争的联系。

### （七）公共物品联系

公共物品是指以保证居民的健康和人身安全为前提，为社会进步和发展所提供的公共产品和公共服务。地方教育、公安、消防、公路、桥梁、航空设施、公共交通、供水、废水处理、内河航道、港口、水源、固体废弃物与有害废弃物的处置设施、公共建筑与庭院、通信系统等都有公共物品的性质。

公共物品对经济活动布局有着广泛的影响。同样地，经济活动之间由于对某些公共物品的共同偏好，而产生相应的经济地域联系，在此我们称之为经济活动间的公共物品联系。如大型加工工业、原材料工业等经济活动由于对港口的共同指向性，导致了它们之间存在靠近港口布局、共用港口运输设备等多种联系。

## 二、经济活动联系的若干特征

按经济活动间技术工艺的联系方向和特点，可将其空间联系方式区分为单向联系、双向联系、多向联系、前向联系、后向联系和横向联系等。

### （一）单向联系

单向联系是指在一系列的经济活动部门间，先行经济活动部门为后续经济活动部门提供产品，在供其生产、直接消耗的同时，后续经济活动部门的产品不再返回先行经济活动部门的经济活动过程。

## (二) 双向联系

双向联系是指在一系列的经济活动部门间,先行经济活动部门为后续经济活动部门提供产品,在供其生产、直接消耗的同时,后续经济活动部门的产品也为先行产业部门的经济活动过程提供产品。如钢铁工业为制造业提供钢材作为制造工业原料的同时,制造工业生产的机器设备产品又为钢铁工业提供工具设备。

## (三) 多向联系

多向联系是指在一系列的经济活动部门之间,先行经济活动部门为后续经济活动部门提供产品作为后续经济活动部门的生产性直接消耗,同时后续部门的经济活动通过一系列的产业链又返回相关部门的经济活动过程。如煤炭开采、钢铁冶炼、矿山机械制造之间即存在多向空间联系方式。

## (四) 前向联系

经济活动过程将存在产品或劳务、生产技术、劳动就业、消费市场、投资等方面的联系的经济活动连接形成不同的产业链。在产业链中,这类经济活动与其产品销售经济活动之间的联系就表现为前向联系。

## (五) 后向联系

与前向联系相对应,在产业链中,这类经济活动与其原料供应经济活动之间的联系表现为后向联系,如钢铁工业与矿山开采业之间的联系。

## (六) 横向联系

横向联系则是经济活动与原产品有关的功能或技术方向之间活动的联系,如汽车工业与其零部件生产工业之间的联系。

## 三、经济活动空间联系的实现形式

### (一) 经济活动空间相互作用的基本实现形式

经济活动需要占用一定的空间,这种空间联系的基本实现形式有三种:人流、物流以及信息流。

人流主要是指在经济活动区域之间的劳动力这一关键生产要素的流动,经济活动之多以能够实现劳动力资源的优化配置，实现劳动力的合理应用，主要就是依靠人流这一关键活动。同时，人流一般具有方向性的特点，一般是从位势高的经济活动区域流向位势较低的区域。这一现象最为直接的表现就是劳动力的工资，即劳动力总是从劳动力平均工资水平较低的地方流向劳动力工资水平高的地方。

物流是指经济活动之间的物质要素的流动。经济活动之间只要存在供求关系，就存在物质要素的流动。随着现代交通网络的不断发展，物流的发生发展也在逐步前进。可以说，经济活动区域之间存在交通联系是物流发生的基本前提条件。

信息流的产生是伴随着知识经济时代的到来而形成的一种经济活动空间联系的重要实现途径。科学技术已经十分深刻地影响了整个时代，并且这种影响是呈现几何级数成倍增长。任何经济活动之间，都会产生信息流，进行经济活动的过程中，任何市场的主体或客体都在主动或者被动发挥着他们的作用，接受或者向外界不断发送信息。信息流的直接媒介是通信网络，它几乎不受空间距离的影响，因此，空间相互作痛的距离衰减规律基本不适用。

（二）经济活动空间联系的发生条件

经济活动间客观存在着信息流、人流、物流，而这些"流"的存在都是以一定条件为前提的。19世纪50年代，美国地理学家乌尔曼提出了空间相互作用的概念，并系统地阐述了决定空间相互作用的可转移性、互补性和介入机会三个引发"流"形成的前提条件。

1. 可转移性

可转移性是经济活动间存在生产、技术、劳动力和资金等经济活动要素方面的转移与传输的可能性。一般可转移性受四种因素的影响。

第一，空间距离和运输时间。经济活动之间的空间距离和运输时间越长，进行经济联系就越不方便，为此的投入就越大，可转移性就越差；反之，可转移性就好。在现实的经济活动过程中，即使两种经济活动间存在空间经济联系的需要，但由于空间距离或运输时间太长导致可转移性差而不能发生相互联系的例子也较多。例如，中国的东北三省有大量的可待外销的玉米，而南方不少地区又需要玉米作为饲料或其他用途，但由于空间运距过远而难以形成供求关系，当然随着铁路交通的日渐发达，东北三省和部分南方地区已形成玉米的供求关系。在经济活动地理空间组织时，将经济活动集聚组织在一定空间里的做法正是出于缩短空间距离，促进生产、技术和经济联系的考虑，但要注意是促进它们之间的有利联系。

第二，被传输客体的可运输性。可运输性与被传输客体的经济运距有着密切的关系。由于受经济支付能力、时间、心理等方面的限制，各种商品、人口、技术等的经济运距是不同的，亦即它们的可运输性存在较大的差异。被传输客体的可运输性越大，则可转移性也越大。这种由于客体的可运输性太差，导致空间运输成本加大，而在两地之间不能形成有效的供求关系的例子也较多。例如洞庭湖区盛产淡水鱼类产品，而黄土高原地区居民生活对淡水鱼类有大量需求，但由于鱼类的可运输性差，导致成本增加，而不能形成比较价格优势，难以形成真正的供求关系。

第三，经济活动区域之间是否存在政治、行政、文化和社会等方面的障碍。如果经济活动区域之间存在经济保护壁垒、文化隔阂、政治和社会方面的矛盾或冲突，那么可转移性就差。反之，如果活动区域之间的关系良好，那么经济活动间的可转移性强。

第四，经济活动区域间的交通联系。交通联系方便、通畅，则可转移性好；否则，可转移性就差。

2. 互补性

经济活动之间的互补性，指的是各项相关联的经济活动之间，在进行生产运营的过程中，必然会对一些劳动力、技术、材料、资金等方面存在互补，同时，在对公共基础设施的共享基础上，还须共同处理由此而产生的环境问题，并且在市场上也存在着互补关系。究其原因，是因为劳动力和自然资源在空间分布上存在不均衡，这些条件上的互补性构成了经济关系上的相互依赖。并且这种互补性与空间的相互作用大小成正比。比如，在机械制造业方面，煤矿采掘经济活动负责燃料煤的提供，但是，对煤矿开采的经济活动而言，机械制造业则负责为它提供相应的开采工具，这两者之间的关系，就是经济活动的互补性。

3. 介入机会

介入机会是指两经济活动之间发生相互作用的可能性受到了来自其他区域的干扰。因为经济活动的互补性是多向的，即一个经济活动会在某一方面或某几方面与其他多个经济活动存在互补的效应，但是这种互补强度的不同，决定着该经济活动与其他活动发生相互作用的可能性。由此可以看出，由于介入机会的存在，有互补性的两个经济活动之间不一定就能发生相互作用。例如，A 地有一大型商业中心，它与 B 地和 C 地存在可转移条件和互补性，能吸引 B、C 地的人群到 A 地消费购物。但当 B 地新建一商业中心时，A 与 C 间的经济联系即受到干扰，从而减弱了 A 与 C 间的经济联系。

# 第三节 经济活动的区位条件浅析

## 一、经济活动区位理论的相关概念阐释

任何经济活动的进行,都离不开一定的地域。无论是微观经济单位,还是中观层次区域经济,其经济活动都存在一个空间配置问题。虽然不同层次经济活动的区域(区位)选择各有不同,但是,为各类经济活动寻找最佳的经济区位,则是区域经济研究的重要内容之一。

### (一) 区位的概念阐释

区位首先是指人类行为活动的空间。人类在进行生产经营的活动过程中,离不开一定的空间,离不开区位。这些经济或社会活动都占据着一定的空间。这些空间并非自然存在,而是人类根据经济活动的空间选择的一种结果的表现。所以说,区位实质上是指企业、产业以及设施等在空间经济格局中的位置,有时特指他们的盈利为止或者说最优的经营位置。

经济区位是指某一经济主体为其经济社会活动多选择、占据的场所。对经济主体而言,各不同区位具有不同的经济利益,因此经济区位往往被描述成距离某几个特惠地点的不同位置所反映的市场、供求、运输成本等方面的差异问题。

### (二) 区位理论

区位理论根据其产生与发展的先后,有古典区位论、近代区位论与现代区位论之分;从区位理论体系来看,有成本学派、市场学派和行为学派;从动态与静态来看,又有静态区位论与动态区位论之分;以产业而论,有农业区位论、工业区位论、商业区位论、交通区位论、城市区位论、服务业和住宅区位论等。通常应用的是按产业的分类。

### (三) 区位类型

人类自从产生以来,就主动或被动地从事着各种行为活动,这些行为活动在空间上的多样化表现形态就构成了不同的区位类型。

各种区位类型是在一定的行为驱动下形成的,譬如有的是追求经济利益最大化,有的是追求社会效益最佳,而有的则是寻求自我满足等行为的合理性。总之,人类的空间行为

是有规律的，是自觉或不自觉地按照一定的法则来进行的。例如，产业区位形成的动机一般是追求利润最大化，住宅区位形成的动机主要是追求效用最佳，而都市设施区位通常是追求福利最佳化。

### （四）区位条件

区位条件是区位（场所）所持有的属性或资质。从一般意义上理解，区位条件的内涵包括：不同场所的区位条件不同。人类对于自身活动场所的选择，直接导致了区位条件的好坏，并且区位的主体不同，区位条件也不尽相同。区位条件还会随着时间的变化而变化。区位主体进行区位选择时，要考虑到主要区位条件这一影响较大的因素。就工业区位而言，主要的区位条件是指劳动力、资本、能源以及运输等；次要区位条件则是指研究开发、经营以及税制等方面的因素。

### （五）区位因子

区位因子亦称区位因素，是指影响区位主体选择经济活动区位和区位主体空间分布的因素，也是区位单位（布局于某一区位上的某一社会经济统一体内的各组成部分）进行空间配置的外部约束因素。韦伯称之为区位因子，哈特向与格林哈特称之为区位因素，艾萨德称之为区位力量。最早提出区位因子的韦伯将区位因子定义为经济活动在某特定地点进行时所得到的利益即费用的节约。从区位理论的角度来看，就是特定产品在那里比在别的场所用较少的费用生产的可能性。区位因子是对区位主体而言的，它即包含可以用货币度量的价值标准，也包含有不能用货币所测量的非经济因子。胡佛从影响区位的相对优劣角度将区位因素分为地区性投入因素、地区性需求因素、输入的投入因素和外部需求因素四类。从对区位主体行为活动的影响角度，可以将区位因素划分为经济因素（包括成本因子和收入因子）和非经济因素两大类。

### （六）区位决策

区位决策是区位主体（亦即决策主体）对经济社会活动区位选择的决定行为，区位因子影响着区位决策的整个过程。那么，区位决策的依据或区位因子如何左右区位决策呢？区位决策正确与否主要取决于区位决策后能否带来经济利益、效用、个人（或社会）满足及社会价值等。而这一切又都取决于区位因子的影响，即如何降低费用（成本）、扩大销售、增加利润以及保持最大的稳定性或得到最大的满足度等。能够满足或符合上述条件的区位选择就可称为最佳区位。但是，这种经济行为决策具有滞后性，一旦形成一般很难再进行更改。因此，首先必须进行预测或进行多方案的优选。而选择和预测区位的理论根据就是区位原理,进行实地调查的项目或内容就是地理条件,将这些条件进行综合经济评价、评估、测定其对区位决策后果可能带来的效果,就属于区位因子研究的一部分内容,这部分内容也可称为区位因子的经济分析。此外,区位决策还取决于经营者的嗜好、国家的政策法规和公共福利等因子的作用,而这部分内容可称为非经济因素分析。总之,区位条件是通过区位因子作用于区位决策,区位决策正确与否取决于区位因子分析、评估、预测的准确程度。

区位决策是一个复杂的经济行为和社会行为过程,它与企业(组织)的历史、类型、现状、资金、竞争者、经济环境和经营者的能力等有关。一般而言,区位决策过程有三个阶段:市场分析阶段。主要研究和决定企业的市场容量,包括产品的可能销售范围和服务的半径及销售量(销售额)等。同时,分析同类企业的区位分布状况、经营水平、产品的种类及所占有的市场容量等。这属于市场调查的内容,但也是区位决策的重要依据,只有不断地了解市场,对市场的相关内容进行详细分析,进行深入了解,进行全面把握,才能准确确定企业最终的投资区位,才能进一步确定企业的投资规模,企业的发展方向。第二个阶段是地域选择阶段,这一阶段对于区位决策具有重要的影响,从市场的角度来看,进行地域的选择,就是要选择与市场环境相适应,并且能够在该市场中有进一步的发展空间与竞争潜力;从区位论的角度来讲,就是要选择能给企业带来最大利益的区位空间。最后一个阶段是地点决策阶段,这是地域空间的具体落实,在进行选择时,要严格按照区位论的基本原则进行最终的区位选择。

一般的区位决策过程是由上述的三个阶段组成,但是,不同的区位主体其决策过程是有一定差异的。同时,决策过程所处的决策阶段不同,其区位因子的重要程度也不相同。比如,在第一阶段,收入因子这一要素在决策过程中的影响比较大;在第二阶段,重要的影响因子可能就是收入和运费;在第三阶段,全部所有的因子都会成为重要的研究内容。

## 二、经济活动的区位选择

选择什么样的区位进行生产经营活动,对企业的经营成果具有重要的影响。企业的区位决策要考虑到各种区位因素,是一个复杂的过程。

### (一)区位与企业经营效果

在区位理论中,关于企业的区位选择与经营效果的关系涉及两方面的问题:一方面是企业区位的选择对企业经营效果有多大程度的影响,如对它的成本、收益、利润或者创新能力的影响;另一方面是企业对它周边环境的利益有什么样的作用,如对于就业岗位、收入水平或者其他企业的交互作用等。提出这些问题的背景是企业的一个开放系统,与它的经济、社会和自然环境之间以各种形式相联系。

企业在采购和销售市场上同对方不仅是交换货物和服务，也经常交换行情信息，如关于市场状况、技术革新、新产品、市场营销战略等。企业同重要的商业伙伴也许还保持着更紧密的联系，这种紧密联系可以从非正式的协议和具有合同义务的正式协定直到资本的融合（相互持股）。此外，一些社会的经济环境条件（如法律规定、税收以及政治惯例）都应在企业生产经营活动中受到相应的重视。同时，在进行经营活动的过程中，企业还必须注意资源的合理利用，必须关注其对自然环境的影响。

这些联系中，有很大的一部分是与区位相依存的，因而对于企业的区位选择具有重要的潜在影响。但是在诸多的要素中，最终对企业区位选择影响比较大的两个需要满足的条件就是：要在企业的生产成本方面有显著改善，或者对企业的收益具有明显的影响。这些相关的要素之间，要在价格、质量以及可拥有性方面存在一定差别。只有符合这两个条件，企业才能在区位选择的过程中，对具备不同条件的不同区位进行准确选择，因此，企业在进行区位选择的过程中，必须考虑到这些条件。

对大多数企业来说，同外部环境最为重要的联系是采购市场和销售市场。在这两个领域要求区域内主要有下列各种要素：

一是投入方面，包括自然资源（取决于矿藏以及环境状况）、劳动力（根据技能、工会组织程度和工资水平而变化）、货物和服务供应商（取决于企业聚集程度和部门结构）及信息密集度和有关创新信息的畅通程度（同研究机构、相关的信息服务和技术转让交易机构保持联系的可能性）等。

二是产出方面，包括：①由于区位不同，市场进入会有重大差别。这既涉及运输成本和市场潜力，也涉及开辟业务的信息和联络。由于市场进入，投入品的可拥有性和价格通常是根据区位而变动的，因此它们构成了区位决策的最重要的基础。与此类似的是信息，主要是对企业的创新能力和中长期竞争能力具有意义的那些信息。②市场的区域结构取决于货物和服务延伸的范围，也就是说生产者能在什么样的范围内满足需求。通常可以把产品区分为地区市场、国内市场和国际市场，进入这些市场的可能性在区域上存在很大差别。通常在一个国家内部，法律制度、政治制度或者行业协会几乎没有什么差别和变化。但在国际上，这些因素则存在着重大差别。对跨国公司来说，经济和政治上的稳定、工会组织程度、劳资关系融洽程度、法律体系的构成等，就成为它们在全球范围内进行区位决策的重要区位标准。③一个企业的生产经营成果不仅取决于它选择的区位，一个城市或地区的发展程度在很大程度上也受到在那里选址的企业的影响。通过企业对生产要素的需求，要素报酬和收入流进这些地区；通过对投入品（加工品）的需求，为其他企业开辟了市场；企业的产品和服务供给提高了这一地区的供给质量。

由于多种原因，区位决策是复杂而又困难的。其中一个重要原因是，一经确定的区位要予以改变，必须付出很大的成本。因此，区位选择可以说是不可逆的。所以，区位规划，即对一个区位的成本和收益状况进行评估，必须建立在企业的经济生命周期基础之上，原则上至少要10~15年。然而，在这个长远规划的视野里，包含着很大的不确定性：投入品和产出品的价格、市场机会、新竞争对手的出现等，在长时期内很难估测；供应商、采购商和竞争对手在区域内的分布也会发生重大变化；新的生产工艺、运输和通信技术会使生产过程中要素的意义和作用发生变化。如此等等，都可能使目前的最佳区位在未来成为次优区位，甚至变成使企业亏损的最差区位。

由此，产生了对于企业的区位规划相互矛盾的要求：一方面，区位决策的长远性和影响范围要求对影响企业区位规划的诸多因素进行全面分析，一旦选择了错误的区位会大大减少新建企业的生存机会；另一方面，企业又难以通过精确的计算找到最佳区位。正由于问题的复杂性和不确定性以及面临一系列可能选择的区位，促使企业的区位选择多采取"干中学"的行为方式。

### （二）区位选择的一般原理

正因为由区位决策的长远性和不确定性产生了企业的区位规划存在相互矛盾的要求，给企业区位的选择带来极大困难。那么，企业应该依据什么原理来选择区位呢？根据企业所属的产业类型及其对要素投入的要求来选择区位是一种可行的方法。

产业分类的方案很多，这里仅介绍按照产业所面临的竞争和所使用的生产要素，将产业分为五类部门，即 R 部门——研究与开发密集型产业、K 部门——知识密集型产业、C 部门——资金密集型产业、L 部门——劳动密集型产业和 S 部门——不受国外竞争影响的产业。各类产业部门的特征及其区位特征表现为：

R 部门的特点是大量投资于研究与开发活动，产品的更新速度很快，更多地处于创新期、引入期和增长期，有少量处于成熟期或衰退期。如电子产业、制药业、飞机工业等。这类产业部门的地域分布最为集中，主要位于大城市或科研机构密集的地区。

K 部门的特点是含有高水平的技术，大部分产品处于增长期或成熟期，没有很多新产品开发，但原有产品的性能不断改善。如家用设备、办公设备、光学设备及机械制造业等。这类产业部门既有集中亦有分散趋势，主要位于大城市和重要枢纽地区，但随知识扩散，地域上有分散的趋势。

C 部门的特点是严重依赖原材料，产品多数处于成熟期，很少有产品创新，但有新的生产过程或工艺的产生。如炼油和石油化工、冶金工业、纸浆和造纸业、烟酒行业等。这类产业的地域分布相对分散，多趋向于原料产地和交通中心，但随着技术进步，对原料地的依赖性呈现减弱的趋势。

L部门的特点是需要大量劳动力，产品主要处于成熟期和衰退期，很少产生完全新颖的产品。这类产业往往改善产品的质量，开发出与老产品相近的新产品，并不断寻找降低产品成本的方法，如部分食品生产、纺织品、毛皮制品、锯木和胶合板等。这类产业部门的分布最为广泛，主要分布于工资水平较低的地区，它对于先进的交通、通信及服务设施没有特殊要求。

S部门的特点是不参与国际竞争，产品多数处于成熟期或衰退期，产品主要在国内或区内销售，不受贸易壁垒的影响，如部分食品生产、水泥、煤气、自来水等行业。这类产业部门的分布很有特色，即主要集中于城市。

### 三、经济活动区位的影响因素

（一）市场对经济活动区位的影响

1. 市场规模对经济活动区位的影响

任何行业都有一定的需求门槛，不管是在生产活动的领域，还是在服务活动的领域，都是如此。经济活动的性质和类型不同，需求门槛的高度也不一样。对于一些资本密集装置型传统工业，如钢铁、电力、石油以及化工制造业，需求门槛是比较高的。但是对于一些轻工业部门，需求门槛相对而言门槛较低。市场规模只有达到一定的程度之后，经济活动才可以持续进行。正是由于规模经济的存在，经济活动的合理性也因此受到影响。每一种经济活动，既需要通过扩大自身的生产规模以获得内部规模经济效益，又需要通过与存在内在联系的其他经济活动在特定空间地域的聚集来获得外部规模经济效益。

经济活动尤其是传统商业活动中的零售业，不同的经营类型与规模对应于比较固定的市场地域的范围与规模，因此市场地域范围大小还直接影响经济活动的类型与规模。

2. 市场特性对经济活动区位的影响

获取利润（即收益大于成本）是一切经济活动的持续与健康发展的基本要求，而利润取决于需求者是否愿意付出超过商品成本的支出。

市场是所有的经济活动的服务对象，只有不断满足市场的需求，经济活动才能延续下去。企业不同，行业不同，所面临的市场也是有所差异的，并且不同的市场特性对经济活动的影响是完全不同的。而市场的特性一般会随着消费者的偏好的差异而不断变化，处于不同生活状态，不同地理位置区域的消费者，其消费的习惯以及消费的癖好是不同的。与此同时，消费者的偏好会产生不断蔓延不断扩散的效果，很可能一种在某一地区流行的消费习惯和消费需求，在长时间的传播之后，会蔓延至其他的国家，那么满足这种需求的经济活动也会随之走向国外。

(二) 要素投入对经济活动区位的影响

1. 原材料因子对经济活动区位的影响

原材料是经济活动尤其是生产活动所加工的对象。原材料因子主要是通过运费大小、原材料的可运性、可替代性，以及价值尤其是在产品成本中的构成状况对经济活动区位施加影响。由于原材料空间分布的不均衡性和开发利用成本的差异性，造成处于不同区位的经济活动主体获取它的成本不同，从而直接影响到原料成本在总成本中占较大比重的原材料型工业的区位选择。

现代的工业生产往往是利用多种原料进行的生产过程，由于这些原料的价格变动程度不固定，并且原料之间的配合比例也不断变化，因此，原料对工业区位选择的作用也是不断变化的。一般而言，便于原料集散的区位（港口等）对原材料型工业企业的吸引力越来越强；而以材料型工业企业的产品作为加工原料的工业企业区位的选择，则更多地受其加工后产品的市场及劳动力成本、技术条件等的影响。工业企业的区位是选择原料地或是消费地，主要考虑下列因素：原料和产品的运费以及原料指数（原料指数 MI：地方原料重量/制成品重量）的大小；原料和产品的易腐性；原料和产品的可运性；原料和产品的价格；原料的可替代性及所用原料种类；产品的地方性和市场反馈；市场的规模；市场的容量；市场的性质等。

随着经济全球化和区域一体化的发展，特别是现代流通业的发展，经济活动尤其是工业活动，更主要的是要在全球范围内寻找一种既能满足自身需要，同时能够供应有保证，且价格相对低廉的原材料供应商。因此，一种新的组织原材料供应的地域综合体—供应商园应运而生，这是一种为某一特定的组装厂提供零部件的供应商形成的空间聚集区。这种空间聚集，由于是围绕该特定的组装厂形成的，因此，组装厂会十分及时便捷地获取生产所需的零部件，这一集聚区的形成，极大缩短了组装厂商接到订单到客户手中的时间。所以，现代经济活动区位已经远离之前的被动接近原材料产地的模式，通过重新组织原材料供应地，来实现现代社会生产的及时性、可靠性以及灵活性。

2. 土地因子对经济活动区位的影响

一切经济活动都必须落实到一定的空间。通过自身的自然特性以及所处的经济区位，土地这一经济活动的重要因素对于经济活动产生着重要的影响。

土地的自然特性包括土地所处的空间位置和土地的形态、地表物质构成及其与其他自然环境要素的相互关系。这些自然特性决定了土地被利用的可能性，土地本身所处的经济区位则构成了土地被利用的可行性。处于不同经济区位的土地，其利用价值也不相同。面积相同,自然特性相近的土地,处于不同的经济区位(城市与农村),其利用价值大相径庭,即便是同处于城市内部,不同位置的土地利用价值也不相同。

土地因子不仅可以作为劳动对象,还可以作为作业的空间或是活动场所,这是土地因子参与经济活动的两种基本的方式。在农业生产活动中,自然特性决定了其具有被利用的可能;在工业生产、城市建设过程中,土地所处的经济区位又进一步决定了它具有进一步被利用的现实性。

## 第四节 空间扩散与空间相互作用

经济要素和经济实体通过空间移动和再组合实现自身价值,而它们必须以区域空间结构要素为媒介和载体,这样就导致了区域空间结构的发展和演变。同时,经济要素和经济实体之所以发生空间移动,与区域空间结构要素的差异密切相关,如在区域空间结构要素体系中,城市作为"点"发生相互作用是由于发展水平、产业结构、产业布局等方面存在的差异。这种差异促使经济要素空间转移,同时空间结构要素也就发生了相互作用。因此,空间相互作用是经济地域运动和区域空间结构演变实现的途径。

### 一、区域经济的空间扩散

(一)区域经济扩散的动因

区域经济扩散是指资源要素和部分经济活动主体在地理空间上的分散趋向与过程,具体表现为外围地域的形成与扩展。引起区域空间扩散的因素主要有以下几点:

第一,避免集聚效应过度而带来的不经济现象。在区域经济的发展过程中,当集聚规模超过一定限度时,就会带来集聚而不经济的现象。此时区域内部的各种资源要素和各类经济活动因为过度集中而导致成本增加,预期经济收益减少。各种资源要素的过度集聚,将可能导致能源和原材料供给短缺,而远距离从区外输入,需要巨额运输费;各类经济活动的过度集聚,导致人口过量增加,使集聚地域面临巨大人口压力。大量人口致使集聚区域内生活与生产所需基础设施及社会服务供不应求,用地用水紧张,供应不足,交通拥挤等。这些问题的存在较大程度上抵消了集聚效益,这样一来,一些企业、经济部门为避免这种由于过度集聚而带来的不经济现象,逐渐从原集聚地域迁出,相关各种经济要素也随之发生扩散。

第二,集聚地域的企业、经济部门寻求新的发展机会。一方面,出于自身发展的需要，集聚地域的企业、经济部门会主动到外围地域建立分支机构及新的发展据点，以便扩大影响，拓展势力范围；另一方面，核心区域的市场趋于饱和，激烈的竞争迫使企业、经济部门到外围地域开辟新市场，以减少竞争压力。此外，核心区为了获得比较利益，参与区外的经济合作，也将引起资源要素向外扩散。

第三，梯度转移和传输作用。核心地域拥有较高的区位势能，在空间梯度力驱动下，某些流动性较强的经济与社会文化要素便会从核心区域流出，进入外围地域。这种物质与能量的传输过程，主要表现为技术转让与推广，资金投入和转移，现代文化观念和管理方法的传播与普及等。

第四，政府干预作用。一方面，集聚地域由于经济活动密集，人口大量流入，必将引发各类经济与社会问题；另一方面，由于集聚效应使得核心地域从周边地区引入大量人、财、物等资源要素，经济实力明显强于外围区域。为了解决这些问题，缩小地域间的经济发展差距，政府部门通过制定各种差异性产业政策和区域开发政策，向不发达的地域倾斜建设基础设施等措施，对区域经济的发展进行干预和调节，引导核心区域的经济、文化要素进行适时的传输和转移，从而实现产业规模和发展能力的重新分配，实现加速地域经济协调发展的目标。

(二) 空间扩散方式

扩散有就近扩散、等级扩散和跳跃式扩散三种表现形式。

1. 就近扩散

就近扩散又称墨渍式扩散，是指经济活动或资源要素由集聚地域向四周相邻的地域作浸润式扩散，或呈同心圆形，或呈锯齿形，或呈放射形扩散，结果具有使周围地域均匀化的趋势。距离衰减规律在这种扩散过程中表现得相当明显，随着离开扩散源距离的增加，扩散强度渐次递减。就近扩散之所以能发生，是由于外围地域具有适宜的区位和较好的区域环境，与核心区联系方便，便于获取信息，得到集聚地域的支持，因而既能取得较好的经济效益，又能把握住发展机会，与核心区经济发展的趋势保持一致。

2. 等级扩散

等级扩散是指经济活动或资源要素的扩散跳过相邻乡镇、郊区和小城市，向在远距离但属同级规模的城市间扩散。重要交通枢纽、沿海港口城市、拥有某种优势或发展潜力较大的城市获得扩散机会最多。其产生的原因，主要是大中小城市之间、城市与乡村之间接受扩散的经济与社会条件的差异。

3. 跳跃式扩散

跳跃式扩散又称随机扩散，指经济活动或经济要素由于某种偶发性因素的作用，在特定机遇下所产生的扩散。这种扩散方式在形式上具有很强的随机性和跳跃性，其产生的原因也是多方面的。信息渠道的阻塞，集聚地域进行经济扩散选择范围的局限，某些矿产资源的开发利用，有时甚至某些社会因素和心理因素的变化都会导致这种扩散现象的发生。

特别需要指出的一点是，在现实的区域经济扩散过程中，上述三种扩散方式往往是相互交织在一起的，它们与集聚过程同时存在。只是就某一特定阶段、某一特定地域来讲，可能会有以某种方式为主、以其他方式为辅的现象产生。在具体的区域经济扩散中，不存在某一种扩散形式单独发生作用的现象。

### （三）区域经济集聚与扩散的时空特征

区域经济集聚与扩散是两个自发的区域经济空间组织过程。在区域经济的发展过程中，两种现象同时存在，相互之间联系紧密：没有集聚的积累，就不会出现强有力的扩散；缺乏扩散手段与效果，也不会产生在布局和高层次集聚的机会和条件。集聚中存在着扩散，扩散中蕴含着集聚。要分辨究竟是属于聚集效应还是扩散效应，主要应取决于具体的研究角度和观察视角。例如，从一个较大的地域角度来看，各种经济活动和资源要素向某城市的大量集中，所引起的城市内部结构的变动以及城市规模、范围的扩大，属于典型的集聚现象；若将视点转向城市本身，所看到的是城市自身的扩张和拓展，经济实力的不断增强，内部经济活动所能延伸到的地域范围不断扩大，显然又是一种明显的扩张扩散过程。

在一个区域的具体经济发展过程中，集聚与扩散往往是相互作用、相互影响、同时存在的。事实上，很难找出一种严格的划分标准来完全清晰地将集聚与扩散两种现象区分开，两者互为前提与基础，共同作用在区域经济的发展过程中。

区域经济的空间演变并非均衡的过程，而是集聚与扩散双方相互作用非均衡的过程。一般看来，核心地区对于周围地区产生集聚和扩散效应会因为时间的不断推移而产生增强或者消散的变化。从区域经济发展的理论来看，在经济成长与发展的不同阶段，发达地区与不发达地区的集聚效应逐渐起到主导作用，扩散效应则相对较弱。发达地区经济的快速发展，对周边地区产生了强大的吸引力，不发达地区的人、财、物等生产要素大量流入发达地区，集聚不断增强；随着时间的推移，发达地区的信息与技术开始通过各种渠道向周边不发达地区进行传输，生产力也随之发生转移。发达地区开始影响并促进不发达地区经济的发展。此时扩散效应迅速增大，在达到一定水平后趋于相对稳定，集聚效应也将很快达到一个最大限度并逐渐开始出现减弱的趋势。当区域经济的集聚与扩散效应达到一个相对均衡的阶段时，不发达地区的经济发展会出现停滞甚至是后退的迹象，各种生产要素被迫外流，呈现出向发达地域集聚的趋势。但此后扩散效应的作用将会不断增大，这时不发达地区所能获得的经济效益将远大于之前自身的损失。不发达地区将会抓住这个机会，加快自身的经济发展，缩小与发达地区之间的差距，区域经济的空间结构演变处于均衡化过程中。

## 二、空间相互作用原理

### （一）空间相互作用的含义

从马克思主义联系与发展的观点来看，世界上任何一个城市或者区域都不是单独存在的。全球生产要素禀赋分布并不均匀，为了保障整个生产或者生活的顺利运行，各个城市或者区域之间必须进行大规模的物质与能量交换，以实现各个城市的正常运作。城市或者区域之间的相互运作可以被称为空间的相互作用。正是这种相互作用或者对外联系，不同的城市或者区域才能紧密联系在一起，使整个世界形成一个有机整体。

城市之间的这种空间相互作用概念或者理论是美国地理学家鄂尔曼在1924年提出的，很多学者在他提出的概念基础上进一步探讨与完善。尽管这些学者解释城市区域之间如何相互作用以及作用力大小的理论之间不甚相同，但是大多都借鉴和扩展了物理学的一些基本原理。例如，赖利提出的两个城市之间作用力的规律就借鉴和参考了经典物理学中的万有引力理论，之后在赖利的理论基础上康弗斯又提出了断裂点的概念，测算两个城市之间作用力的便捷。在1972年，梅洛特又运用物理学中热传递的三种方式将空间的相互作用划分为对流、传导与辐射三种。对流是城市之间人员和物质的相互交换，传导是中心城市向二线甚至三线城市进行的信息传导，辐射是指城市向不同的区域进行的贸易往来。

### （二）空间相互作用的条件

在厄尔曼的概念中，空间相互作用产生的条件主要有互补性、低成本性和中介机会。

1. 区域之间供求关系的互补性

两个区域要想发生相互作用和交往，必然是对彼此的资源有相互需求，即两个相关的区域在物质、人员和信息等经济发展的要素方面存在着供给和需求的关系。如果两个区域拥有和缺乏的资源比较相似，形成不了供求关系，那么就没有交易和往来的必要，也就没有形成区域空间相互作用的概济基础。区域之间的互补性是不同区域进行物质、人员、信息、能源与技术交换的前提条件。空间的相互作用力大小是和区域的互补性程度成正比的。

2. 要素空间转移的低成本性

这是指区域之间进行商品、资金、人口、技术、信息等传输的可能性。区域之间要发生相互作用，必然伴随着各种资源的交流和转移。如果转移的成本较高，大于区域之间的成本差异，那么转移就不会发生，区域空间相互作用的概率要小。这种转移成本的高低是由区域之间距离和运输时间、要素流动性的高低以及区域之间交通条件的便利程度来决定的。距离越长，产生相互作用的阻力越大。不同的货物，对距离的敏感性也不同，这和它们的可转移性有关。

3. 中介机会与干扰因素

两个不同区域之间在各类生产要素之间的互补能力给两个地区提供了经济上的交换可能性，但是两个地区也存在以下情况，阻碍或者促进了两地之间的经济信息的交流。例如，两地很有可能受到更强的中心城市的干扰引入城市发展的中介，以之作为信息交流的中枢。两个城市也有可能受到战争或者地理因素的干扰，虽然有较强的作用力，但是两个城市发生经济交换的可能性较低。

在这里，城市之间相互作用的干扰因素主要是指两个区域之间经济上的相互作用能力受到来自经济以外其他因素的干扰，使这种作用力断裂。首先，区域之间的作用并非是经济上的，还有政治上的、地理上的。这些不同的因素非常有可能干扰到城市的经济发展。其次，区域之间的作用并非发生在两个城市之间，两个城市的相互作用还受到其他城市的影响。这种影响的程度往往对城市之间的作用力产生正向的或者负向的影响。因此，这里的其他干扰因素主要指来自其他区域的干扰以及政治经济体制等方面障碍的限定。来自其他区域的干扰，比如，位于两个区域之间的某个地点突然发现了某种自然资源，就会改变原来两区域关于该种资源的供求稳定状态。政治经济体制等方面的障碍，比如，两个区域之间彼此靠近，也有商品供求关系，但是有体制上的障碍等，像香港和深圳，虽然彼此靠近，但是商品也不能完全自由流动。从中也可看出，由于干扰机会的存在，有互补性的两个区域之间也不一定就能发生相互作用。

必须指出的是，厄尔曼提出的空间相互作用力发生的条件是在信息经济产生以前。他探讨的主要是物质流，对于人员、信息以及技术的流动探讨得较少。从当前世界经济的格局来看，在经济全球化的发展下，各个城市之间的作用力有了明显的提升，信息与货币的跨区域流动已经成为不争的事实。公路网与铁路网的快速发展使物流逐渐克服了地理作用的障碍。跨国公司的发展使全球生产的联系更加紧密，中介很难参与到跨国公司内部的分工与物质流动。总之在信息经济和经济全球化的作用下，区域之间的作用力限制条件已经不仅局限于以上三点。

# 第五节 产业集群与跨国公司

## 一、产业集群

集群是一个生物学的概念,原是指生活在一个共同空间内部的不同生物种群,例如,寄生细菌和寄主之间的关系。在经济学中,集群则是指不同的产业形成的一个共同经济发展区域。随着经济联系的紧密,不同的产业群体需要紧密联系在一起才能够对抗来自全世界其他区域的竞争。从产业集群概念的诞生来看,产业集群这个概念产生于迈克尔·波特教授的《国家竞争优势》之中,主要是描述产业集群对国家竞争优势的作用力。

### (一)产业集群的定义

从以上的概念分析来看,产业集群是指特定的空间内相互联系在一起的不同产业群。这些产业群的存在对企业来说是为了提升企业生产产品的竞争力。

值得注意的是,在产业集群的研究中,应该注意"集群"和"集群化"这两个概念。集群是企业通过互相作用逐步聚合以提高其竞争力的经济现象;集群化是企业间建立联系和集群外部条件的过程,通过集群化,企业在彼此互动作用下获得竞争优势。对于这两个概念,分别有两组政策与之相对应。集群通过稳定的宏观经济环境、合理的基础设施获得支持,而集群化则是通过政策直接(低成本)的干预来设计和促进集群形成并推动企业间的彼此联系。

### (二)产业集群的演化过程

在产业集群形成初期,由于一批企业在特定区位大量创建,形成在某一地点的相互聚集,大量新创建的企业需要加强与外部企业的合作,以充分利用各种外部资源,此时产业集群对外依赖性较强。随着各类企业的不断进入,产业集群获得了不断增强的聚集经济效益,集群内出现各类人才市场和中间供货商,产业集群对外部的依赖性减低。

随着产业集群的发展,集群进入增长和趋同阶段,产业集群开始了实质性的快速增长。在这一阶段,创业的成功取决于集群内部广泛的、松散的、高质量的联结网络以及更加差别化的企业经营战略。大量企业在空间上的接近,促使各种思想、技术、信息得到快速传播,促使企业之间相互模仿,同构现象不断增加。集群进入趋同阶段之后,集群内竞争激烈,新进入的企业数量和企业增长率都将下降。

当群内企业趋同发展之后，集群进入成熟和调整阶段。集群内由于模仿而产生的竞争不断加剧，同时创新活动不足，开始出现聚集不经济现象，集群内企业数量开始减少，创新活动开始在集群以外的地区出现。为了促使产业集群继续发展并保持活力，集群必须适时进行战略调整和再定位，促进产业结构调整和产品创新，重新营造良好的创新氛围。产业集群能否具有完善的自调整机制，是产业集群能否取得长久发展的关键所在。如果集群不能完成自我调整，集群就将走向衰退和消亡。

（三）有关产业集聚与集群问题研究

近年来产业集群理论研究的进展主要包括：产业集群的产生和发展机制研究，包括产业集群形成的市场自发性机制，产业集群的影响因素等；产业集群与创新，以集群内部企业的创新、集群式整体创新等问题为研究重点；产业集群与经济增长，着重探讨产业集群化对经济增长的影响；产业集群的政策研究，重点探讨各国的产业集群战略和政策实践等。

1. 产业集群产生与发展的动力机制

在产业集聚形成的动力机制讨论中，主要有三种观点。

一种观点认为，产业集群、集群空间结构的形成完全是自发的、偶然的，受非市场因素的影响非常有限，即在什么地方形成什么样的产业集群都是偶然的。

另一种观点认为，产业集群的形成得益于一些确定的因素，如区位优势、需求结构、政府政策、文化氛围等。

还有一种比较折中的观点，认为产业集群的影响因素是全面的、综合的，既包括偶然因素又包括非偶然因素，既受市场因素的影响也受非市场因素的影响。例如，王缉慈则认为产业集群的发展原始动力来自市场中的供给与需求和企业面临的竞争压力，但是同时也受到政府调控这类因素的影响。魏后凯则更加强调产业集群受市场经济手段调控而自发形成的，政府只是在市场经济的规律引导下对产业集群的发展做出引导。从当前产业集群的发展情形来看，折中主义的观点似乎更加符合实际。

2. 产业集群与创新

由于产业集群中企业的聚集，衍生出许多企业间学习、交流的共生机制，再加上产业集群内存在大量的研究机构和注重创新的企业，产业集群中企业的创新活动更加频繁和活跃。

集群化对企业创新绩效的影响表现在需求与供给两方面。从需求方面看，集群化带来规模效应，为集群企业构筑市场优势，增强其对供应商和用户的吸引力。在产业集群中，供应商提供服务的对象增多，用户对同类企业的搜寻也变得相对容易和便捷，用户的聚集反过来又能成为主要的信息来源。

从供给方面看，企业的聚集有利于促进企业的专业化分工和企业的创新活动。产业集聚为企业创新活动提供了一个良好的环境和平台，分散并减轻了企业创新的费用和压力。

3. 产业集群与地区经济增长的关系

产业集群是一种重要的产业组织形式，能够有效地推动区域经济增长，进而带动地区产业发展。

首先，产业集聚产生的规模效应，能够促进地区经济的增长。产业集群深化了集群内企业分工，提高了企业的专业化水平。此外，由于集群内企业的集中和相互关联，使劳动力市场规模效应和中间投入品的规模效应等显现出来，进而促进企业效率提高和产出增加。

其次，集群能加速技术进步和扩散。技术进步在现代经济增长中占据重要地位。技术创新是推动技术进步的根本，而技术创新的发展在于技术创新体系。产业集群作为重要的创新体系，能够为企业创新提供有利条件，并促进新的创新模式——集群式创新的形成。因此，产业集群在技术进步中具有重要的作用。企业集群对技术进步的另一个作用则表现在加速技术扩散上。集群内部企业毗邻，联系紧密，技术交流时常存在，这就加速了技术的扩散。在技术扩散过程中，新设备、新工艺被广泛应用，地区市场竞争力得到提升。

最后，产业集群对区外的技术、资本和劳动等生产要素具有吸引力。产业集群本身是这些生产要素集聚的结果。在这些要素已经聚集的基础上，相关企业和组织若条件允许一定会向集群地区迁移。

综上所述，产业集群能够激发分工的优势、发挥规模效应，加速技术进步和扩散，吸引生产要素进一步聚集，因而对经济增长有较大的促进作用。同时，地区经济增长也会影响集群的发展，如地区经济繁荣，各方面的发展趋于完善，产业也会聚集发展；如果地区经济萎靡，也会影响产业集群发展的速度。总之，产业集群与地区经济增长密切相连，彼此促进。

4. 产业集群战略与集群政策研究

产业集群受多种因素的影响。在诸多因素中，政府的政策引导十分关键。所以，产业集群的形成和发展中一定要重视发挥政府的作用。

政府政策要考虑地区的资源禀赋及其实际状况，在遵循这些条件的基础上，重视市场经济规律，加强企业的联系和互动，完善区域内企业间的发展机制，形成有竞争力的产业集群。

政府在制定产业政策的过程中，应认识到仅依靠地理上的集中并不一定能够带来集聚效应，仅仅划定"工业园区"，把企业和组织集中在一起，也不一定能够取得很好的聚集效果。产业集群要着眼于地区内部的相互联系，注重内部企业等组织之间的关联，解决好产业集群面对的创新和应对冲击两方面的重要问题。产业集群的创新模式有其自身特点，因而促进产业集群创新的政策也要符合创新模式的特点。产业集群的抗风险能力的特殊性也要求我们必须制定有针对性的政策，比如在冲击到来的时候政府能够宏观地调控和引导，对整个产业或区域给予扶助，以帮助整个集群渡过难关。

## 二、跨国公司区位选择

跨国公司，广义上是指在多个国家拥有或控制增值经济活动的公司，这些增值经济主要是研发、生产和销售。跨国公司可以协调位于不同国家和地区的属于同一生产链的不同功能，对生产活动进行拆分，从而充分利用不同国家的优势自然资源、资本、劳动力等生产要素，实现在全球范围内配置资源，将自身优势和东道国区位优势结合起来，实现生产链各个环节的最优化。

### （一）公司国际化与边际产业扩张

公司国际化是指跨国公司通过对外直接投资增强对国内外区位的熟悉程度和投资经验，积累投资知识。对国外投资区位的了解和以往的投资经验对跨国公司投资非常重要。因为充分的知识可以降低投资的不确定性和投资风险，帮助辨识投资机会，减少进入国外市场的成本。由于新的投资行为受以往投资经验的影响，过去的直接投资活动以及特定区位的投资经验将影响新投资的区位选择。跨国公司为了减少投资风险，投资活动往往从简单的零散产品出口开始，进而通过代理出口、设立销售代理点等活动增强对东道国的了解，最终在东道国建厂。

该理论认为，对于企业的发展来看，跨国公司的经营主要受到来自市场方面的阻碍。跨国公司为了克服来自市场方面的阻碍，保障公司发展的正常利润，公司必须对各个不同公司进行业务安排，形成一定的内部竞争，当这个内部竞争超越现有的国家界限之时，跨国公司便产生了。

小岛清提出边际产业扩张的理论，其核心思想是对外投资应该从本国已经失去比较优势，但在东道国拥有比较优势的产业开始，即边际产业扩张的结果是使国内的产业结构变得更加合理，对本国的贸易和产业都起到重要的调整作用，促进东道国相关产业的发展，最终对双方都产生正向的影响。

### （二）跨国公司的区位选择

随着近年来，跨国公司贸易的发展，跨国公司在区位选择上更加苛刻，对区域的产业发展有非常严格的要求。从跨国公司的角度来看，要选址产业区域必须拥有一定的社会经济网络优势。

由于对外直接投资涉及投资来源国、投资动机、公司战略、东道国投资环境等因素的影响，对外直接投资问题十分复杂，为了较为全面地解释跨国投资的区位选择问题，英国经济学家邓宁提出了国际生产折中理论。国际生产折中理论的核心思想：一国的国际投资地位由国家、产业和企业三个层面的所有权优势、内部化优势和区位优势的动态组合决定。所有权优势包括产权与无形资产优势、企业组织优势和跨国性经营优势。内部化优势是指通过市场内部化，公司可以降低交易成本和市场所带来的不确定性等。区位优势是指东道国的资源禀赋、基础设施、市场潜力、贸易壁垒、集聚经济、技术水平等因素。

## 第六节 产业布局的区位指向与合理评价

### 一、产业布局的指向

#### （一）产业布局指向的内涵

产业布局指向给出了一个产业区位选择的趋向，地区对产业的吸引，是将产业引到一个具体的地点。

有些地区发展生产的条件比较优越，资源集中，供电、供水及交通等基础设施均较好，这样的地区可能对很多种产业的布局来说，都是理想的地点。特别是这个地点如果能够集市场与原燃料地于一体，那么各类指向型企业都可能向此地集中。例如，一个大城市，本身就是一个巨大的市场，如果在它的周围矿藏丰富且能源富集，又拥有发达的交通网络和大型的港口，那么它无疑将成为很多企业布局的理想之地。

更多的情况是，一个地区的布局条件具有某些有利方面，但也存在一些不利的或限制性因素。例如，一个大型水电站的周围地区可能拥有大量廉价电力这一有利的布局条件，那些对电力有特殊要求的、具有燃料动力指向的有色冶金、电化学等企业，可以在此布局。但这个地区可能还存在这样或那样的限制条件，如环境限制等。只要不是不可克服的因素，我们往往倾向于利用一个地区布局的最有利条件，这样可以使在此布局的企业，获得生产成本上的节约超过克服不利条件带来的成本增加。

有些地区，限制性条件可能成为主要的制约因素。例如，某一地区的各类布局条件当中，水资源是最主要的限制条件，而克服这种限制条件，又不是一个企业短期内所能做到的。那么，那些耗水较高的企业，就很难在此布局。我国西北干旱地区，在布局大型耗水工业时，就必须认真考虑这一因素。

## （二）产业布局的区位指向

区位指向是经济活动在选择区位时所表现出的尽量趋近于特定区位的趋向。通常经济活动的区位指向可以分为以下几种：

1. 燃料、动力指向

这类部门包括火电站，铝、镁、铜等有色金属冶炼，电冶合金，稀有金属生产，合成橡胶以及石油化工等。另外，重型机械制造、水泥、玻璃、造纸业等在有些情况下也属于燃料、动力指向型产业。在这类部门中，燃料、动力的耗费在生产成本中占有很高的比重，一般在35%~60%。能源的供应量、价格和潜在的保证程度是决定布局的重要因素。

2. 原料地指向

这类部门包括采掘工业部门，原料用量大或可运性小的部门。如原料开采、化纤、人造树脂、塑料、水力发电、钢铁、建材、森林工业、机械制造（部分），以及轻纺工业的制糖、罐头、肉类加工、水产加工和茶业、棉花、毛皮等的粗加工业。原料地指向型产业大多是物耗高的产业部门，一般要考虑资源的数量、质量和开采的年限，还要考虑运输的能力等。

3. 消费地指向

主要包括为当地消费服务的部门，以及产品易腐变质、不耐用、不易储存的部门，如重型机械、大型机械和特种机械的制造。布局的要点是考虑产品本身的特性、产品就近销售的比重以及消费地所能够提供的产业间的协作规模。第三产业的布局是消费地指向的。

4. 劳动力指向

在这一类部门中，劳动力费用的支出在产品成本构成中占有很大的比重，超过其他费用项目的支出。如仪器制造、纺织、缝纫、制鞋、制药以及工艺美术品等。劳动密集型产业的布局，往往考虑地区劳动力的供应情况。

5. 交通运输枢纽指向

由于交通运输枢纽兼有原料、燃料地和消费地指向的优点，因此，对布局条件要求不甚严格的那些部门，其布局指向将移向交通运输枢纽。另外，产品耐运性较强、运费在产品成本中所占比重很高的部门，也属于此列。

6. 无差异指向

主要是那些布局指向不很明显的部门，其特点是各个地区基本上都具备发展条件，原料、燃料与制成品的运费大体相当，布局在任何一个地区，其经济效益和社会效益也基本相似的部门。

7. 技术指向

由于距离因素对产业布局的影响减弱，新材料和新能源广泛使用，许多高新技术产业的原料是广布原料，产品是在全世界销售，劳动力也是可以流动的，因此，传统的指向性减弱。例如，网络业和电子商业等在内的信息技术革命将决定全球未来的发展方向，整个世界被网络联结为一个整体，信息高速公路使世界的距离缩短。在这种情况下，高新技术产业部门更多是倾向于技术密集的地区，对技术发展的条件、高等学校的数量和高水平研究机构数量等条件的要求比较高。

## 二、产业布局合理性的评价

产业的合理布局应该包括：企业选择地点的最优，产业地区选择的最优，地区产业聚集规模的最优。那么，如何对产业布局的合理性进行评价？

### （一）从经济效益方面进行评价

无论产业地区选择，还是产业聚集规模，其合理与否，首先要看能否带来经济效益。经济效益是人们在进行物质资料生产活动中，消耗一定量的劳动和物化劳动后，各类资源在空间分配和组合的最大效能和耗费减少，达到既定的经济目标，或者说是对人们各种实践活动的社会劳动消耗的评价。经济效益包含两方面，即效能达到最大值与资源耗费取得最小值。布局的经济效益，就是通过各类资源在空间上的分布与组合达到恰当的比例关系，实现经济目标的最大化和资源消耗最小。

在对产业布局经济合理性的论证中，要充分注意到空间的地域差异所引起的布局经济效益的不同。各地区的自然、技术及社会经济条件是千差万别的，对产业布局提供的适宜性和可能性也就各异，从而影响不同地区在劳动消耗上的差别，也必然使商品生产的开支有高低之别。因此，进行生产布局时，确定效益大小的关键，是认真比较由地域条件差异而带来的生产开支上的差别，以及产生这种差别的主要原因。在对生产布局经济合理性的论证中，必须从生产的全过程来确定布局的经济效益。生产布局具有空间特性，区域之间的经济与生产上的联系是十分多样而密切的。因此，考察其效益时，应从空间完整生产过程来进行，不仅分析原料变为成品本身的过程，更要涉及产品的流通过程；不仅要计算产品生产的投资与经济费用，还要计算产品运达消费区的费用。

### （二）从地区产业结构方面进行评价

地区产业结构的三个部门，即主导产业、辅助产业和基础产业，在一个地区成比例地配置。地区所处的产业发展阶段不同，地区产业结构的水平和产业之间的比例也就不同。当我们进行地区产业布局时，选择什么样的企业，容纳多少某种技术水平的企业，都必须符合地区产业结构的要求。如果在某个地区，某个产业已经是长项，市场已经饱和，虽然地区的资源条件好，发展的潜力大，环境要求上也许可，但是从产业结构上考虑，则不能进行布局。

### （三）从社会效益方面进行评价

产业布局的社会效益，主要包括对地区发展所做的贡献，为地区提供的税金和其他支出，为地区解决多少人就业，为地区人均收入的提高所提供的国民收入，为地区消费市场所提供的各种产品，以及为地区的教育、科研、环境、社会福利和救济等所做的贡献。企业布局在不同的地区，上述贡献的大小就有较大区别。虽然企业本身追求的是经济效益，但间接产生的社会效益也必须考虑在内。

总之，产业布局是区域经济的重要组成部分。合理布局产业，是区域经济增长过程中重要的、经常性的工作。

# 第十一章　区域经济协调发展的机制探索

区域协调发展是科学发展观的重要内容之一。中国未来的区域战略将按照东部、西部、东北与中部四大战略区域展开，重点在于继续保持东部地区的快速发展，解决西部地区的落后问题、东北地区老工业基地的老化和萧条问题，并促进中部地区的崛起，形成区域经济合作的新格局。

## 第一节　建设协调发展机制的必要性

### 一、区域协调发展战略的提出及依据

区域经济协调发展战略的形成并不是偶然的，有其坚实的理论与现实依据。

从理论的角度来看，区域经济协调发展战略是区域经济规律的必然要求。区域经济发展生命周期规律、区域经济空间格局演变规律与区域经济合作规律都能够解释为什么要协调区域发展。

从区域经济发展生命周期规律来看，区域也像生命有机体一样，会经历一个由年轻到成熟、再到老年这样一个生命周期阶段；当一个国家的发达区域开始接近中等发达水平时，发达区域会开始由成熟期进入老年期，此时全国可能会出现多种区域病并发的局面。区域病是区域问题的通俗说法，一般包括落后病（即社会经济发展水平长期落后于其他区域）、萧条病（即经济曾经达到相当高的水平但由于结构调整不及时而导致主要产业衰退、失业率居高不下、经济增长速度低下）、膨胀病（即人口与经济活动高度密集以至于出现了严重的拥挤）以及地区矛盾与冲突加剧。在这些区域病有可能并发时，中央与地方政府为了保持一个国家或地区的竞争力，必须运用合理的区域规划与区域政策来治疗区域病，并协调不同区域间的关系。

从区域经济合作发展规律来看，区域经济合作必须由政府主导型向企业主导型转变。中国的区域合作由20世纪80年代初兴起到90年代初步入低潮，到进入21世纪后再度引

人注目，是区域经济合作规律的反映。始于20世纪80年代的区域合作是由政府推动的。然而，在20世纪90年代中期以来，政府主导型区域合作出现了明显的低潮。一些过去发展水平较高的区域，如京津冀都市圈，在20世纪90年代以来发展滞后，这主要是由于政府主导型区域经济合作没有及时随着形势的变化而向企业主导型区域合作转变。加强区域内各地区的合作，表明区域经济合作规律已经开始发生作用，要求各级政府积极推动企业主导型区域经济合作。

从现实的角度来看，区域经济协调发展战略是中国国民经济与区域经济发展到一定阶段的必然要求。中国进入全面建成小康社会阶段后，各种区域问题的出现有一定的必然性，重视区域经济协调发展，不仅是解决各种区域问题的需要，而且是增强整个中国竞争力的需要。

20世纪90年代以来，中国各地区的社会经济发展环境发生了根本性变化，再加之东部城市地区逐渐接近中等发达水平，区域问题开始复杂化，出现了多种区域问题并存的局面，主要的问题包括：区域差距扩大，西部地区的落后问题在短期内难以解决；东北地区等老工业基地的老化问题突出；东部一些城市地区的膨胀问题开始显现；中部六省的相对地位下滑；地区之间的利益矛盾与冲突没有得到缓和，第三轮区域经济冲突已经出现。

地方政府热衷于发展区域经济，是由于各个地区单打独斗已经不可能适应全球化和一体化的趋势。各级政府重视区域经济的具体原因有三方面。

一是在20世纪八九十年代，中国各地区间发生了两轮激烈的地区经济冲突，进入21世纪后第三轮冲突出现，各地区都深受其害，这是各级地方政府寻求新的区域合作方式的重要原因之一。

二是在日益开放的环境下，一个地区的发展受其他地区的影响越来越大，而且对其他地区的影响也越来越大，在这种背景下，不考虑大范围区域影响的地区就会成为井底之蛙，故步自封。

三是一个地区虽然有一定的优势，但总是存在一些劣势。现代社会经济发展需要多种资源，包括原材料、便利的交通、高素质的技术劳动力、研究与开发机构等，单个地区一般不具有所有这些条件，特别是一些落后病或萧条病严重的地区。如果在区域层次上合作，就有可能实现相关地方之间的优势互补。因此，在发展经济时，各个地方必须寻求政策、规划与发展等方面的合作。

无论是西部大开发，还是东北地区等老工业基地的振兴，都不是事关个别类型区域的事情，而是会影响全国的整体发展。中央政府之所以会提出"统筹区域发展"的要求，并重视长江三角洲与京津冀都市圈这类发展水平较高的区域的规划，原因就在于：首先，统筹区域发展，是鉴于中国已经发展到了多种区域病可能并发的阶段。只有通盘考虑西部的落后病、东北的萧条病与东部部分城市出现的膨胀病,才能防止中国追赶发达国家的步伐因受区域病困扰而放缓。其次,重视东部都市区域的规划,也是统筹区域发展的一个具体要求。由于中国的经济重心位于东部地区,中央政府支持西部大开发和东北地区调整与改造的政策资源,主要来源于东部地区。现阶段仍然需要推动东部核心区域的发展,以便为统筹解决各种区域问题提供强有力的支持。

## 二、区域协调发展的科学内涵

将区域协调发展作为国民经济和社会发展第十四个五年规划的一条指导方针,得到了人们的普遍认同,然而对"协调发展"的科学内涵,不同的学者、政策制定者和执行者在理解上并不一致。如有人认为协调发展的核心内容是协调地区间的产业分工关系和利益关系,建立和发展地区间经济的合理分工体系。还有人认为协调发展包括两方面含义:发挥各地区优势,形成合理的地域分工,促进经济整体效益提高;将地区经济发展差距控制在适度的范围内,以促进经济整体协调。

国务院发展研究中心课题组在《中国区域协调发展战略》一书中提出,区域经济协调发展战略主要包括四方面的内容。

第一,"先富后富,全体人民共同富裕",认为"社会主义的本质是解放生产力,发展生产力,消除两极分化,最终达到全体人民共同富裕,区域经济发展必须符合这一要求",全体人民共同富裕允许一部分地区在公平竞争中先富起来,然后带动各地富裕起来。

第二,"公平竞争",为了合理进行资源的空间配置,促进经济合理布局和区域协调发展,必须"建立健全统一市场"开展"公平竞争",不应该对某些地区长期实行倾斜的区域政策。

第三,"承认不平衡,鼓励一部分地区通过公平竞争先富起来,并不意味着任何地区差异不受约束地扩大,国家应该在发挥市场机制作用的同时,继续加强对贫困地区的积极扶持"。

第四,"实施空间一体化战略,一方面,进一步打破地区封锁,建立健全全国统一市场,充分发挥市场机制在经济布局和区域发展中的基础作用;另一方面,要健全政府区域管理,加强政府对区域问题的干预"。

著名学者张敦富、覃成林认为"区域经济协调发展是指区域之间在经济交往上日趋密切、相互依赖日益加深、发展上关联互动的过程",对区域经济协调发展应从三方面来把握。

第一,"区域经济协调发展的目的和核心是实现区域之间经济发展的和谐,经济发展水平和人民生活水平的共同提高,社会的共同进步"。

第二,"完成区域经济协调发展的基本方式是使区域之间在经济发展上形成相互联系、关联互动、正向促进"。

第三,"衡量区域经济是否协调发展,可以把区域之间在经济利益上是否同向增长,经济差异是否趋于缩小作为检验的标准"。

周国富博士认为"可以从这样两方面去理解和把握区域经济协调发展战略的科学内涵:一是判断区域经济发展是否协调的标准;二是以什么方式实现区域经济协调发展去判断是否协调的标准是从更深层次上揭示了区域经济协调发展的科学内涵。为此,周国富设计了四条判断标准。

第一,看一个时期的区域经济发展是否处理好了"效率"和"公平"的关系(关于效率与公平的关系,本书后边将做深入说明)。

第二,看一个时期的区域经济发展是否促进了国民经济整体效益的提高。

第三,看各地区的比较优势是否都得到了较好的发挥。

第四,看一部分地区的经济发展是否以牺牲其他地区的经济利益为代价。

有些学者在阐述区域经济协调发展的内涵时,还从均衡发展及非均衡发展的关系角度,对协调发展做了诠释。如谢永萍认为"效率优先、兼顾公平的战略即地区经济协调发展战略,协调发展并不是绝对均衡地发展,而是包含着适度倾斜、有所侧重的发展,但与非均衡发展不同的是,它更好地实现了地区倾斜与产业倾斜的结合",适度倾斜与必要补偿(政府财政补贴等转移支付)相结合。

### 三、区域经济协调发展的必要性

从发展经济学的观点看,协调区域间的关系,促进各区域共同发展,是关系到整个国民经济能否实现持续、稳定、健康发展的根本性问题。只有保持各区域发展的差距相对较小、区域关系和谐的局面,才是一个国家或一个区域国民经济健康发展的表现。就中国而言,专家认为"中国中西部地区发达之日,就是中国现代化实现之时",是十分有道理的。具体来看,促进区域经济协调发展的必要性表现在三方面。

(一)为了有效地利用和配置有限社会资源

从实践和我国多数地区的情况看,往往在资源丰富的地区,经济却相对比较落后,生产和加工能力较弱,大量资源有待开发。而经济比较发达的地区,多数资源比较贫乏,需要资源产地提供资源。但是现实情况是,在资源开发和利用的整个产业链中,主要从事深加工的发达区域用较少的成本能够获得较多的利益,而资源产地获得的利益则较少。当发达地区和相对欠发达地区缺乏协调而形成较大的矛盾时,欠发达地区会通过封锁资源来保护自己的利益，或力图依靠自己较薄弱的加工能力来利用资源，但生产出来的产品往往品质较低，成本居高不下，不能取得良好的经济效益。发达地区由于欠发达地区的资源封锁而得不到充分的资源供应，生产难以为继，同样不能取得良好的经济效益。以上两种情况都将造成社会总收益的损失，不利于国民经济的整体发展。因此，只有在区域经济协调发展从而利益的分配格局也较为合理的前提下，在资源利用上才能够形成合理的分工。欠发达地区努力开发资源，发达地区更有效地加工利用资源，各方都能够得到合理的利益回报，从而调动各方的积极性，使资源得到最有效的开发利用，企业获得最好的经济效益，社会总收益达到最大化。

### （二）区域经济协调发展是我国经济发展的必然要求

从发展经济学的观点看，协调区域间的关系，促进各区域共同发展，是关系到整个国民经济能否实现持续、稳定、健康发展的根本性问题。只有保持各区域发展的差距相对较小、区域关系和谐的局面，才是一个国家或一个区域国民经济健康发展的表现。就中国而言，专家认为："中国中西部地区发达之日，就是中国现代化实现之时"是十分有道理的。具体来看，区域经济协调发展对我国经济发展的必要性表现在三方面。

1. 区域经济协调发展是要破解地区差距扩大的难题

地区之间的发展差距主要是指不同发展区域之间经济发展水平、居民收入水平以及社会发展水平等要素之间的差距，是一个复杂的综合性概念。就我国目前的社会状况来说，区域经济之间经济发展不平衡，已经成为我国经济发展和全面建成小康社会的重要阻碍因素。根据比较对象的不同，我们可以将地区差距划分为不同的层次，这里以经济指标为主。当前，我国的地区差距呈现以下几点特征：

（1）区域经济结构差距较大

由于投资环境和基础设施之间的差异，地区经济结构之间的差异随着经济的增长会呈现出更加明显的分化趋势。

第一，不同地区的工业化程度随着经济的增长不断提高，东部地区在各项因素的推动下，依然保持着最为强劲的工业化势头。

第二，在不同地区的需求结构中，投资所占的比例和所起到的作用不断提升，相应而言，消费者在经济发展中的地位就会被削弱。因此，东、中、西三个区域之间经济结构之间的差距会在未来很长一段时间内继续存在。

（2）地区经济发展差距尤其是地带间差距仍在扩大

第一，东部地区由于基础条件较为优越，经济发展的速度比较快，虽然在国家政策的扶植下，西部地区的经济发展速度较之前有了很大的提高，但是相对东部而言还是存在一定的差距。

第二，相比于东部，西部地区的 GDP 增长最快，但是人们生活水平和生活质量的提高，与东部地区相比仍存在较大的差距。

（3）城乡收入差距

我国城乡经济发展不均衡，是经济的一个突出问题。由于历史、教育等因素的影响，我国西部地区城乡发展差距很大，并远远高于全国平均水平，中部地区城乡差距在不断扩大，东部地区的城乡差距最小。

2. 区域协调发展是解决中国经济发展过程中现实矛盾的有效方法

改革开放以后，我国经济快速发展了 40 多年，由于认识水平的不足，前二十年我国的经济以高消耗、高耗能、高污染的粗放型发展模式为主，1998 年之后开始逐渐向集约型发展转变，生产技术、生产效率和生产的生态效益得到逐步的提高。随着我国企业发展意识的转变，一些成熟的企业开始尝试通过政府的组织与协调在不同区域展开生产活动，而不同地区由于先天和后天条件的不同，对投资的吸引力有较大的差异，区域经济发展的差距不断扩大。促进区域协调发展是解决我国经济发展过程中各种问题和矛盾的重要手段，是我国全面建成小康社会的必然选择。

3. 区域经济协调发展是宏观经济持续健康发展的要求

发达地区发展到一定程度后通常出现两方面的要求。

（1）进一步开拓市场的要求

发达地区经济高速发展，供给大幅度增加后，必须有需求的增加相互配合，即必须通过开拓市场、扩大销售量才不至于造成产品积压，从而保障正常的生产循环。

（2）转移产业的要求

由于本地要素（劳动力、原材料、能源、土地等）的成本上升，导致企业经济效益下降，并出现生产和生活拥挤、环境质量下降、交通紧张等问题，不仅影响正常生产，而且对本地人口的正常生活造成不利影响。

解决这两个需求的有效方式是将一部分产业转移出去。否则，经济就没有持续增长的后劲，势必出现衰退的局面，这也为我国政府协调区域经济发展提供了一个有效的契机。

（三）是维护我国社会稳定、促进我国社会发展的必然要求

区域经济发展不平衡，必然导致各地区居民收入的不平衡，贫富差距拉大。这种收入的差距并不是由于人们的能力及劳动付出的不同所造成的，而是由经济外部环境造成的，尤其容易引起群众的心理不平衡。在经济发展的过程中，应该通过合理的调节保持区域经济协调发展，尽可能地促进各地区人民群众全体人民共同富裕，才能保持团结一致、共同

奋斗的良好政治局面和分工协作、区域互补的经济格局，保证国民经济持续快速健康发展。

1. 区域经济协调发展是实现全体人民共同富裕的要求

从我国的社会主义制度来看，消灭贫困、实现全体人民共同富裕是社会主义制度的本质要求。全体人民共同富裕的制度规定既确定了我国实施区域协调发展的目标，也确定了实施区域协调发展的目的。

在市场经济的持续发展中，贫富的对立会进一步引起收入分配更严重的不平衡，很容易造成各种社会矛盾，如民族矛盾、各阶层矛盾和利益集团矛盾的激化乃至政治动荡。这将导致国民经济运行的外部条件严重恶化。尽管在区域经济发展过程中，不可能使所有区域同时富裕起来，总要有一个先富与后富的时间序列问题，但是，也不能因此就认为在一些区域先富的同时，而把另一些区域置于贫困、落后状态而不顾，或让其"自生自灭"式的长期缓慢发展。若区域经济发展严重失衡，势必减弱这些区域对我国社会主义制度的向心力，引发社会动荡，这对我国社会主义建设的发展和国家政权的巩固是极为有害的。

2. 区域经济协调发展是全面建成小康社会的要求

（1）区域经济协调发展是人与自然和谐发展的需要

中西部地区由于气候条件较为恶劣，生态环境比较脆弱，如果在发展过程中不注意对生态环境保护，就会造成一系列的生态问题，影响人类正常的生活和生产。因此，在中西部地区的经济发展过程中，要特别注意对生态环境的保护，中西部经济发展既要有速度又要讲质量，在人与自然和谐发展的状态下，实现协调发展。

（2）区域经济协调是社会主义文化建设的需要

物质文明是精神文明的基础，要促进我国经济的发展既要重视物质文明的建设，又要注重精神文明。要促进我国不同区域之间的文化交流，促进区域经济协调发展。长期以来由于封闭、保守的发展观念，我国经济发展缺乏活力，不同区域之间的文化交流可以拓展人们的思维，激发创新的灵感。

# 第二节 创新思路以促进新机制的形成

## 一、区域经济发展机制创新的内容

健全区域经济协调发展机制要通过完善以下机制来实现：

(一) 市场机制

区域的不均衡发展是由于历史、政治等一系列的因素造成的，要想协调区域经济的发展，必须在尊重事实的基础上，科学认识与理解造成区域发展失衡的原因。我国市场经济发展时间短，社会市场经济体制发展还不成熟，市场并没有完全支配资源的配置，东部地区利用自己经济和技术上的优势，可以轻松获取更多的市场份额，在市场上竞争中呈现出很大的优势，这也阻碍了我国区域经济的协调发展。经济学理论证明，充满活力的市场经济需要资本要素与生产要素在市场中不断流通，需要不同区域之间的市场主体的交流与互动，需要区域间的均衡配置机制。

市场经济崇尚自由，因此在市场经济发达的欧美国家，尤其是高度崇尚市场精神的北美，国家轻易不会制定区域经济援助政策，而是将区域经济发展对政策的依赖降低，以压力激发其活力；促进落后地区发展的政策，以鼓励人口和资本流动，促进区域经济合作为主体。在社会主义市场经济条件下，我们不可能完全像西方国家一样制定各项政策，但对其先进的思想和措施我们要抱着吸收和学习的态度，比如在促进我国区域经济发展的过程中，国家要将主要精力放在建立全国统一市场，消除区域经济壁垒等纯市场因素的调节上，尽量减少直接的经济支援。

(二) 合作机制

合作机制是不同的区域之间，通过政府的牵线搭台，进行双赢合作的一种机制。我国中西部地区具有独特的资源优势，而东部地区资金实力雄厚、生产技术先进，通过政府的牵线搭台，东部企业与西部企业之间可以建立互利共赢的联合机制，东部企业利用自己的资金优势和技术优势为西部企业的发展提供支持，西部企业则可以向东部企业提供高质量、低成本的生产资源，双方互利共赢。

促进东西部企业的联合，促进区域协调发展，应该鼓励东部企业积极向西部转移，西部地区则要在政府的帮助下搞好基础设施建设，增强西部地区招标引资的吸引力。建立制度化的区域合作机制，开展多角度、多领域的区域合作发展计划，是促进我国社会区域经济和谐发展的重要手段。在区域经济发展的过程中，国家要加强管理，统一协调，充分发挥政府的服务管理职能，为东西部企业的联合发展创造条件。此外，要注重生态环境的保护，不能以牺牲西部地区的环境为代价，换取经济的发展。

(三) 政府干预（宏观调控）

中央政府经济管理的重点是根据优势互补、整体协调的原则，对各个区域经济进行规划、指导和管理,根据不同区域的资源状况、发展潜力、地区优势实施有区别的区域发展政策,并保证区域发展政策的稳定性和连续性。在区域经济管理体制上,要调整中央与地方的管理职能,协调中央和地方的利益关系,逐步完善中央和地方的分级管理体系。中央政府还应通过完善促进区域经济协调发展的财税政策、金融政策、法律法规等,引导国内外投资者到中西部投资。

从市场机制和宏观调控的关系来看,双方是正向互动的关系。市场机制和宏观调控机制,从市场经济诞生的第一天起就始终是相伴相随的。割裂二者,无论哪种机制都无法单独有效地维护一种生产率最高、资源配置最优、市场主体行为约束最好的秩序。割裂二者,就相当于割断了东部发达地区资金技术的要素优势与中西部地区的资源优势的联系与互利,阻碍了区域经济发展的内生合作机制的形成和发达地区对落后地区的扩散效应或涓滴效应。

市场机制是一种"自然秩序",宏观调控是一种"人为秩序"。无论是市场机制还是宏观调控都存在自身无法克服的缺陷,市场机制的缺陷需要宏观调控来弥补,除此之外,任何扩大宏观调控作用范围和政府权力的倾向都应该防止;宏观调控的缺陷需要市场机制来纠正,政府失灵必然要求扩大市场机制作用范围。市场机制和宏观调控功能互补使二者不可分离。

区域合作的发展程度与市场化水平和政府宏观调控方向密切相关。政府通过政策制定、完善服务体系,在市场机制的作用下,促进东部地区的资金、技术和中西部的资源开发相结合,开展互惠互利的区域合作。可见,区域合作必然伴随着劳动力、资金和技术等要素在区域间的流动,要素在区域间的流动规模和速度也决定着区域合作的广度和深度。政府的财税、金融、产业政策影响着各合作主体间的利益分配,直接关系到区域合作能否达成,而区域合作的实践又为政府宏观调控政策的出台提供了重要依据。

## 二、区域经济发展机制创新的措施

### (一)建立政府区域管理体制

根据发达国家的发展经营,统筹与协调区域经济发展,需要两方面的制度基础作为基本的前提:一是中央政府必须合理设置经济管理机构,明确不同机构的分工和具体职责;二是要建立明确的经济统筹与发展标准,区分经济发展的类型,并据此确定区域经济发展的框架。从这两方面来说,我们可以根据具体情况,合理借鉴发达国家的经验,避免我国在区域经济规划与发展上走弯路。

一般来说,建立政府区域管理制度可以从两方面入手,首先要整合区域经济管理机构，将西部开发办公室与振兴东北老工业基地办公室等机构的职能进行整合，由中央政府牵头成立一个统一的区域性经济管理机构，该机构负责不同区域经济发展的协调与规划，以提高区域经济政策的战略高度；其次，要组织社会各界的力量，明确经济区域特殊区域划分与经济发展的标准，促进资源的合理配置以及经济发展的合理布局。

## （二）加大对中西部地区的投资力量，加强转移支付的力度

我国东、中、西部经济和社会发展水平存在很大的差距，我们不能忽视社会固定资产投资、基本设施建设投资、人才培养投资以及生产技术创新投资区域分布的不合理。我们应该充分认识到投资不均衡对区域经济协调发展的影响，在区域经济发展规划中，有重点、有步骤地对西部地区的投资环境进行改善，提高西部地区吸引投资的能力。要做到这一点，需要中央政府强有力的宏观调控，不仅要为西部地区的发展提供实实在在的经济帮助，加大在西部地区投资的力度，还要从制度、政策等方面入手，为西部地区经济和社会条件的改善提供有力的保障。

转移支付作为政府调控宏观经济的重要手段，可以通过灵活的运作，平衡地区间的财政，为减小区域差距提供一定的支持。财政支付之所以具有显著的效果，是因为它可以通过调整相应的经济和税收政策，合理调节不同地区的分配制度，显著提高西部地区的人均收入，改善人们的生活水平。

## （三）建立全国统一的市场体系

统一市场是市场经济发展的基础，更是建立社会主义市场经济制度的前提。只有对市场上的资源进行统一调配，才能最大限度地减少市场调节的盲目性，充分发挥市场经济的积极作用，促进市场资源的合理流动，为我国区域经济的协调发展提供保障。

统一市场对于区域分工的形成具有重要的推动作用，促进区域经济的协调发展，这一点我们可以从两方面来理解。

第一，随着劳动分工原则在不同市场和不同地区的推行，每一个区域都有明确的经济地位，这样可以逐步形成产业聚集优势，并通过集群效应逐步提高其市场地位。

第二，随着劳动分工种类的细化和分工范围的扩大，金融深化会成为影响企业和区域发展的重要因素，价格机制的市场化使得企业对市场的适应能力越来越强，企业有能力、有空间在更大的市场范围内获取生产要素和生产资源，从而帮助企业冲破地域的束缚，提升其发展的稳定。

### (四) 统筹区域产业规划，优化区域产业结构和布局

区域经济的宏观管理和调控，核心内容是优化区域的资源配置，促进落后地区的经济发展。政府在区域经济管理与调控中，要结合区域发展的特点，明确区域经济优势，划定经济发展重点，形成独特的区域经济发展优势。政府的宏观调控还要注意合理布局产业结构，既要保证一定比例的劳动力密集型产业，又要保证足够的高新技术产业，在保证民生的基础上，科学推进区域经济的发展。

从宏观上讲，国家对区域产业结构和经济发展体制的管理和调控应该从四方面入手。

第一，推进行业标准制度建设，提高行业的进入门槛，并淘汰一批低产能、高消耗、高污染的不合格企业，控制产业结构与规模促进行业的健康发展。

第二，研究和制定产业和经济结构布局的关键点，并根据区域经济和社会发展的具体情况，对某些特殊的行业或者在不同区域发展的企业给以区别对待。

第三，敦促各地区做好支持产业发展的论证，并切实监督各地政策出台与执行的状况。

第四，对各地经济结构调整和发展计划进行科学的审查与评定，并从全局出发，对各地的经济发展计划进行科学的引导。

## 第三节 世界区域经济协调发展的趋势分析

在经济全球化的背景下，在区域经济一体化的驱使下，区域经济发展变得更加开放，更为复杂，广泛地开展各方面的合作，建立区域发展联动机制，才能更好地促进区域经济的发展。

### 一、区域经济一体化

随着世界经济的不断发展，经济发展全球化，区域发展一体化成为一种发展趋势，也是一个全球性的热门经济现象。经济全球化和区域一体化对世界经济的发展和国际贸易的秩序产生了重要的影响。所谓区域经济一体化，就是指一些在地理位置上接近，经济发展水平相当，经济体制相似，经济政策趋同的国家和地区，在平等协商的基础上，达成贸易和经济合作协定，进行发展。区域经济一体化产生的组织是区域经济组织，它的目标是对区域内不同国家的关税、贸易、金融、货币和产业政策等贸易要素进行协调，促进各国在更多领域、更多层次的合作，促进区域经济的发展。区域经济组织能够调节不同贸易国家

之间的矛盾和摩擦，促进彼此之间的经济合作与经济交流，在互利互惠的合作中，提高区域经济的竞争力，提高各国在世界经济发展中的地位。

目前，世界上共有150多个国家或地区都在不同程度上受到或者加入了不同的区域性经济组织。其中，经济和政治影响力最大的区域性组织是欧洲共同体（欧盟）、北美自由贸易组织以及环太平洋经济合作组织等。不同的区域性经济组织虽然有不同的调节目的与具体规则，但在实质上却是相同的，其主要特征有两点。

第一，集团内部国家之间的经济发展水平、发展模式或者发展类型具有彼此间的比较优势，能够实现优势互补。

第二，区域合作和经济联动的基础是国际贸易，并且很多组织的规则都是为了更好地开展国际贸易制定的。

## 二、次区域经济合作

随着世界经济发展的全球化趋势不断增强，在国际区域合作过程中，次区域合作趋势的势头成为一种新的发展方向，其中比较典型的有"增长三角"等新型的地域经济类型。"增长三角"这个词语最早是由新加坡提出来的，它主要是指在地理位置上相邻或者相近的国家或者区域之间应该根据彼此之间的经济特点，进行小范围的经济合作，增强区域竞争力。实际上，它是为相邻的小范围国家之间的贸易提供一些特殊的政策，充分发挥不同国家之间的经济互补优势，促进区域之间的整体经济发展。区域性的经济合作组织，对于增强区域竞争力，开展对外合作，吸引外来投资有着很好的辅助作用，尤其是一些经济类型单一、经济发展局限性较大的国家，开展区域合作对促进国内经济发展、增强国内经济发展的稳定性具有重要的作用。一般来说，区域经济合作领域包括生产、贸易、旅游、科技、交通运输、能源环保、通信以及人力资源的共同开发等内容。

一般认为，"增长三角"的形成必须具备生产要素或产业的互补性、空间可达性及制度安排这三个必要条件。形成发展的动力机制主要包括区位指向、扩散机制、空间近邻效应及国际组织的协调与推动等。

目前，许多国家都认可"增长三角"这种国际合作模式，并在积极推动它的形成和发展。在众多的"增长三角"中，印度尼西亚—马来西亚—新加坡"增长三角"、图们江地区、珠—港—澳次区域合作区、澜沧江—湄公河次区域和"上莱茵"边境区最为典型。

## 三、国家内部的区域开发和协调发展

由于资本属性固有规律的作用，地区发展不平衡是各国普遍存在的客观现象，市场竞争的结果将会进一步扩大这种发展上的地理不平衡性。发展上的地理不平衡性将会制约一个国家整体经济的发展和国际竞争力的提高，同时也会破坏社会凝聚力和政治的稳定性，进而影响到国家的社会与政治结构。因此，随着国家职能的不断完善，重视区域开发的协调已成为许多国家对经济活动进行干预和调节的重要内容。例如，美国对密西西比河流域地区、阿巴拉契亚山脉以西地区以及西部大草原地区的大规模开发，英国对英格兰北部、西部以及苏格兰、威尔士和北爱尔兰的开发，日本开发建设北海道地区，巴西对北部、东北部和中西部地区经济发展的扶持等，都是很好的例子。

总结发达国家和发展中国家内部区域发展合作、联动和协调发展的主要经验和实施途径，有以下几方面的经验和内容值得我们借鉴：

## （一）政府要发挥导向作用

1. 确定开发的政策目标与战略，实施政策主导

在新世纪的经济发展中，世界各国都将缩小国内经济发展差距，提高国家的综合国力，将减小本国与其他国家之间的经济发展差距作为基本的发展战略。政府在领导国家经济发展的过程中，其主要作用就是明确经济发展的主要目标和发展战略，并根据国情和具体的实际将既定的发展战略变为现实，促进经济的协调发展。

2. 建立开发援助落后地区的法律和制度，实施法制的规范与保障

市场经济国家的经济发展实践表明，任何一个国家的经济发展都是一个十分复杂的事业，任何国家的区域经济开发与协调都不是一个简单的工作。实现国家经济发展，促进区域经济系统化，是一项长期的国家行为，它需要国家和政府的正确领导，需要市场主体的不断创新，需要全体公民的辛勤劳动，为了更好地保证每个要素更好地规范自己的行为，国家应该制定相应的行为规范，并以法律或者行政条例等方式进行确立。

## （二）充分运用政府资源的支持与杠杆作用

各国政府虽在具体使用上表现出灵活性和多样性，但也有共性。

1. 公共投资向欠发达地区的基础建设倾斜

不同国家的区域经济援助主要集中在改善落后地区经济设施建设、提高落后地区社会教育水平、发展落后地区特色经济、开发落后地区的资源与科技潜力。

2. 面向欠发达地区的财政税收支持的倾斜

对于收入较低、人民生活水平较差的落后地区和贫困地区，政府大多会通过直接的财政政策调节其收入，保证落后地区公民的生活水平。从目前来看，主要的财政手段是通过税收调节地区收入，保证人民的生活水平。

### 3. 扶持欠发达地区的区位控制政策

区位控制政策主要目的是通过限制市场资源过度向发达地区集中的状况，并通过相应的鼓励促使吸引资本向落后地区转移，为落后地区的经济发展提供新的契机。

### （三）重视市场机制和民间资本在开发落后地区中的积极作用

在促进落后地区经济发展的过程中，政府承担的并不是全部的责任，而是通过市场资本和民间资本的引入，将这种责任分散开来，这样既可以促进落后地区的经济发展，又可以改善和提高政府的管理水平，实现由传统政府向服务型政府的转变。

# 参考文献

[1] 胡兴龙. "一带一路"背景下中国区域经济发展研究 [M]. 沈阳：辽宁大学出版社，2019.

[2] 刘波. "一带一路"倡议与城市跨越发展 [M]. 北京：知识产权出版社，2019.

[3] 杨洁勉. "一带一路"与中东欧：中文版 [M]. 上海：上海外语教育出版社，2019.

[4] 潘春阳，王羽丰. 文化"走出去"的发展经济学 [M]. 上海：上海人民出版社，2019.

[5] 徐枫，郑春芳，崔玮. 以能力培养为核心的国际贸易专业"教""学"研究 [M]. 北京：对外经济贸易大学出版社，2019.

[6] 胡志勇. 中亚南亚地区安全研究：4 [M]. 北京：知识产权出版社，2019.

[7] 唐学学，秦选龙. 国际金融 [M]. 西安：西安电子科技大学出版社，2019.

[8] 黄先海，陈航宇，等. 中国特色自由贸易港发展战略研究 [M]. 杭州：浙江大学出版社，2019.

[9] 王孝钰. 中国（上海）自由贸易试验区扩大开放与风险防范研究 [M]. 上海：格致出版社，2019.

[10] 王宏伟. 中国应急管理改革：从历史走向未来 [M]. 北京：应急管理出版社，2019.

[11] 陈淑梅. 一带一路 视域下区域经济合作的中国方案研究 [M]. 北京：中国商务出版社，2020.

[12] 秦玉才. "一带一路"建设与跨境次区域经济合作 [M]. 杭州：浙江大学出版社，2020.

[13] 赵晋平著. "一带一路"南向开放 [M]. 北京：中国社会科学出版社，2020.

[14] 张瑞琛. "一带一路"倡议下我国人口低密度区域财税政策益贫效果研究 [M]. 长春：吉林大学出版社，2020.

[15] 兰建平. 跨越区域经济高质量发展 [M]. 杭州：浙江大学出版社，2020.

[16] 郁鸿胜，等. 中国城市群发展新态势研究 [M]. 上海：东方出版中心. 2020.

[17] 刘红. "一带一路"背景下陕西自贸区金融服务创新研究 [M]. 北京：中国经济出

版社，2020.

[18] 梁昊光，宋佳芸. "一带一路"数字旅游［M］. 北京：人民出版社，2020.

[19] 王雅楠. "一带一路"背景下高管激励、技术创新投入对企业绩效的影响研究［M］. 北京：中国经济出版社，2020.

[20] 程宝栋. "一带一路"倡议下的中国区域发展平衡研究［M］. 北京：社会科学文献出版社，2020.

[21] 王京清. "一带一路"倡议与新疆发展［M］. 北京：中国社会科学出版社，2020.

[22] 叶锡环，刘旭道，许鹏怀. "一带一路"上的开拓者［M］. 杭州：浙江工商大学出版社，2020.

[23] 许勤华. "一带一路"绿色发展报告［M］. 北京：中国社会科学出版社，2020.

[24] 刘冰. "一带一路"贸易便利化法律问题研究［M］. 北京：法律出版社，2020.

[25] 王灵桂，张萍. "一带一路"引领国际新秩序构建［M］. 北京：社会科学文献出版社，2020.

[26] 王灵桂. 共绘"一带一路"工笔画［M］. 北京：社会科学文献出版社，2020.

[27] 戴斯玮. 中国与"一带一路"沿线国家国际合作研究［M］. 北京：经济科学出版社，2020.

[28] 洪银兴. "一带一路"交汇点［M］. 北京：经济科学出版社，2020.

[29] 吴敏，程宝栋，李芳芳. 践行一带一路倡议 中国的探索与北京的定位［M］. 北京：社会科学文献出版社，2020.

[30] 孙一平. 湖北省对接服务"一带一路"倡议和长江经济带国家战略的路径与对策研究［M］. 北京：经济科学出版社，2020.